교육감의 페이스북

이 도서의 국립중앙도서관 출판예정도서목록(CIP)은 서지정보유통지원시스템 홈페이지(http://
seoji.nl.go.kr)와 국가자료공동목록시스템(http://www.nl.go.kr/kolisnet)에서 이용하실 수 있습니다.
(CIP제어번호 : CIP2016020094)

교육감의 페이스북

| 조희연 지음 |

喜 👍 💬 ➜
➜ 怒 👍 💬
💬 ➜ 哀 👍
👍 💬 ➜ 樂

특 별 하 지 않 은 꽃 은 없 다

한울

교육감의 페이스북,
생각의 숲으로
조금 일찍 길을 나서다

👍 페이스북형 인간?

저는 '얼리어답터 early adopter'라는 별명을 가지고 있습니다. 지금도 블루투스 키보드를 두드려 페이스북에 글을 올리고 태블릿 PC를 들고 시의회에 나가기도 합니다. 대학교 재직 시절에는 친한 후배 교수와 새롭게 출시되는 태블릿 PC나 스마트폰에 대해 정보를 공유하고 어떤 것을 선택하는 것이 좋을지 긴 시간 토론을 하기도 했습니다. 매년 초 개최되는 국제가전박람회 CES에서 선보이는 전자 기기, 특히 교수의 작업 도구라고 할 만한 노트북, 태블릿 PC 신제품 정보를 조회하고 시장에서 구입할 수 있는 날을 손꼽아 기다리기도 했고요. 그렇게 마련한 신제품의 도움으로 페이스북을 시작했고 지금 이 책을 세상에 내놓기에 이르렀습니다.

얼리어답터는 세상의 변화에 민감하고, 호기심이 많으며, 관심 분야에서 남보다 앞서 더 많은 정보를 얻는 것에서 기쁨을 느끼는 소비자라고 합니다. 하지만 신제품이라고 무조건 사지는 않고 선택적 구매를 하는 차별성을 보이며, 특히 혼자만의 만족에 머물지 않고 인터넷 등을 통해 모임을 만들고 정보를 나누며 활동하는 것이 가장 큰 특징이라고 합니다. 이런 의미에서 저는 사회학자로서 지식과 사회현상에 대한 '얼리어답터'가 되고 싶었는지도 모릅니다.

그러나 교육 분야에서 제 입장은 '얼리어답터'를 다만 '조금 일찍 길을 나선 사람'이라고 표현하고 싶습니다. 그래서 조금 힘들고 조금 막막하더라도 설레는 마음을 잃지 않고 새로운 도전을 받아들이고 새로운 길을 찾는 사람이

고 싶습니다.

　제가 페이스북을 시작한 것이 언제일까 생각해봤습니다. 아마 2007년부터였던 것 같습니다. 교육감이 되기 훨씬 전 대학에 재직하던 시절이지요. 그러고 보면 상당히 일찍 페이스북 계정을 만들고 글을 적었던 셈입니다. SNS에서도 일종의 얼리어답터였던 것이지요.

　그때는 비교적 한산했던 페이스북이 이제는 SNS 공간에서 마치 거대한 생각의 숲과 같이 펼쳐져 있습니다. 교육감이 된 뒤 페이스북에서 나누어온 이야기들을 묶은 이 책을 한마디로 표현하라고 하면, '생각의 숲으로 조금 일찍 길을 나선 사람의 이야기'라고 하겠습니다. 페이스북은 비록 '논문'에까지 이르지는 못할지라도 사회학자로서 다양한 지적 아이디어와 정치·사회 현실에 대한 단상斷想을 적는 장이었습니다. 논문은 형식이 정해져 있기에 역동적인 사안에 대한 즉각적인 대응이나 분석을 다루기 어렵지요. 그래서 저는 페이스북에 여러 현안에 대해 나름대로 분석적인 글을 발표했습니다. 그러다 보니 제 페이스북은 자연히 꽤나 긴 글들로 채워져갔습니다.

　저는 트위터와는 잘 맞지 않는 것 같습니다. 인기 트위터리안인 노회찬 의원이나 진중권 교수처럼 촌철살인의 짧은 명문을 만들어내는 능력이 별로 없습니다. 그러다 보니 저는 상당히 긴 설명조의 산문을 써서 페이스북에 남기곤 했습니다. 유유상종이라고 했던가요. 제 페이스북 친구들도 그런 길고 분석적인 글을 탓하지 않고 구애받지 않는 이들로 이루어져갔습니다. 가끔 제

자신을 '시인형 인간'이 아니라 '수필형 인간'이라고 말하곤 합니다. SNS로 말하면 저는 '트위터형 인간'이 아니라 '페이스북형 인간'이지만, 페이스북에 글을 올리면서 동시에 네이버 블로그와 트위터 @joeunedu에도 함께 올립니다.

물론 페이스북이든 트위터든 SNS는 공통적으로 일방향이 아니라 상호소통하는 열린 공간입니다. 그런데 제 페이스북은 많은 아이디어와 생각 그리고 분석을 혼자서 발표하는 다소 일방적인 모습을 보였습니다. 그래서 일부 페이스북 친구들은 제 글이 경직되고 일방적이라고 가끔 불만을 표하기도 했습니다. 그러나 진실로 제가 짧게 쓰지 못해서 그런 것이니 이 자리를 빌려 널리 양해를 구하고자 합니다.

교육감이 되고 나니 어쩔 수 없이 공식적인 활동과 일정을 중심으로 생활하게 됩니다. 생활에서 벗어난 SNS가 있을 수 있을까요? 어느덧 제 페이스북은 교육감으로서 공식적인 활동과 그와 관련된 경험과 생각으로 채워져 갔습니다. 그래서 페이스북 페이지 계정 '조희연과 좋은 교육을 꿈꾸는 사람들' @educho0604을 하나 더 만들었습니다. 페이지 계정에는 교육감으로서의 활동들을 다 올리고, 프로필 계정 @HeeeyeonCho에는 공식적인 글들을 조금 줄이고 대신 내용적으로 밀도와 긴장감이 있는 글을 올리되 가끔 삶의 한 단면도 드러낼 수 있는 여백을 남겨두었습니다.

교육감의 하루는 많은 공식적인 행사와 회의 그리고 다양한 만남으로 이루어져 있습니다. 그러니 자연히 많은 말을 하게 되고 많은 이야기를 듣게 됩

니다. 그 하나하나의 경험과 경청이 제 내면에서 갈무리되면 생각의 숲이라고 할 수 있는 페이스북에 한 편의 글로 올렸습니다. 행사와 일정이 다양하다 보니 기본적으로 '인사 말씀'과 같은 대본이 손에 쥐어지기도 합니다. 그러나 저는 대본대로 연기하지 않는, 애드리브가 강한 개성파 배우에 가까운가 봅니다. 바쁜 일정으로 생각할 틈조차 없을 때도 있지만 이른바 '대독代讀' 교육감이 되고 싶지는 않았습니다. 그때그때 현장 분위기와 상황, 만나는 청중의 성격을 파악하고 제가 전하고자 하는 독자적인 메시지를 담아서 발언을 했습니다. 그리고 그것을 페이스북에 담았습니다. 그래서 어떤 형태로든 제 생각이 들어 있지 않거나 제 목소리가 담기지 않은 글이 없습니다. 이 글을 읽는 독자들은 어떤 상황에서 교육감이 어떻게 생각하고 무엇을 고민하며 어떤 메시지를 전달하고 싶었는지 이해할 수 있을 것입니다. 이러한 의미를 담아, 책의 제목을 '교육감의 페이스북'으로 붙였습니다.

👍 특별하지 않은 꽃은 없다

이 책의 부제 "특별하지 않은 꽃은 없다"가 말하듯 모든 아이들은 특별한 존재이며 '우주에서 하나밖에 없는', '유아독존적인' 존재라고 생각합니다. 우리는 이제껏 '일등주의 교육'으로 아이들을 하나의 척도 예컨대 국·영·수 중심의 시험이나 수능에 따라 일등부터 꼴등까지 부단히 서열화했지만, 꼴등을 하는 아이들에게도 일등이 갖지 못한 잠재력과 능력이 숨어 있습니다.

서구를 따라잡고자 한 초기 산업화 시기 저는 이것을 '추격' 산업화로 표현합니다 에는 그들과 겨루어서 이길 수 있는 일등 기업과 일등 인재를 육성하는 것이 국가적 과제였을 겁니다. 그러나 이제는 오히려 이등부터 꼴등까지의 아이들이 갖고 있는 다양한 잠재력과 재능을 다양한 능력으로 꽃피울 수 있도록 해야 하는 시대에 돌입했습니다. 이런 교육을 저는 '오직 한 사람 only one 교육'이라고 표현하고자 합니다.

돌이켜보면 1960년대 이후의 추격 산업화는 서구를 따라잡는다는 점에서는 상당히 '성공적인' 것이었습니다. 그리고 '교육입국 敎育立國'이라는 말이 상징하듯이 우리는 교육을 통해서 경제성장을 이룩하고 나라의 발전을 도모하는 데 성공했을 수도 있습니다. 이제 우리는 선진국의 문턱에 들어서 있습니다. 그런데 추격의 성공을 보장했던 교육은 이제 낡은 것이 되어 한 단계 새로운 변화와 발전을 막아서고 있습니다. 한때 성공을 가능하게 했지만, 이제는 낡아버린 우리 교육은 암기식 지식 교육과 권위주의 문화, 잘못된 엘리트주의로 고착될 위기에 놓였습니다.

지식 교육은 새로운 창의 교육으로 전환되어야 합니다. 교육청에서 학교로 이어지는, 교장에서 교사로 이어지는 권위주의적 행정과 지시가 있다면 그런 문화도 이제는 바꿔야 합니다. 일등주의 교육에서 배태된 엘리트주의도 이

제는 끝나야 합니다. 낡은 교육으로는 우리의 성장이 더는 가능하지 않고 새로운 미래에서 지속적인 생존조차 위기에 빠질 수 있기 때문입니다.

이런 것이 '교육 혁신'의 과제라고 한다면 우리는 또 새로운 도전을 요구받고 있습니다. 인공지능의 시대, 지구촌 시대가 가져온 새로운 '미래 지향적 혁신'입니다. 20~30년 후의 사회에서는 로봇 협력 교사가 교실에서 아이들을 마주할지도 모릅니다. 현존하는 직업의 다수가 소멸해버린 낯선 환경에 우리 아이들이 놓일지도 모릅니다. 나아가 민족과 국가의 경계가 확연히 우리의 삶을 규정하는 지금과 달리, 우리 아이들은 지구촌 저 너머의 이방인들과 매일매일 얼굴을 맞대면서 살아가야 할 수도 있습니다. 한 국가를 넘어 세계적인 문제와 과제가 우리의 일상 가까이 다가온 시대에 말입니다. 이렇게 급변하는 세상에서 지혜롭게 살아갈 수 있는 능력을 아이들이 가질 수 있도록 하는 과제가 지금 우리 교육에 주어져 있습니다. 바로 미래를 고민하고 미래를 준비하는 교육이 필요합니다. 지금 우리는 아무도 '가지 않은 길'을 가면서, 새로운 교육의 길을 내고, 아이들을 전혀 다르게 교육해야 하는 미증유의 과제 앞에 서 있습니다. 그런 과제를 앞에 두고, 생각의 숲을 헤치며 '얼리어답터'로서 조금 일찍 길을 나선 생각들이 이 책에 담겨 있습니다. 그래서 어떤 글들은 설익기도 하고, 어떤 글들은 너무 '훌훌 날아다니는' 식의 상상력 위주의 글이기도 하며, 어떤 글들은 아이디어 수준에 머물러 있기도 합니다. 하지만 아무도 가지 않은 새로운 길 위에서의 고민이라고 이해해주시면 좋겠습니다.

👍 교육의 희로애락

이 책은 지난 2년 동안 제가 페이스북에 담은 내용들을 희로애락 喜怒哀樂이라는 네 가지 범주로 나누어 정리하고 있습니다.

희喜: 새로운 가능성을 열어가는 기쁨이라는 제목을 단 1장은 교육감 본인이 아니라 교사나 학생 등 서울교육가족의 실천이나 활동을 보고 기쁘고 좋았던 것들, 교사·학부모·학생 등 교육 현장의 미담, 서울교육을 위한 좋은 활동들에 대한 축사 등을 담고 있습니다.

다음으로 로怒: '분노 사회'를 넘어 진정한 성숙을 꿈꾸며라는 제목을 단 2장은 사회현상을 비판적 시각으로 본 글들, 교육만으로는 해결할 수 없기에 사회와 국가가 움직여야 한다는 문제의식을 가진 글들, 아동 학대, 사학비리, 국정교과서 등 교육과 사회적 이슈가 연결되어 있는 글 등을 담고 있습니다.

다음으로 애哀: 함께 이해하고 함께 아파하는 교육의 무게라는 제목을 단 3장은 교육 현장이나 교육정책에 관련된 사안 중에서 목표나 의지는 있으나 아직 성과를 내거나 해결점을 찾지 못한 사안에 대한 글들, 교육과 관련된 마음 아픈 사안들, 세월호 이후의 새로운 교육 체제를 의미하는 4·16 체제, 교육 불평등에 대한 글 등을 담고 있습니다.

끝으로 락樂: '즐기는' 아이들이 행복하다라는 제목을 단 4장은 교육감의 즐거움, 교육감으로서 잘한 일, 교육감으로서의 다짐이나 비전 등을 담고

있습니다.

이 세상을 살아가면서 우리는 기쁘고 즐거운 일만 있기를 바랍니다. 그러나 유감스럽게도 슬프고 화가 나는 일이 전혀 벌어지지 않는 인생은 있을 수 없습니다. 희로애락을 제대로 조절하지 못하는 사람은 추합니다. 혼자 기쁜 일을 만났다고 마냥 즐기는 것도 곤란하고, 슬픈 일을 만났다고 슬픔에서 너무 오래 헤어나지 못해서도 안 됩니다. 그래서 조선 시대의 우리 선배들은 자신의 감정을 발산하는 것 또한 중용에 맞아야 한다고 했습니다.

공직자란 자기가 책임지고 있는 분야의 희로애락을 그대로 겪는 사람이라고 생각합니다. 다시 말해 서울시교육감인 저는 서울교육가족의 희로애락을 그대로 겪어야 자기 영역에서 제대로 소통하고 있다고 할 수 있을 것입니다.

외람되지만, 지난 2년 남짓 교육감 업무를 수행해온 과정은 제 희로애락의 주파수를 우리 아이들과 학부모들과 교사들이 겪는 희로애락과 맞춰오는 과정이었다고 감히 말할 수 있을 것 같습니다. 공립유치원을 새로 열고 발달장애 학생을 위한 직업훈련센터를 여는 등, 우리 아이들에게 작은 일이나마 새로운 희망을 열어줄 때 가슴으로 기뻐했습니다. 아직도 일부 남아 있는 학교 내 폭력이나 잘못된 관행으로 우리 아이들이 힘겨운 일을 겪을 때는 눈물이 흘렀습니다. 신체 활동 시간이 상대적으로 부족한 여학생들의 운동을 격려하는 일과 같이 우리 아이들이 새로 도전하고 새로 시작하는 일들을 만들어갈 때

아이들과 함께 즐거웠습니다. N포세대니 헬조선이니 하는 담론을 비롯해, 우리 아이들을 좌절시키는 일들을 만났을 때 마음으로 분노했습니다.

아직도 많이 부족하지만, 서울교육가족과 희로애락을 함께한다면 서울시교육청의 정책 방향은 크게 잘못된 길로 가지 않을 것이라고 저는 생각합니다. 지난 2년의 반성과 성찰을 담은 이 에세이집의 구성을 '희로애락'으로 잡은 것은 이 때문입니다.

이 에세이는 지난 2년을 성찰하면서 앞으로 어떤 서울교육을 만들어갈 것인지에 대한 일종의 다짐입니다. 매일매일 두려운 마음으로 일터에 옵니다. 매일매일 내가 제대로 귀를 열어놓고 있는지, 서울교육가족의 희로애락과 같은 주파수에서 느끼고 공감하고 있는지 돌아봅니다. 여전히 부족하지만, 더욱 최선을 다하겠다는 다짐으로 이 부족한 글을 세상에 내놓습니다.

이 책을 내는 데 제 오랜 친구인 한울엠플러스 김종수 사장의 도움을 크게 받았습니다. 흔쾌히 출판을 결정해주어서 이 자리를 빌려 감사를 드립니다. 아울러 남루한 원고를 이렇게 좋은 책으로 만들어주신 기획실의 윤순현 선생님과 편집실의 양선화 선생님에게도 감사를 드립니다.

교육감이 되기 전 페이스북은 제 개인적인 생각과 아이디어를 적은 것입니다마는, 교육감이 된 이후에는 대부분 공식적인 행사나 직책 수행과 연관된 것이기 때문에 대변인실과 정책실, 정책국이나 행정국 등의 도움을 받아서 구상되고 문장화됩니다. 특별히 이 글들이 페이스북에 올라갈 때는 이상수 대변

인의 손을 거치게 됩니다. 그런 점에서 페이스북 글들의 상당 부분이 이상수 선생님과의 공동 작업이라고 해야 할 것입니다. 또한 김보연 선생님에게도 특별한 감사를 드리지 않을 수 없습니다. 황윤옥 선생님은 페이스북의 난삽한 글들을 '희로애락'의 4원적 구성으로 정연하게 재구조화해주었습니다. 이 자리를 빌려 역시 감사를 드립니다.

　　나아가 수많은 행사를 기획하고 그러한 행사 속에서 교육감의 발언을 함께 고민하고 만들어준 서울시교육청의 가족들에게 감사를 드리고 싶습니다. 그런 점에서 이 글은 제 개인 작업인 동시에 서울시교육청 가족들의 집단지성의 결과물이라는 점도 밝혀둡니다.

2016년 8월

조희연

머리말

교육감의 페이스북,
생각의 숲으로 조금 일찍 길을 나서다   4

1

새로운 가능성을 열어가는 기쁨

기쁠 희

2

'분노 사회'를 넘어
진정한 성숙을 꿈꾸며

성낼 로

3

함께 이해하고 함께 아파하는
교육의 무게

슬플 애

4

'즐기는' 아이들이 행복하다

즐거울 락

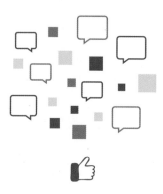

1

기쁠 희

새로운 가능성을 열어가는 기쁨

새로운 문을 열 때
새로운 세계가 열린다

• • •

지난 5월 26일 위례별유치원 개원식에 다녀왔다. 개원식에 가면 나는 교육감으로서 유치원의 깃발인 '원기'를 원장에게 수여하면서 정식으로 개교를 축하한다. 위례별유치원의 아이들은 나에게 고맙다는 뜻으로 종이꽃 화환을 만들어주었다. 이 예쁜 화환을 지금도 교육감실에 잘 보관하고 있다. 이걸 볼 때마다 색종이를 접고 깨알 같은 글씨를 또박또박 써 내려가는 아이들의 고사리 같은 손이 눈앞에 선하다. 물론 유치원 개원은 나에게 감사해야 할 일이 아니고, 개원을 위해 애쓴 수많은 분들에게 감사해야 한다고 나는 말한다. 또 아이들이 이런 화환을 만들도록 선생님들이 지도를 해주셨을 터이지만, 그런 줄 뻔히 짐작이 가면서도 나는 아이들이 만든 이 섬세하고 꼬깃꼬깃한 마음 덩어리를 받으면서 무한히 기쁘고 뿌듯하다.

그러나 사실 그보다 더 기쁘고 뿌듯한 것은, 양질의 교육을 담보할 수 있는 공립 유치원을 확대해나가고자 하는 내 의지가 조금씩 결실을 맺어가고 있음을 확인하는 일이다.

교육감에 취임한 후 지난 2년 동안 겪은 여러 가지 일 중에서 가장 기쁜 일정은 국공립 유치원 개원식에 참석하는 일이었다. 취임 이후에 참석한 단설유치원 개원식만 다섯 군데에 이른다(단설은 독립 유치원으로 만들어지는 것이고, 병설은 초등학교 부속으로 만들어지는 것을 뜻한다). 2014년 9월 1일에 새솔유치원, 2015년 3월에 마곡유치원, 은곡유치원, 청계숲유치

...

원, 2016년 3월에 위례별유치원 개원식에 참석했다.

어느 사회에서나 교육은 공교육이 한 축을 이루고, 한편에서는 사교육이 다른 축을 담당한다. 그런데 우리 사회는 사교육의 비중이 너무 크다. 가령 대학 입시에서 공교육은 거의 주변화되고 사교육에 대한 의존도가 심각할 정도로 확대되어왔다. 이 불균형은 지속적인 노력으로 시정해나가야 한다.

공교육 안에서도 공립학교와 사립학교가 나뉜다. 나는 공교육에서는 공립학교의 교육이 중심에 확고히 서 있어야 한다고 생각한다. 우리나라의 근대화 과정에서 사립학교가 큰 구실을 했고, 지금도 사립학교의 존재 이유에 대해 부정하는 것은 아니지만, 교육의 공공성 확보와 교육 불평등의 시정을 위해서는 공교육 영역에서 공립학교가 중심축이 되어야 한다고 믿는다.

물론 공립, 사립 불문하고 공공적 기능을 완벽히만 한다면 굳이 공립만이 중심이어야 할 필요는 없을 것이다. 일반적으로 공사립을 나누는 기준인 설립 주체가 아니라 성격과 운영 방식, 그리고 역할에 따라 구분할 때 완벽히 공공적 정체성을 갖고 그에 맞는 역할을 하는 사립이라면 이미 공립이나 다름없을 것이다.

그런데 대학 입시를 앞둔 고교 교육에서는 점점 더 사교육 의존도가 높아져가고, 공교육 내에서도 사립학교가 여러 면에서 우월한 지위를 점유해가고 있다. 대체로 사학 재단에 의해 운영되는 외국어고등학교(외고)나 자율형사립고등학교(자사고)가 입시에서 우월한 학교가 되고, 대다수의 학생들이 다니는 일반고가 하위 학교가 되는 식의 분화는 지금도 진행형이다. 대학 입시를 중심으로 볼 때, 사교육〉사립 공교육〉공립 공교육의 순으로 서열이 완전히 왜곡되어 있다. 좋은 대학에 가기 위한 경쟁이 치열해지면서 나타나는 이러한 왜곡이 점차 중학교, 초등학교까지 도미노처럼 내려오고 있지만 다행스럽게도 유아교육은 공립유치원이 확고히 중심을 잡고 있다.

사실 대학 부설이나 몇몇 개인이 운영하는 아주 수준 높은 사립유치원들이 있긴 하다. 교육의 질도 좋다. 물론 학부모의 부담이 크기는 하지만, 그래도 이런 좋은 사립유치원이 병존하는 것은 나쁘지 않다고 본다. 유아교육에서 공립유치원의 중심적 위치를 훼손하지 않으면서 병존하는 것은 선의의 경쟁을 통한 교육의 질 향상으로도 연결될 수 있을 것이기 때문이다.

또한 일부 수준 높은 사립유치원이 아니더라도, 우리나라 유아교육의 제도적 불완전성(초중등에 비해서)에 비춰볼 때 일반적인 사립유치원들이 공립의 부족한 부분을 채워주고 있는 점은 분명하고, 물론 그 역할을 존중해야 한다.

나는 재임 기간 동안 공립유치원(단설과 병설)을 20개 만들겠다는 공약을 한 바 있다. 지금처럼 꾸준히 노력하면 목표 달성은 어렵지 않을 것이다. 그러나 최근에는 아예 새롭게 결심을 굳혔다. 이렇게 공립유치원에 대한 학부모들의 선호가 분명하고, 그것이 우리 유아교육의 건전성을 담보해주고 있다면, 공립유치원 설립을 공약 수준에 머물지 않고 300~400퍼센트 정도 초과 달성하는 꿈을 꾸고 있는 것이다. 그리고 기왕이면 공립유치원의 증설 방식만이 아니라, 특수한 조건에 있는 사립유치원에 대한 적절한 지원과 합의를 통해 공공적 운영의 새로운 유치원 형태(이른바 공영형 사립유치원)로 전환하는 방식으로서, 말하자면 준(準)공립형 유치원을 늘리는 것도 함께 모색하고 있다. 물론 쉽지 않겠지만 나는 이런 방향으로 교육청의 관련 부서를 독려하고 있다. 이런 꿈을 꾸면서 어느덧 마음이 흐뭇해지고 가슴이 뜨거워지는 것을 느낀다. 이 뜨거움이 나를 다시 추동한다.

교육감으로 일하면서 진정 기쁨을 느끼는 것은 이런 순간이다. 새로운 것을 열어갈 때. 유치원의 문이 새로 열리는 것처럼, 새로운 것이 열릴 때 사람들의 기쁨이 더 늘어나는 게 아닐까 하는 생각을 해본다. 새로운 문이 열리는 것은 새로운 가능성이 열리는 것이며, 새로운 세계가 열리는 것이다. 하느님의 문은 모두 닫히는 법이 없다고 한다. 한쪽 문이 닫힐 때, 늘 다른 쪽이 열린다고 한다. 그렇다면 문을 열고 또 여는 것이 곧 신의 뜻이 아니겠는가. 나는 늘 다짐한다. 새로운 가능성을 열고 또 열어가는 교육을 모두 함께 만들어가자고.

20160703

유아교육에서부터
'바로 서는 공교육'을 위하여
한국국공립유치원교원연합회 창립 20주년 기념식

어제 한국국공립유치원교원연합회 창립 20주년 기념식이 경희대학교 평화의 전당에서 열렸습니다. 환영사를 하는 자리에서 이런 말씀을 드렸습니다.

"이번 기념식의 핵심 슬로건이 '바로 서는 공교육'입니다. 저 역시 교육감으로서 공교육을 바로 서게 만드는 것을 핵심 지향으로 하고 있습니다. 이런 점에서 볼 때 한국의 교육은 일정한 측면에서 위기에 처해 있습니다. 우리 아이들의 교육에서 공교육보다는 사교육이 점점 더 큰 비중을 차지하고 있습니다. 아이들이 공교육의 현장에서 잠을 자고 힘을 비축해서, 사교육 현장에서 열심히 공부하는 형국도 나타나고 있습니다. 국공립학교와 사립학교에서 국가가 진행하는 공교육이 사립학교에서 담당하는 공교육과 조화를 이루면서 중심적 위치를 차지해야 하는데, 사립학교들이 우수한 학교이고 공립학교들이 부차적인 것처럼 여겨지는 현상이 점점 더 많이 나타나고 있습니다. 특히 고교 수준에서 그렇습니다.

그러나 유치원 교육에서는 조금 다릅니다. 사교육보다는 공교육을, 사립유치원보다는 국공립 유치원을 학부모들이 원하고 있습니다. 바로 이런 유치원 수준에서의 올바른 교육 현실이 지속되어야 하고, 다른 수준의 교육에도 확산되어야 합니다.

오늘 20주년 기념식에서 배포된 결의문을 보니, '유치원 명칭을 유아학교로 개칭하는 것, 공립단설유치원 설립을 확대하는 것, 병설유치원 전담 행정 인력을 지원하는 것, 각 시도교육청에 유아교육과를 설치하는 것, 유아 발달에 맞는 수업 시수를 보장하는 것' 등을 요구하고 있는데, 이것들이 거의 전부 서울시교육청에서 실시하고 있거나 실시하려고 노력하고 있는 이슈들입니다. 서울교육이 유아교육에서는 조금 앞서가는 것 같다는 생각을 했습니다. 특히 우리 교육청에서는 2015년부터 병설유치원 행정 전담 인력 배치를 시작했는데, 앞으로 더 확대해가도록 하겠습니다."

유치원 교육에서부터 시작되는 전통문화적 감수성

기념식이 끝나고 돌아오는 길에 창립 20주년을 기해 만들어진 『대한민국 육아교육 발전을 위한 도약!』이라는 논문집을 살펴봤습니다. 좋은 제안들이 많았습니다. 앞으로 국공립유치원 교육에서 이런 점들을 많이 살리면 좋겠다는 생각을 했습니다. 예컨대 서울여대 문미옥 교수는 유치원 교육에서 유아들의 정체성이 기본적으로 형성되기 때문에 이것이 전통문화와의 연관 속에서 올바르게 형성되어야 한다고 지적했습니다. 그는 한국 전통문화가 '관계를 존중하는 인간관', '자연을 존중하는 자연관', '감성과 감정을 중요하게 여기는 교육관', '자연을 담은 신명 나는 생활 문화'에 기초하고 있음을 설명하면서, 이를 유치원 교육에 실현해야 한다고 강조했습니다. 우리의 초·중등교육에서 전통문화적 감수성이 실종되어가고 있는 현실을 감안할 때 아주 중요한 제안이라는 생각이 들었습니다.

인공지능 시대의 인성·공감 교육

인공지능 시대의 교육 혁신이라고 하는 것은 제 개인에게도 중요한 화두입니다. 이런 점에서 기존의 혁신 교육을 어떻게 심화·확장·풍부화할 것인가 고민하고 있는데, 경성대 이연승 교수가 '인공지능 시대의 유아교육'의 발전 방향에 대해서 논한 것을 보고 반가웠습니다. 기존의 'STEAM'이라고 하는 융합 인재 교육의 발전과 동시에 인성 교육의 중요성을 강조한 것도 인상적이었습니다. 그는 지능한 개인이 문제에 대해 합리적으로 사고하고 해결하는 인지적 능력과 학습 능력 외에 지혜 사물의 이치를 빨리 깨닫고 사물을 정확하게 처리하는 정신적 능력의 함양이 역설적으로 인공지능 시대에 절실함을 지적했습니다.

그리고 인성 교육의 토대로서 '공감 교육'의 중요성을 강조한 호서대 조경자 교수의 글도 재미있게 읽었습니다. 저는 초·중등교육에서 협력적 인성을 기르는 공감 교육의 중요성에 주목하고 있는데, 이러한 공감 교육이 유아교육에서부터 추구된다면 더욱 효과가 크지 않을까 생각합니다. 유아교육의 현장인 교실에서부터 "타인의 역할과 관점을 이해"하는 훈련을 하고, 교사 스스로가 "유아를 존중하고 신뢰하며, 유아의 정서에 민감하고 사려 깊게 반응하는" 공감 교사의 모델을 실현해야 한다는 점은 비단 유아교육만이 아니라 모든 교육에서 기본 원리에 해당하지 않을까 하는 생각을 해보았습니다.

20160601

'50플러스' 중·장년층의
인생 제2막을 응원하며

오늘 시청에서 '서울50플러스재단 창립 기념 및 공동협력 협약식'이 있어
축하의 말씀을 드리고 왔습니다.

흔히 50대 이상 중·장년층 세대는 건강과 여가 부족으로 염려와 기대
를 동시에 받습니다. 그러나 저는 여러 가지 이유로 은퇴와 경력 단절을 겪은
중·장년층이야말로, 인생 1막을 살아오면서 얻은 지혜와 능력으로 전후 세대
를 아우르는 사회 통합에 큰 기여를 할 수 있을 것이라고 기대하고 있습니다.

퇴직 교원들이 제2의 진로를 찾을 수 있도록

서울50플러스재단이 50~64세의 중·장년층 세대를 위한 교육과 취업, 문화와 인프라 등 전반적인 분야에서 종합적인 지원 대책을 펼치게 됩니다. 시니어들의 인생 2막에 대한 체계적인 설계와 실현을 돕고, 나아가 사회 통합을 돕는 플랫폼 역할도 하게 됩니다.

서울시교육청도 이에 맞춰 능력 있고 전문성 있는 퇴직 교원들이 50플러스재단을 통해 다양한 제2의 진로를 찾을 수 있도록 적극 협력하려고 합니다.

오늘 50플러스재단 설립을 시작으로 우리 시대 많은 시니어들이 인생 제2막을 위한 새로운 도전 목표를 세울 수 있기를 바랍니다.

선생님의 정성과 학부모의 신뢰 아래
싹트는 아이들의 행복

위례별유치원 개원식

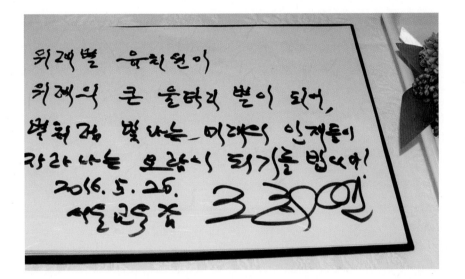

어제 서울 송파구에 위치한 위례별유치원 개원식이 있어 저도 축하의 말씀을 드리고 왔습니다. 위례별유치원 개원은 대단위 주거 지역인 위례신도시 지역 주민분들이 그간 소망해온 일이라 더 소중한 의미가 있습니다. 어제 유치원을 방문해 지역의 교육장님과 원장님, 선생님들을 뵙고 나니 그간 유치원 구석구석을 정성스러운 마음으로 다듬어 완성해온 것이 느껴지더군요.

이제 선생님들의 정성과 학부모님들의 신뢰 아래 아이들 한 명 한 명의 행복과 추억이 위례별유치원 안에서 무럭무럭 싹트는 일이 남았습니다. 어제 저만의 노하우로 아이들과 인사를 나누기도 했고, 아이들의 메시지가 담긴 종이 꽃다발을 선물로 받기도 했습니다. 선생님들은 축하 공연으로 우쿨렐레 연주를 하기도 했고요. 이렇게 이 공간은 우리 아이들의 행복으로 하나씩 채워지고, 이것이 위례별유치원의 전통이자 자산이 될 것입니다.

20160514

'결정적 한 사람'이신 선생님들께

제35회 스승의 날을 즈음해, 그간 표현이 부족해 전하지 못했던 선생님에 대한 감사의 마음을 편지에 담아보았습니다. 우리 선생님 한 분 한 분은 아이들의 미래에 가장 지대한 영향을 주는 '결정적 한 사람'입니다. 저는 그렇게 굳게 믿고 있습니다. 모두의 마음을 담아서 감사와 존경의 인사를 다시 한 번 드립니다.

---✂

'결정적 한 사람'이신 선생님들께, 머리 숙여 감사를 드립니다
존경하는 선생님들께

스승의 날입니다.

오늘도 여전히 아이들과 만나고 계시는, 우리 아이들의 인생에 가장 '결정적인 한 사람'인 선생님들의 무게감이 더욱 새롭게 다가오는 날입니다.

하지만 스승의 날을 마냥 기쁘게 맞이할 수 없는 것이 교육 현장의 분위기라는 얘기에 공감합니다. 치열한 임용고시 경쟁을 뚫고 임용되었으나 동시에 치열한 명예퇴직 경쟁을 뚫어야 하는 현실을 보면서, '교사의 자리'가 직업 선호도 최상위, 직업 만족도 최하위인 아이러니의 자리라는 말도 떠올려봅니다. 하지만 여전히 우리 선생님 한 분 한 분은 우리 아이들의 미래에 가장 지대한 영향을 주는 '결정적 한 사람'이십니다.

돌아보면, 선생님의 "힘내"라는 한마디는 세상 그 어떤 말보다 힘 있는 마법의 주문이었다는 생각이 듭니다. 선생님들의 그 놀라운 마법으로 잘 성장한 수많은 사람들이 곳곳에서 사회의 기둥이 되고 있습니다. 지금도 아이들은 선생님의 사랑을 먹고 건강하고 착하게 쑥쑥 자라고 있습니다. 모두의 마음을 모아 감사와 존경의 인사를 드립니다.

"선생님, 감사합니다."

얼마 전에 선생님을 대상으로 한 설문 결과를 접했습니다. 학생들에게 "선생님처럼 되고 싶어요"라는 말을 가장 듣고 싶어 하고, "학생들과 마음이 통할 때" 가장 보람을 느낀다고 하셨답니다. 이 말씀이야말로 세상에서 가장 소박하지만 가장 위대한 소망이라는 생각이 들었습니다. 아이들을 바르고 지혜롭고 너그러운 사람으로 키우기 위해 스스로 거울이 되려 하는 아름다운 노력에 절로 고개가 숙여졌습니다.

선생님들의 이런 소망이 이루어질 수 있도록 잘 도와드리는 것이 바로 제 일입니다. 저는 선생님의 권위가 흔들리는 사회에서는 법률이나 도덕, 그 어떤 다른 권위도 바로 설 수 없다고 믿기 때문에 선생님을 존중하고 존경하는 사회 분위기를 조성하는 것이 제 중요한 소임이라고 생각합니다. 그러나 마음만큼 현실에서 실현하지 못하고 있는 것이 늘 고민스럽고 선생님들께 죄송할 따름입니다.

최근 학교에서 각종 행정 업무를 줄이고 조직을 효율적으로 재편하느라 진통을 겪으셨지요. 잘 아시겠지만 선생님들께서 교육에만 몰입할 수 있는 여건을 만들기 위해 시작한 일입니다. 선생님들께서 가장 바라시는 일이기도 합니다. 그런데 학교마다 여건이 제각각이다 보니 예상치 않은 문제점이 나타나기도 합니다. 이런 시도가 성공하려면 교육청의 사업과 간섭을 줄이는 것이 전제되어야 한다는 것을 잘 알고 있기에 다소 무리를 해서라도 2018년까지 교육청 정책 사업의 80퍼센트를 줄이겠다는 목표를 세워 밀고 나가고 있습니다. '학교 업무 정상화'의 첫 삽은 교육감이 떴지만 선생님들께서 튼튼하게 완공해주십시오. 학교 현장을 가장 잘 알고 계시는 선생님들의 손으로만 이 정책이 완성될 수 있을 것입니다.

그리고 내년부터는 학교에서 '공모 계획서'라는 말이 점차 사라지도록 하겠습니다. 우선 교육청 사업부터 공모를 없애고, 외부의 공모 사업도 하나씩 정비해나가겠습니다. 아이들에게 돌아가야 할 소중한 선생님들의 에너지를 계획서와 보고서 쓰는 데 소진하지 않도록 최선을 다하겠습니다.

공문과 통계와 행정 업무 처리에 지쳐 '내가 정말 교사인가' 하고 회의하는 선생님들이 없도록 제게 더 많이 조언해주시기를 오히려 부탁드립니다. 아이들을 위해서라면 세상에서 가장 강해질 수 있는 분이 바로 선생님인 것 같습니다. 아무리 날카로운 지적도 듣기를 마다하지 않겠습니다. 어떤 무거운 주제도 함께 토론하기를 주저하지 않겠습니다. 항상 선생님들의 입장에 서서 선생님과 함께 우리 교육을 만들어가겠습니다.

많은 선생님들이 스승의 날을 기념하는 것이 '멋쩍다'고 하십니다. 하지만 저는 스승의 날에 다시 한 번 우리 선생님들을 떠올리고, 존경의 인사를 드릴 수 있어서 좋습니다.

사피엔스 이후의 인류를 고민하는 시대, 누구도 장담하지 못하는 난감함 앞에서 교육 또한 무기력해지는 게 아닐까 하는 두려움이 생깁니다. 하지만 저는 여전히 이후 세상에 대처하는 가장 큰 힘은 교육이라고 믿고 있습니다. 그리고 교육의 맨 앞에는 선생님들이서 계십니다.

선생님 한 분 한 분을 마음에서부터 응원합니다.
다시 한 번 마음 깊이 감사를 드리며,
건강과 행복이 언제나 선생님과 함께하기를 기원합니다.

2016년 5월 15일
서울시교육감 조희연 드림

1장 | 새로운 가능성을 열어가는 기쁨

서울교육노조와 서울시교육청, 다문화학생 장학금 마련 위해 손잡다

어제 서울시교육청에서 서울교육노조의 700만 원 기부금 전달식이 있었습니다. 제4대 출범식을 과감히 생략하고 검소하게 개소식을 치른 서울교육노조는 출범식 비용과 임원들의 모금을 통해 마련한 700만 원을, 다문화가정 학생 등 교육 환경이 열악한 학생들에게 장학금으로 사용해줄 것을 부탁하며 서울시교육청에 기부금으로 전달했습니다.

서울교육노조의 의미 있는 행보에 맞춰, 서울시교육청도 장학금 700만 원을 매칭하기로 했습니다. 이렇게 마련한 총 1400만 원은 다문화가정 학생 등 교육 취약 계층을 지원하기 위한 매칭펀드형 장학금으로, 학업 중단 위기에 있는 학생이 학업에 전념할 수 있는 여건을 마련하는 데에 의미 있게 사용하려고 합니다.

700만 원이라는 돈은 어찌 보면 아주 큰 금액은 아닐 수 있겠습니다만, 앞으로의 노조 활동에 매우 뜻 깊은 일이라고 생각합니다. 서울교육노조의 이 같은 강단 있는 결정에 박수를 보냅니다.

20160429

태어난 집은 달라도
배우는 것은 완벽히 같도록
위례별초등학교 개교식

저는 현재 서울시교육청이 지향하는 교육개혁의 방향을 두 가지로 말합니다.

첫째는 1960~1970년대 우리 사회가 절대 빈곤을 탈피하기 위해 몸부림 치던 시기의 교육 패러다임을 넘어선 새로운 교육을 실현하는 것입니다. 암기식 지식 교육 위주에 일등만이 의미를 갖는 낡은 교육을 넘어서는 새로운 교육을 만드는 것이지요. 저는 이것을 일컬어 모두의 가능성을 여는 '온리 원 교육'이라고 말합니다.

둘째는 '태어난 집은 달라도 배우는 것은 완벽히 같도록' 하는 것입니다. 즉 교육 불평등을 최소화해서, 교육이 여전히 희망의 사다리로 남아 있는 사회, 교육에서만큼은 평등하게 기회가 돌아가는 사회를 실현하고자 하는 것입니다.

우리 사회를 이끌어갈 큰 별들의 학교, 위례별초등학교

오늘 서울형 혁신학교로 개교한 서울 송파구 위례별초등학교의 개교식에 다녀왔습니다. 이 새로운 학교를 방문하며, 앞서 말씀드린 모두의 가능성을 여는 교육이 최대로 실현되었으면 좋겠다는 생각을 다시금 했습니다.

학교의 이름인 '위례별'의 의미를 새삼 되새겨봅니다. 위례는 백제의 위례성에서 비롯된 말로서, '넓고 큰' 또는 '울타리'라는 의미를 담고 있다고 합니다. 그렇게 본다면 위례별은 넓고 큰 별, 울타리 같은 별, 별 중의 별이라고 할 수 있을 겁니다. 저는 이 위례별초등학교가 우리 사회를 이끌어갈 큰 별 같은 인재들을 많이 배출하는 요람이 되기를 소망합니다.

20160428

'혁신학교'를 넘어 '학교혁신'으로
가재울초등학교 개교식

오늘 서울 최대 규모의 혁신학교인 가재울초등학교의 개교식이 열려서 저도 축하하고 왔습니다. 총 55학급의 가재울초는 개교와 함께 '서울형 혁신학교'로 지정받았습니다. 1학년만 14학급에 달할 정도로 규모가 매우 큰 학교이기도 합니다.

수업 시간과 방식에 구애받지 않는 수업

앞으로 가재울초에서는 학교 운영의 혁신을 위한 몇 가지 수업 방식을 도입합니다. 대표적인 것들이 '학급·학년 운영 재량권'과 '활동 중심 블록 수업', '4학기제' 운영, 방과후마을학교 등입니다.

'학급·학년 운영 재량권'은 보통 대규모 학교에서 볼 수 있는 방식인데, 학년 운영의 재량권을 확대해 자율성을 주고, 마치 학교 안에 또 다른 학교가 있는 것 같은 스몰 스쿨 Small School 방식으로 운영하는 것을 의미합니다. '활동 중심 블록 수업'은 50분이라는 수업 시간에 구애받지 않고 가능하다면 80분 수업을 할 수도 있는, 학생들이 집중적으로 몰입할 수 있는 수업 방식입니다. 일방적인 강의가 아닌 학생들의 활동을 중심으로 수업이 진행됩니다.

혁신학교를 넘어 학교혁신으로

서울시교육청은 최근 학교혁신지원센터를 만들어, 혁신학교를 넘어 학교혁신으로 가기 위한 노력을 기울이고 있습니다. 오늘 새로운 시작을 함께하는 가재울초의 학생, 선생님, 학부모님 들의 관심과 열정은 그 어느 때보다 클 것이라고 생각합니다. 가재울초가 혁신학교를 일반화하는 '학교혁신'의 새바람을 일으키길 기대하며, 다시 한 번 가재울초의 개교식을 축하합니다!

기억하고 기록해야 역사다
용강초등학교 100주년을 기념하며

오늘 마포구에 위치한 용강초등학교의 개교 100주년 행사가 있어서 저도 축하하고 왔습니다. 많은 동문들이 참석했는데, 그동안 동문들이 모금을 하며 적극적으로 함께 참여해 행사를 준비했다고 합니다.

돌아오면서 300쪽에 이르는 『용강 100주년사』 책자를 훑어보았습니다. 거기에는 100년 동안의 모든 학생들의 이름과 학교에 헌신한 모든 교장, 교감, 선생님 들의 이름이 담겨 있더군요. 역사를 기록한다는 것이 이런 것이 아닐까 하는 생각을 했습니다. 한국디자인공예진흥원의 재능기부로 오늘 개관식을 한 '학교 역사기념관'도 더욱 빛이 났습니다.

현재까지 모두 2만 7993명의 졸업생을 배출한 100년의 역사를 가진 용강초등학교. 서울의 유서 깊은 초등학교 가운데 하나로 자리매김한 용강초에서 앞으로도 교사는 새로운 가르침의 열정, 학생은 더 큰 꿈의 열정, 학부모는 협력의 열정을 모아 150년, 200년의 역사도 함께 만들어주시길 바랍니다!

20160422

담을 허물고 다시 태어난
북촌 마을 안내소

종로구청 제공

오늘 북촌 마을 안내소가 새롭게 문을 열었습니다. 지역 주민들이 자유롭게 머물다 갈 수 있는 전시실과 서가, 쉼터 등이 함께 갖춰진 북촌 마을 안내소 개소식에 저도 초대받아 다녀왔습니다.

잘 아시다시피, 북촌은 현재 우리의 삶과 옛 선조들의 삶이 조화롭게 어우러져 '북촌'만의 문화를 만들어가고 있습니다. 수도 서울의 소중한 공간입니다.

원래 이곳에는 정독도서관을 둘러싼 담이 있었는데, 이 때문에 주민들에게는 북촌의 중심에 자리 잡은 정독도서관이 멀게 느껴졌을 겁니다.

이번에 종로구청과 서울시교육청 산하 정독도서관 그리고 북촌 주민의 소통과 협업을 통해 그 담을 허물면서, 북촌 마을 안내소가 시민에게 한 발짝 더 다가갈 수 있게 되었습니다. 제가 평소에 그리고 바라던 조화로운 행정의 모습을 보여주었지요.

앞으로 북촌 마을 안내소가 서울을 대표하는 지역 문화 형성의 성공적 모델로 정착하길 바라며, 이번 일을 전폭적으로 지원해주신 김영종 종로구청장님께도 다시 한 번 감사함을 전합니다!

20160421

헌법, 몸에 지니고 다니며 읽자
『손바닥 헌법책』의 뜨거운 선전을 기대하며

국민 모두가 헌법을 안다고 뭐가 달라지겠느냐고 묻는 분들이 많습니다. 하지만 반대로 '우리가 헌법만 제대로 알았다면……' 하고 아쉬워하는 분들은 더 많을 겁니다. 바로 '우리헌법읽기국민운동본부'의 활동을 보면서 그렇게 느꼈습니다. 우리헌법읽기국민운동본부는 '헌법대로만 살면 상식이 통한다'는 생각으로 헌법 읽기 운동을 시작했다고 합니다. 그리고 그 취지가 이어져 '대한민국 헌법'을 늘 몸에 지니고 다니며 읽을 수 있도록, 손바닥에 들어오는 책으로 만들어보자는 생각을 하게 되었다고 합니다. 가로 8센티미터, 세로 14.5센티미터의 『손바닥 헌법책』에는 대한민국임시헌장과 헌법 조문, 그리고 유엔이 선포한 세계인권선언이 52쪽에 걸쳐 적혀 있습니다.

　장롱 속에서 나와 우리 생활 속 아주 가까운 곳으로 들어온 헌법. 우리 헌법을 『손바닥 헌법책』으로 자주 읽고 들여다본다면 민주시민교육도 한 단계 더 발전할 수 있지 않을까요? 한 권에 500원이지만, 500만 원(?) 이상의 가치를 지닐 『손바닥 헌법책』의 뜨거운 선전을 기대합니다.

민주시민교육을 통해 실현되는
'춤추는 민주주의'
징검다리 교육공동체 출범

징검다리 교육공동체 출범을 축하합니다. 학생, 학부모, 교사, 일반인을 대상으로 하는 민주시민교육을 증진하고, 이를 통해 '춤추는 민주주의'를 실현하려는 사단법인이 만들어졌습니다. 민주시민성을 확대하는 것이야말로 무기력하고 퇴행하는 한국의 민주주의, 그 일부로서의 학교 민주주의를 실현하는 지름길이라고 생각합니다. 특히 학생들을 대상으로 하는 민주시민교육을 토론 교육과 결합하는 '가르치지 않는 민주시민교육', 그리고 '문화·예술 융합형 민주시민교육'은 지금 시대에 매우 필요한 것이며, 서울시교육청도 그와 같은 방향을 지향하고 있습니다.

징검다리 교육공동체 내에 설치되는 학부모성장지원센터, 학생청소년성장지원센터, 교사성장지원센터를 통해서, 학교의 중요한 구성원인 학생·교사·학부모가 민주시민적 의식과 감수성을 기를 수 있기를 바랍니다. 그것이 진정한 학교 민주주의가 실현되는 데 크게 기여할 것입니다. 학교 민주주의의 실현은 뒤뚱거리는 한국의 민주주의, 퇴행하는 민주주의의 토대를 다시 세우는 중요한 일이라고 생각합니다.

국가폭력 피해자를 위한
'광주트라우마센터'를 방문하다

광주에서 열린 시도교육감협의회에 참석하는 길에 광주트라우마센터를 방문했습니다. 5·18 광주항쟁 희생자로 상징되는 국가폭력 생존자들에 대한 치유 센터입니다. 상담 프로그램, 신체적 후유증 완화 프로그램, 예술 치유 프로그램, 사회적 관계 회복 프로그램, 치유의 인문학 프로그램 등 다양한 사업들을 하고 있더군요.

특히 인상적인 것은 '증언 치유 프로그램'이었습니다. 국가폭력 피해자들

광주 트라우마 센터가
5·18의 '5(?)대광' 피해자들과
국가폭력 피해자들의
쉼·치유·힐링의
아름다운 공간으로 지속되기를
빕니다!   서울교육감 조희연

이 스스로의 심리적 외상을 증언함으로써 치유되도록 하는 것인데, 『이제 이야기를 들어주시겠습니까?』라는 제목으로 증언 기록집도 발간되었다고 합니다. 5 18의 사회 역사적 서사 또는 집단적 서사가 광주트라우마센터의 치유와 증언을 통해 시민 개개인의 서사와 결합되어가고 있는 것이 아닌가 하는 생각이 들었습니다.

'돈 내고' 하는 일에
만족과 행복을 느끼기를
봉사동아리 연맹 '미래나눔이' 발대식

지난주 토요일 동화세상에듀코에서 열린 2016년 봉사동아리 연맹 '미래나눔이' 발대식에 다녀왔습니다. 우리 학생들이 주변의 이웃을 돌아보고 도움이 필요한 이웃에게 사랑을 베풀며 바람직한 민주시민으로 성장할 수 있는 다양한 활동들을 시작하는 자리였습니다.

요즈음 학교 폭력과 학업 스트레스, 각자의 개성을 충분히 배려받지 못하는 획일적·경쟁적 교육 현실 속에서, 우리 청소년들의 정신건강 문제가 시대의 화두가 된 지 이미 오래입니다. 서울시교육청은 그동안 교육 불평등을 해소하고 '넘버 원 교육'이 아닌 '온리 원 교육'을 구현하기 위해 다양한 노력을 기울여왔습니다. 또 민주시민으로서 갖추어야 할 자치 능력, 함께하고 배려할 줄 아는 협력적 인성을 키우기 위해 애쓰고 있습니다.

사람은 베풂을 통해 만족과 행복감을 느낀다고 합니다. 아마도 '선한 인간 본성'에 대한 증거라는 생각이 듭니다. 25년 동안 대학에서 수업을 하면서 저도 늘 그런 점을 강조했습니다.

"인간은 돈 받고 하는 일에는 만족과 행복을 느끼지 못하고, 돈 내고 하는 일에 만족과 행복을 느낍니다. 여러분은 '돈 내고' 하는 봉사 일을 꼭 하나씩 가지십시오!"

학업에 대한 부담도 클 텐데, 아까운 시간을 쪼개어 어려운 이웃에게 관심을 기울이고 더욱 열심히 봉사하기 위해 모인 학생들을 보니 그러한 사실을 새삼 깨닫게 된 것 같습니다. 교육감으로서 아주 고맙고 든든한 마음입니다.

많은 학생들이 공부를 잘해서 좋은 대학에 가고 좋은 직업을 갖기를 원합니다. 돈을 많이 벌고 잘살기 위해서일 것입니다. 그런데 돈을 많이 받는 좋은 직장에 다닌다고 해도 그것이 바로 만족과 행복감으로 이어지지는 않습니다. 그래서 저는 학생들이 자신이 성취한 능력을 이용해 '아까운 자기 시간과 돈을 내고' 봉사하면서 만족과 행복감을 느끼길 바랍니다.

또 형편이 어려운 다른 나라 사람들에게 운동화를 보내는 등 다양한 방식으로 기부 봉사 활동을 하는 동아리에 대해 들었는데, 이처럼 봉사와 기여가 우리 사회의 어려운 이웃뿐만 아니라 지구촌 저 너머의 어려운 이웃들에게도 향할 수 있기를 바랍니다.

나눌 수 없을 만큼 가난한 사람은 없다고 합니다. 각자의 사정이 있겠지만, 가능하다면 많이 나누고 많이 함께하면 좋겠다고 생각합니다. '교복 입은 시민'으로서 학생들이 다양한 봉사 활동을 통해 세계시민, 민주시민으로서의 책임감과 주체성, 열린 생각을 가지고 훌륭하게 성장해나갈 수 있기를 바랍니다.

정규직화와 노동친화적 사회로 가는 길

한국공무직노조 · 학교비정규직노조 개소식

이번 주에는 기쁜 개소식이 두 차례나 있었습니다. 하나는 한국공무직노조 이전의 전국회계직연합, 전회련 사무실 개소식이고, 다른 하나는 학교비정규직노조 개소식이었습니다. 전자는 서대문에 사무실을 마련했고, 후자는 서울역 부근의 사무실로 이사했습니다.

노동자들 중에서 가장 열악한 위치에 있는 비정규직 교육청에서는 교육공무직 이라 부릅니다 노동조합은 서울시교육청에 다섯 곳이 있습니다. 민주노총서울본

부서울일반노동조합, 전국공공운수노조 전국교육공무직본부, 민주노총전국학교비정규직노동조합, 전국여성노동조합, 서울시공립학교호봉제회계직노동조합이지요. 작년 단체교섭 결과에 따라, 서울시교육청이 비정규직노동조합 사무실 비용을 지원하게 되었습니다. 단정하고 깨끗한 사무실을 마련하는 데 도움을 드린 것 같아 마음이 기뻤습니다. 개소식 날 방문했을 때 저를 '대환영'해주셔서, '사용주'를 이렇게 환영해도 되는가 하고 농담을 하기도 했지요.

　나라 안팎으로 민주주의의 후퇴기를 살고 있는 이 시대, 노동자 집단은 더욱 어려운 시기를 보낼 것입니다. 1998년 2월 법외노조이던 전교조가 합법화되는 한편 비정규직을 양산하는 파견근로자법이 통과된 후 18년이 지난 지금, 비정규직 양산의 시대적 흐름은 비정규직 운동의 성과로 인해 정규직화의 흐름으로 역전되어가고 있습니다. 다시 파견근로의 영역을 확장하고자 하는 반대의 흐름이 나타나기도 하지만, 큰 시대적 흐름은 막을 수 없을 거라고 생각합니다.

　현재 다른 기관에 비해 서울시교육청은 무기계약직 비율이 92퍼센트에 이르기 때문에 비정규직 노동 영역이 상대적으로 작습니다. 100퍼센트 무기계약직 시대가 빨리 열리면 좋겠다는 소망도 가져봅니다. 후진국들 중에서 가장 먼저, 가장 빨리 경제적 선진국에 가까이 도달한 만큼, 우리 사회가 '노동친화적 사회'에 더 빨리, 더 가까이 가면 좋겠습니다.

노동 중심 사회로 가는 길이 멉니다.
지치지 말고
전진하십시오!
— 조희연

20160229

'적극적 평등' 정책이 필요하다
성적우수장학금 없앤 고려대의 결정을 환영하며

고려대에서 성적우수장학금을 없애고, 교내 장학금 예산 350억여 원 중 200억 원을 어려운 학생들에 대한 전액장학금 '정의'장학금으로 배정한다고 합니다. 사실 저는 대학에 재직하던 수년 전부터, 성적장학금 폐지론을 입에 달고 다녔습니다. 성적우수장학금을 없애고 어려운 학생에 대한 전액장학금을 증액하는 것은 일종의 적극적 평등실현조치 affirmative action 에 해당한다고 생각합니다.

모두가 못살던 초기 산업화 시기에 성적장학금은 '공부 잘하는 어려운 집 아이들'을 지원하는 의미가 있었습니다. 그런데 이제 부모의 경제력이 학생들의 성적과 교육에 막대한 영향을 미치는 '산업화 이후'의 현 한국 사회에서 성적장학금은 대부분 '잘사는 집 아이들에게 혜택 하나 더 주는' 효과를 낳고 있습니다. '잘사는 집 아이들은 없는 재능도 부모의 경제력으로 만들어내고, 못사는 집 아이들은 있는 재능도 개발할 기회를 갖지 못한다'는 것이 우리의 현실입니다.

고려대 염재호 총장 임기에 입시 개혁에 이어 장학금 개혁까지 이루어지는 데 박수를 보냅니다. 관련 기사*에서처럼 '중산층 대학생이 피해를 본다'는

---

* "성적장학금 없애고 어려운 학생 지원 늘린다면?", 《한겨레》, 2016.2.28
(http://www.hani.co.kr/arti/society/schooling/732501.html).

반론은 장학금 '구조개혁'안 속에서 보완해야 할 사안이지, 정의장학금을 확대하려는 노력을 반대하는 논리로 사용되어서는 안 된다고 봅니다. 필요하다면 '소득 연계' 장학금 지급 기준을 마련해서 보완하면 될 것이라고 생각합니다. 그리고 일정 정도 성적장학금을 존치하는 보완책도 얼마든지 가능할 것입니다.

사실 서울시교육청에서도 가능한 적극적 평등실현조치 정책을 개발하려고 노력하고 있습니다. 학교 운영비 지급에 평등예산을 도입한다거나, 막대한 재정적 지원을 하는 혁신교육지구 선정에서 저소득층 학생 수를 중요한 기준으로 설정하는 것 또한 그러한 노력 중 하나입니다. 더욱 많은 적극적 평등실현조치 정책이 필요하다고 생각합니다. 중앙정부에서도 저소득층 아이들을 지원하기 위한 정책들을 많이 시행하고 있습니다. 부모의 경제력이 학생의 교육 성취에 미치는 영향이 점차 커지고 있는 현실 속에서, 교육청의 공공 재원이 이러한 사적 경제력의 교육 효과를 완화하는 데 사용될 수 있어야 한다고 생각합니다.

아무쪼록 고려대의 새로운 실험을 기쁜 마음으로, 그리고 흥미진진하게 지켜보도록 하겠습니다.

만세삼창 결혼식

오늘 흥미롭고 유쾌한 결혼식에 다녀왔습니다. 연출가 임진택 선생님의 딸이 결혼하는 자리였지요.

끝날 무렵, 사회자가 "이렇게 좋은 사위를 보았으니, 신부 아버님께서 만세삼창을 해야 하지 않겠습니까" 하고 임진택 선생님에게 만세삼창을 권유했습니다.

임진택 선생님이 만세삼창을 해서 '아, 저런 일도 있구나' 하고 있는데, 이번에는 사회자가 "신부 아버지가 삼창을 했으니, 이렇게 좋은 신부를 맞은 신랑 아버님이 만세삼창을 안 할 수 있겠습니까"라고 권하니, 또 신랑 아버지가 일어나서 만세삼창을 했습니다. 거기까지도 유쾌하게 웃으며 지켜보았습니다.

그런데 이번에는 주례를 해주신 전 문화재청장 유홍준 선생님에게 "주례분께서도 기쁘지 않습니까, 만세삼창 한번 하시지요" 하고 삼창을 권유하니, 유홍준 선생님 역시 기꺼이 만세삼창을 하는 바람에 포복절도하는 상황이 되었지요.

그러고 끝나는가 했더니, 다음에는 "여기 계신 하객분들도 다 기쁘지 않습니까, 만세삼창하시지요" 하는 게 아닙니까. 그래서 모든 하객들이 만세삼창을 했답니다. 물론 저도 했고요.

독도 관련 행사나 광복절 행사에서 만세삼창하는 것은 보았어도 결혼식에서 하는 것은 처음 보았습니다. 더구나 "공사다망한데도" 결혼식에 참석한 하객에게 만세삼창을 시키는 결혼식은 또 처음이구나 싶었지요. 웃음이 절로 나고 유쾌한 자리였습니다.

신부가 음악 선생인데, 초등학교 시절부터 사귀어온 신랑을 위해 작사·작곡한 노래를 불러주는 장면도 감동적이었습니다. 젊은 세대가 틀에 박힌 구세대보다 낫다는 생각이 절로 들더군요.

20150208

존경하는 선생님이 있느냐 물으면

누구나 존경하고 좋아하는 선생님이 있을 겁니다. 저에게도 대학 때 은사인 김진균 선생님이 계십니다. 전두환 정부하에서 1980년 해직된 이후 저도 '김진균 사단'의 일원이 되어 비판적 학술 운동가로 출발하게 되었지요. 어제 '김진균 기념사업회' 10주년을 마감하는 자리에서 이야기할 기회가 있어 다음과 같은 이야기를 나누었습니다.

"저는 가끔 존경하는 선생님이 있느냐는 질문을 받으면, 1초도 주저하지 않고 김진균 선생을 이야기합니다. 요즘 생각해보면 이렇게 주저 없이 말할 수 있는 선생님을 갖고 있다는 것은 행복한 일인 것 같습니다. 여기 계신 모든 분들은 그런 행복을 가지고 계신 분들일 것입니다. 김진균 선생 평전 작업 등 10년 동안의 작업이 잘 마무리되었는데, 그간 기념사업회를 지키면서 평전까지 집필해낸 서관모, 홍성태 교수의 끈기와 헌신에 감사드립니다. 노동운동과 시민운동의 든든한 버팀목이 되어, 어렵게 싸우던 많은 분들의 벗이 되어주었던 김진균 선생님의 제자로서 우리 모두 '리틀 김진균'으로 살아가기를 다짐하는 자리가 바로 오늘인 것 같습니다."

이런 말씀을 드리면서, 초·중등교육이 발전한다는 것은 곧 '존경받는 선생님들이 많이 나오고, 선생님을 존경하는 학생들이 많아지는 것, 그런 존경의 관계가 학교에 차고 넘치는 것'이 아닐까 생각해보았습니다.

양질의 광기를 발휘하라

오늘 서울문화재단이 주최하는 서울국제창의예술교육 심포지엄 축사를 하고 왔습니다. 지성·감성·인성이 어우러지는 교육을 지향하는 서울시교육청 입장에서도 예술교육은 중요합니다. 심포지엄에는 잘 알려진 핀란드의 아난탈로 아트센터를 설립한 마리안나 카얀티에도 참석했네요. 발표문을 살펴보니 스웨덴 서커스 시르쾨르의 미아 크루소의 발제문에 있는 구절에 특히 눈길이 갑니다.

'세상과 삶을 더 깨어 있고 생기 있게 하기' 위해서

1) 삐딱하게 보고 몸을 던져라 cocky commitment
2) 질적으로 우수한 광기 양질의 광기를 발휘하라 quality madness
3) 함께하며 개성을 고집하라 collective individualism

저도 우리 젊은이들에게 '양질의 광기'를 발휘하라고 말하고 싶습니다.

서울대 비非일반고
입학 비율 낮추기 정책을 환영하며

서울대 성낙인 총장이 2016년부터 비일반고 입학 비율을 40~45퍼센트로 낮추는 정책을 추진하겠다고 발표했습니다.* 2017년부터 전 학과 지역균형제를 도입하는 것도 포함합니다. 서울대 신입생 중 특목고나 자사고 입학 비율이 높아지면서 대학의 다양성을 해치고 교육 불평등이 확대되는 것에 대한 대책으로 보입니다.

국공립대는 국민의 세금으로 운영되는 것이고 그런 점에서 이런 사회정의와 교육 평등을 염두에 둔 정책은 더욱 확대되는 것이 마땅하다고 생각하며 박수를 보냅니다. 일부 언론에서 '교육 포퓰리즘'이라고 비판하기도 하는데, 저는 정작 이런 변화 노력이 우리 사회를 거시적으로 안정화하고 현실 체제에 대한 애정을 높인다고 생각합니다.

---

* "성낙인 서울대 총장 '지역균형제, 2017년부터 전 학과 도입'", ≪뉴스1≫, 2014.10.11
(http://news1.kr/articles/?1898736).

아침마다
따뜻한 빵을 굽는 선생님들

그저께 신문 기사를 보면서 감동 먹었습니다. 선생님들이 가정형편이 어려운 학생들에게 아침 대신 토스트를 만들어 먹이고 상담도 하면서 아이들을 보살핀다는 내용이었습니다. 이런 선생님들이 계셔서, 우리의 마음이 흐뭇하고 우리 아이들이 꿋꿋하게 자라는 것이 아닐까 생각했습니다.

이전 같으면 감동하고 그만일 텐데, 제가 교육감이다 보니 이 일을 주도하는 남인숙 선생님 중랑중 상담복지부장 교사에게 전화를 드렸습니다. 학기 내내 아침을 준비하느라 참 많이 힘드신 것 같았습니다. 위로와 감사의 마음을 전하고 말씀 나누면서, 이런 일은 더 확대되어도 좋겠다는 생각을 했습니다.

이를테면 여러 학교에서 교직원들이 합심해 기획하고, 기본 경비는 교육청에서 제공하고, 동네 식당이 기본 경비를 받으면서 사회 공헌의 의미로 토스트를 만들어주고, 선생님들은 이 일 전체를 관리하면서 아이들과 상담도 하고 돌보는 일을 하는 식의 모델을 한번 생각해보았습니다.

선생님, 정말 감사합니다.

"따뜻한 배려·아침빵에 아이들 마음 열렸어요"
서울 중랑中 토스트 굽는 선생님들

"출석 일수가 적어 유급할 뻔한 학생들, 대인기피증으로 고생하는 학생들, 가정형편 때문에 아침밥을 굶는 아이들에게 빵 하나가 큰 힘이 되더라고요."

서울 중랑중학교에는 '빵 굽는 선생님들'이 있다. 남인숙 상담복지부장 교사, 성윤옥, 노미정, 이지선 등 상담복지부 교사·복지사 등 4명은 2명씩 조를 이뤄 매일 다른 교사들보다 30분 일찍 나와 학생들을 위해 토스트를 굽는다. '굿모닝 케어'라는 이름의 조식 제공 프로그램이다. 가정 형편이 어려운 학생 48명에게 조식을 무료로 제공한다.

처음에는 창피해서 상담실에 오길 꺼리던 학생들도 교사들의 노력으로 한 학기 만에 바뀌었다. 교사들이 이들을 꾸준히 맞으면서 학생들의 마음의 문도 열린 것이다. 남 교사는 "아침에 반갑게 인사하고 고민을 들어주니 학생들도 점차 익숙해져 매일 오기 시작했고, 학생들의 태도도 긍정적이고 적극적으로 바뀌었다"고 뿌듯해했다.

태도가 바뀌니 행동도 바뀌었다. 참가 학생들의 무단 결석률은 지난해 대비 87.5%나 줄었다. 올해 1학기 중간고사와 기말고사 성적을 비교해보니 3학년생 20명 중 15명의 성적이 오르거나 제자리를 지켰다. 특히 3학년 최 모 군은 학업성적 평균이 13점 올라 전교 석차가 34등이나 껑충 뛰었다.

이러한 변화는 단순히 조식을 제공했기 때문만은 아니다. 교사들은 "오늘 기분이 어떻니?" "부모님과의 갈등은 없었니?" 등 한두 문항의 설문지를 만들어 학생들이 오면 표시하게 했다. 설문지를 보고 문제가 있는 학생에 대해 교사들이 좀 더 면밀하게 상담하는 등 학생들을 배려한 덕분이라는 평가가 많다.

김기중 기자 gjkim@seoul.co.kr
《서울신문》, 2014.8.20(http://www.seoul.co.kr/news/newsView.php?id=20140820010021).

2

怒
성낼 로

'분노 사회'를 넘어
진정한 성숙을 꿈꾸며

우리 사회의 비인간적인 얼굴에 분노하며
'압축 성숙'을 꿈꾸다

• • •

나는 요즘 우리 사회가 '분노 사회'라는 생각을 한다. 모든 사람들이 분노에 차 있다. 현실에 대한 울분과 분노가 우리 사회 공동체의 '저변'에 쌓여 있다. 그래서 어떤 계기적 사건이 주어지면 '걸리면 죽는 식'으로 대상을 향해 분노가 집중 분출되게 된다. 사회적으로 항상 무언가 건드리면 터질 것 같은 예감이 들고, 여러 사건을 통해서 실제로 간혹 그 분노가 터지고 있음을 느낀다.

우리 사회가 이처럼 분노 사회로 지속되는 것은 글로벌 신자유주의와 같은 외적 요인도 있지만, 1960년대 이후 압축적 성장을 하는 과정에서 누적된 문제점들이 민주화 이후에, 그리고 1990년대 중후반 세계화의 과정 이후에 해결되지 않은 채로 오히려 확대되어왔기 때문이 아닌가 싶다. 분노 사회라고 할 때 분노는 현상적 측면이기도 하지만 구조적 함의도 띠고 있다. 분노 사회라는 개념은 구조적·역사적 모순을 갖는 한국 사회에서 사회 구성원들이 보이는 어떤 사회심리적 특성을 말해준다.

주지하다시피 우리 사회는 세계가 알아주는 '압축적 성장'의 나라이다. 경제적으로는 다른 나라가 100년, 200년 걸렸던 근대화 과정을 압축해서 30여 년 만에 이뤄냈다. 정치적으로도 프랑스 혁명 이후 200년 걸린 민주주의의 발전 과정을 압축해서 30여 년 만에 기본적인 민주정치의 틀을 갖췄다.

···

그러나 성장보다 더 중요한 것은 '성숙'이다. 성장이 성숙의 조건일 수는 있지만, 성숙을 저절로 보장하지는 못한다. 재산의 증가가 인격의 성숙을 의미하지는 않으며, 지식의 증가가 지혜의 성숙을 뜻하지 않는 것과 마찬가지다.

사실 어느 사회에나 개인적·가정적·집단적·사회적 수준에서 좌절과 분노가 존재하게 마련이다. 그런데 그것이 체념이나 순응적 정서로 융해되지 않고, 그것과 유사한 문제 상황에 대해 동병상련적 공감과 연대감을 느끼고 그 문제를 촉발한 사회와 국가에 대한 저항적 정서로 표현된다는 점에 분노 사회의 특성이 있다. 이렇듯 어떤 의미에서 소극적 분노가 아니라 적극적 분노라는 점이 분노 사회의 중요한 특징 중 하나가 아닐까 싶다.

나는 최근 보름 사이에 잇따라 발생한 몇 가지 사건을 보며 우리 사회의 경박함과 천박함과 미성숙함에 대해, 슬픔을 넘어 분노가 마음속에 고이는 것을 느낀다. 이 사건들은 우리 사회가 작동하는 방식이 얼마나 비인간적이고 천박하고 부박한가를 여실히 보여주기에 충분했다.

첫째는 지난 5월 28일 발생한 '구의역 사건'이다. 승강장 안전문(스크린도어) 수리는 최소한 두 사람이 한 조로 근무해야만 안전을 확보하면서 작업할 수 있다고 한다. 거기에 열아홉 살 비정규직 기간제 청년 한 사람이 투입되었다. 청년은 컵라면 하나를 가방에 넣고 달려가 작업에 들어갔다. 지하철을 이용하는 시민들의 안전을 지켜주는 안전문과 지하철 철로 사이에는 '헬조선'의 지옥이 입을 벌리고 있었다. 청년은 결국 그곳에서 외롭고 비참하게 죽음을 맞이해야 했다. 열아홉 살 하청 노동자에게는 어떤 안전문도 스크린도어도 작동하지 않았다.

이 사건은 우리 사회의 비인간적인 맨얼굴을 날것 그대로 보여주는 너무도 끔찍한 사건이다. 이 청년을 죽음으로 몰아넣은 것은, 주변적 존재들을 착취하면서 작동하는 우리 사회의 이윤 만능 구조 또는 이윤 극대화 구조이다. 이미 지난 2013년에 같은 참극이 벌어졌는데 시스템은 달라지지 않았다. 이는 2014년 4월 16일의 세월호 참사를 만들어낸 이 사회의 작동 원리 또는 구조와 정확히 일치하는 것이다.

두 번째 사건은 그로부터 사흘 뒤인 지난 5월 31일, 공시생의 투신 자살과 그와 부딪혀 군청 공무원이 퇴근길에 숨진 사건이다. 40대 가장인 공무원 양 씨 뒤에는 임신 8개월인 아내와 어린 아들이 따라오고 있었다. 유가족들에게는 말 그대로 하늘에서 떨어진 날벼락 이라고 하지 않을 수 없다.

자살한 공시생은 유서에 이렇게 썼다고 한다. "나는 열등감 덩어리다. 내 인생은 쓰레 기다." 극심한 취업난과 대량의 '청년 백수' 양산 시대에 좌절을 거듭하던 청년이 자신을 '열등감'과 '쓰레기'라고 진단한 이 글은 우리의 가슴을 찌른다. 이 끔찍한 비극의 배후에 는, 그 공시생 청년이 자학적 열등감을 키워가도록 만든 우리 사회의 맹목적인 무한 경쟁 주의가 악마의 미소를 짓고 서 있다.

세 번째 사건은 지난 5월 17일 새벽 한 시 강남역 근처 상가 건물에서 발생한 살인 사 건이다. 스물세 살의 여성이 아무 연고 없는 낯선 남성에게 끔찍하게 죽임을 당했다. 이 충격적인 사건에도 우리 사회가 앓고 있는 병리가 투영되어 있다.

보름이 채 안 되는 기간 동안 이렇게 끔찍한 일들이 잇달아 벌어졌다. 겉보기에는 무관 해 보이는 일들이지만, 이 사건들의 배후에는 우리 사회가 작동하는 원리의 비인간성과 천 박함이 민낯을 드러내고 있다.

지난 7월 교육부 나향욱 정책기획관이 "민중은 개돼지와 같다"라고 발언한 사건은 국 민들의 분노의 '최대치'를 끌어냈던 것 같다. 다른 분노들이 구조적 현실에서 파생된, 우 리 스스로 직접 어떻게 할 수 없는 사건에 대한 것이었다고 한다면, 이번에는 그 구조적 현 실을 유지하는 고위 공무원의 적나라한 '민중에 대한 혐오적 발언'이기 때문에 분노가 더 욱 크게 나타났던 것 같다. 윤운식은 "최근 며칠 사이 대한민국을 뒤흔든 키워드는 '개돼 지'였다. 미국과 중국이라는 두 강대국 사이에서 위험한 줄타기를 하는 운명의 단어 '사드' 도 아니고, 국가 경제에 심대한 영향을 미치는 '최저임금'도 아니며, 영남권을 분열의 나락 으로 내밀었던 '신공항'도 아닌 '개돼지'라니 이 얼마나 어이없는 일인가?…… 나와 내 자 식이 이 사회에서 개돼지 취급을 받으면서 맘껏 조롱의 대상이 되고 있는데 머리 뒤로 날

···

아다니는 미사일 따위가 뭐가 두려우랴"(≪한겨레≫, 2016.7.16)라고 표현하기도 했다. 그만큼 분노의 깊이는 깊었다.

불행 중 다행이라고 할까? 이런 사건이 벌어졌을 때 우리 사회와 시민이 반응하는 방식은 이전과 다른 모습을 보인다. 구의역 사고 현장과 출입구에서는 수많은 포스트잇이 고인을 추모했다. 강남역 사건 현장도 이 사건에 대한 충격과 정서와 성찰을 담은 형형색색의 포스트잇으로 뒤덮였다. 가령 구의역에는 익명의 시민이 이런 글을 남겼다. "효율이라는 이름 아래 얼마나 많은 사람이 더 죽어가야 하나요?" 또 강남역 현장의 포스트잇에는 다음과 같은 애도의 글이 적혀 있었다. "수천 송이 꽃을 놓는다고 해도 네가 걸었을 앞날보다 더 아름다울까?"

지난해부터 '헬조선'과 'N포세대' 등 우리 사회의 작동 문제에 대해 근본적인 비판의 시각을 담고 있는 담론이 유행하면서, 이런 사회적 사건에 대한 시민들의 분노와 공감의 감수성 지수가 매우 높아졌음을 느낀다. 시민들은 한결같이 "지켜주지 못해" 아파하고, "얼마나 더 죽어야 하느냐"며 분노하고 있다. 이것이 분노 사회의 단면들이라고 나는 생각한다.

나는 특히 강남역 살인 사건 이후 들려오는 여러 가지 목소리에 주목하고 있다. 이 사건 이후 많은 여성들이 척박하고 천박한 한국 사회에서 살아가면서 얼마나 위험과 불안을 느끼고 있는지에 대해 자신의 언어로 말하기 시작했다. 나는 이런 목소리들이 우리 사회를 성숙시키고 변화시킬 것이라고 믿는다. 분노에서 공감과 연대, 새로운 사회에 대한 열망으로 나아가는 변화가 이런 계기적 사건들 속에서 움트고 있다고 생각한다.

인간은 비극 속에서 성찰하는 존재이다. 지금까지 우리 모두가 절실하게 느끼지 못했던 현실을 다시 돌아보면서, 우리 사회를 더불어 살아가는 방향으로 한층 더 성숙시키기 위해 지혜를 모아야 한다. 왜 과대망상의 '조현병'을 앓고 있던 사람이 약자인 여성을 살해하는 '여성 혐오'의 방식으로 자신의 병리를 표출했는지에 대해 성찰해야 하고, 이 사건에 투영된 우리 사회의 약자 혐오, 여성 혐오의 폭력성에 대해 진지하게 반성적 논의를 해야 한다.

그런데 이런 현상에 대한 일부의 반응에 우리는 분노하지 않을 수 없다. 우리 사회에는 여성들의 목소리를 히스테리적으로 부정하는 일부의 반응이 있다. 여성들의 목소리에 대해, 불필요하게 '남녀 간의 대립'으로 몰아간다거나 '여성 혐오'라는 표현 자체가 과도한 것이라고 주장하는 것이다. 이런 주장은 우리 사회에 엄연히 존재하는 약자 혐오, 여성 혐오의 왜곡된 심성과 위험한 경향을 애써 별것 아닌 것으로 부정하려는 데에서 나온다.

강남역 살인 사건에 내재된 복잡성을 단순화하고 싶지는 않다. 그러나 여성 혐오의 과대망상, 묻지 마 살인이라는 범죄 형식, 여성의 희생 등이 보여주고 있는 우리 사회의 미성숙함과 천박함에 대해서는 우리 모두가 고통스러운 마음으로 직시해야 한다.

구의역과 강남역 주변을 뒤덮은 포스트잇을 보면서 나는 다시 '압축 성숙'이라는 화두를 떠올린다. 압축 성장으로 OECD 가입국이 되고 민주국가의 반열에 올라선 대한민국이, 함께 살아갈 만한 사회를 만들기 위해 분노 사회를 넘어 '압축 성숙'의 길을 갈 수는 없을까? (물론 압축 성장의 '압축'이 갖는 비순리성, 왜곡성의 부정적 의미가 압축 성숙의 압축에 내포되지는 않아야 할 것이다. 압축 성숙이라 표현한 것은, 우리 사회의 문화 지체적 현상으로서의 성장과 성숙의 큰 시간적 간극이 빠른 시간 내에 해소되어야 한다는 의미에서다.) '압축 성숙'을 위해 우리는 이중으로 분노를 표현해야 한다. 하나는 우리 사회의 구조적 작동 원리의 비인간성에 대한 분노이고, 다른 하나는 이런 구조적 비인간성에 대한 성찰과 개혁 노력이 더디고 부족한 것에 대한 분노이다.

사적인 사안에 잦은 분노를 표현하는 것은 인격의 미숙성을 보여주는 일이겠다. 그러나 사회적 이슈에 대한 분노는 사회를 더욱 성숙시킨다. 나는 우리 사회에 대한 이중의 분노와 '압축 성숙'을 통해 우리 사회의 품격이 더욱 원만해지고 깊어지기를 끊임없이 갈구한다. 나부터라도 내가 현재 서 있는 위치에서 교육정책을 통해, 우리 사회를 분노 사회로 만드는 '분노의 근원'과 강도, 범위를 완화하기 위해 노력해야겠다는 다짐을 날마다 하게 된다.

20160610

90년 전 오늘,
'6·10 독립만세운동' 선배들의 외침을
후배들과 함께

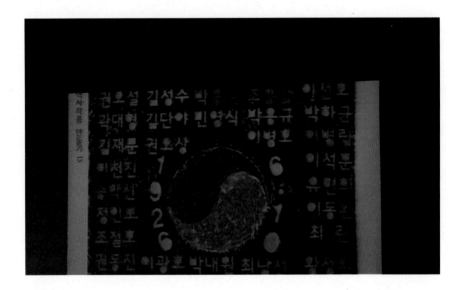

오늘 중앙고에서는 1926년 6월 10일 울려 퍼졌던 "대한독립 만세, 만세, 만세!"가 다시금 재현되었습니다. 6·10 만세운동은 1919년 3·1 운동에서 1929년 광주학생운동으로 가는 중간의 중요한 독립운동입니다. 반일 독립운동이면서 학생들이 주도한 성격이 강한데, 연희전문학교 학생 등 여러 학교 학생들이 참여했지만 특히 중앙고보의 학생들이 주도적인 역할을 했습니다.

저도 이번에 처음 알았는데, 6 · 10 만세운동은 국가보훈처 차원의 행사가 없고 그나마 중앙고가 학교의 행사로 그 정신을 기려가고 있다고 합니다. 3 · 1 운동 발상지의 하나였고 6 · 10 만세운동을 주도했다는 자긍심이, 중앙고가 스스로를 민족정신이 흐르는 학교로 지켜가는 원동력이 되고 있는 듯했습니다. 고등학교 후배들과 함께 이런 행사에 참여한다는 것에 약간은 흥분이 되었습니다. 아이돌 가수가 안중근 의사를 인지하지 못했다 해서 논란이 되는 요즘, 90년 전 선배들이 외쳤던 6 · 10 만세운동의 정신을 후배들이 기념하면서 이어받고자 한다는 데 감명도 받았습니다.

저를 비롯해 당시 만세운동 선창자로 역사에 기록된 중앙고등보통학교 이선호 선생의 아들 이원정 씨 등 후손들과 문태선 서울북부보훈지청장 등 많은 분들이 후배들과 함께하는 아흔 번째 6 · 10 만세운동 기념행사에 동참했습니다. 오늘은 중앙고 학생들이 준비한 시화, 역사신문, 만평 그리기 등 대회 수상 작품들도 관람할 수 있었습니다.

오늘 6월 10일은 1926년 6 · 10 만세운동이 일어난 날이자 1987년 정부의 탄압을 참지 못한 시민과 학생들이 거리로 나와 투쟁한 6월 민주항쟁이 시작된 날이기도 합니다. 90주년을 기념해 학생들이 만든 작품, 동영상을 보는데, 요즘 젊은 학생들의 입에서 "독립과 민주주의가 수많은 선조와 선배들의 희생과 헌신으로 이루어진 것을 잊지 말아야 합니다"라는 표현이 나오는 것을 보고 감동했습니다.

지금을 살아가는 모든 학생들이 그날의 정신을 온전히 가슴으로 느낄 수는 없겠지만, 우리가 그때보다 지금 더 나은 사회 속에서 살아가고 있는 것에 대해 감사의 마음을 가져보았으면 좋겠습니다.

2장 | '분노 사회'를 넘어 진정한 성숙을 꿈꾸며

20160605

'미래 지향적 역사교육'의 의미는 무엇인가
역사교육 전문가 심포지엄

어제 국립중앙박물관 소강당에서 "서울 역사교육의 새 길을 묻다"를 주제로 한 역사교육 전문가 심포지엄이 있어 다녀왔습니다. 주진오 선생님의 기조 발제를 시작으로, 김한종 교원대 교수, 박범희 중앙고 교사가 "민주 사회를 위한 역사교육, 어떻게 할까"를 주제로 발제하고, 오후에는 이동기 강릉원주대 교수, 김육훈 독산고 교사, 배성호 삼양초 교사가 "질문과 토론이 있는 역사 수업을 위하여"라는 주제로 발제했습니다. 발제가 끝난 후에는 유용태 서울대 교수의 사회로 종합 토론과 청중이 함께 참여하는 토론도 진행됐습니다.

발제문 모두 여러 번 곱씹어볼 만한 내용들이고 흥미로웠습니다. 열정 있는 분들이 많이 모이신 자리인 만큼 저도 인사 말씀을 드릴 때 더 열정적이었던 것 같습니다. 어제 드린 말씀 가운데 중요한 내용을 함께 나누고 싶습니다.

역사가 '논쟁적'이라면 역사교육도 '논쟁적'이어야 한다

이 역사 심포지엄의 출발점은 국정교과서 반대였습니다. 어떤 학생은 자신이 원하는 역사 수업에 대해 "적어도 국정교과서로 배우고 싶진 않다"라고 썼습니다. 그런데 오늘 심포지엄은 당연히 국정교과서를 반시대적인 것으로 전제하면서도 그것을 뛰어넘어 '우리 시대에 진정으로 필요한 미래 지향적 역사교육은 무엇이어야 하는가'를 고민하는 한 단계 높은 토론의 장이 되고 있습니다.

미래 지향적 역사교육의 방향은 과연 무엇인가. 이 점에 대해 저는 방법론적 측면과 내용적 측면으로 나눠 이야기해볼 수 있을 것 같습니다. 먼저 방법론적 측면에서 미래 지향적 역사교육은 다원성, 논쟁성, 비판성, 학생 주체성의 원리 위에서 이루어지는 교육이라고 말할 수 있을 것입니다. 모두 오늘 발제문에서 다루어지고 있는 내용입니다. 다양한 견해와 의견, 인식의 차이를 존중하는 교육이어야 합니다. 이런 점에 비추어보더라도 국정교과서는 반시대적일 것입니다. 이러한 다양한 견해를 존중한다면 자연히 논쟁성을 인정하는 방향으로 나아가게 됩니다. 여기 발제문에 나오듯이, 사실 역사가 본질적으로 논쟁적이기 때문에 진정한 역사교육은 논쟁성을 살리는 수업이어야 합니다.

이를 위해 서울시교육청에서는 토론과 질문을 중시합니다. '토론이 있는 역사교육' 부교재를 만들고자 하는 문제의식도 여기에서 나왔습니다. 학생들이 비판적 관점으로 역사적 사실에 접근할 수 있도록 해주는 교육이 되어야

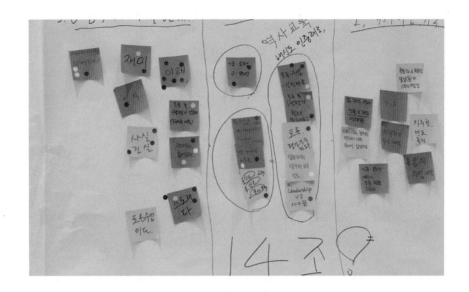

할 것입니다. 진리를 암송하는 역사교육은 '종교'를 믿는 것과 같은 방식을 의미하고 이것은 당연히 비판성에 전적으로 반하는 것입니다.

이 지점에서 학생 주체성이 대단히 중요해집니다. 학생을 단지 역사 과목 입시를 위한 암기자로 기르는 것이 아니라, 우리 역사에 대한 주체적인 판단자이자 논쟁자, 다양한 관점의 비교 토론자, 해석자가 될 수 있도록 하는 것입니다. 역사교육에서의 학생 주체성 존중은 서울시교육청에서 진행하고 있는 '교복 입은 시민' 정책과도 전적으로 상응합니다. 학생 주체성을 인정하는 것은 학생이 단지 교복을 입었을 뿐이지, 엄마 ─ 시민, 교육감 ─ 시민, 교사 ─ 시민과 동일하게 평등한 시민적 존재라는 인식과 궤를 같이하는 것입니다.

다원성, 논쟁성, 비판성, 학생 주체성의 원리 위에서 미래 지향적 역사교육은 결국 '생각의 힘'을 키우는 교육이어야 한다는 것을 의미합니다.

배제와 적대를 넘어서 이방인과 더불어 살게 하는 교육

다음으로 내용적 측면에서 두 가지의 미래 지향적 노력이 필요하다고 생각합니다.

첫째로 한국 역사에 대한 더 풍부한 '근현대 역사상像', '근현대 역사 인식 패러다임'으로 확장하는 경쟁을 하는 것입니다. 현재도 여러 차원에서 이러한 경쟁이 존재하는데, 그 일부로 보수적 근현대 역사 인식 패러다임과 진보적 근현대 역사 인식 패러다임이 경쟁하며 존재하고 있습니다. 국정교과서는 보수적 근현대 역사 인식 패러다임을 기초로 한 역사교과서를 '국정'으로 모든 학생과 역사 교사에게 강요하는 것입니다. 이는 당연히 잘못된 것입니다. 그러나 그것을 넘어서서, 논쟁과 토론을 통해 근현대 역사 인식 패러다임을 더더욱 풍부하게 하려는 노력이 필요합니다.

둘째로 민주시민교육에서 더 나아가 '세계'민주시민교육으로 확장해야 할 필요성이 있습니다. 우리 학생들이 20~30년 후에 살 세상은 현재와는 차원이 다른 '지구적으로 통하는 지구촌 사회'일 것입니다. 즉, 우리가 여태껏 살아온 '배달민족적 동질성'의 차원을 넘어 인종·민족·종교·문화·문명 등에서 큰 차이를 갖는 이방인들을 대면하면서 살아가게 될 것입니다. 바로 그러한 '복잡한' 상황 속에서 증오, 배제, 적대의 태도가 아니라 환대, 우의, 존중, 공감의 미덕, 동일한 지구촌 공동체의 이웃이라는 마음을 가지고 살아갈 수 있게 해야 합니다.

바로 이러한 방향으로 우리 아이들을 교육하는 데 미래 지향적 역사교육의 중요성이 있습니다.

"나는 열등감 덩어리다"
유서 쓰게 만드는 대한민국이라는 '사회'

한 공시생의 유서에 적힌 "나는 열등감 덩어리다. 내 인생은 쓰레기다"라는 구절이 저를 우울하게 합니다. 그런 글을 쓰게 만드는 식으로 작동하는 대한민국이라는 '사회'에 대해서 고민해보게 됩니다.

--✂

20층 투신 공시생이 덮쳐 … 곡성군 아이디어맨의 비극

아파트에서 목숨을 끊으려고 스스로 뛰어내린 대학생이 귀가하던 주민과 부딪혀 두 사람 모두 숨졌다. 투신 대학생은 공무원시험 준비생, 피해 주민은 영화 '곡성꽃활' 개봉에 맞춰 지역 알리기에 앞장섰던 모범 공무원이었다. 만삭의 부인은 어린 아들과 함께 남편을 마중 나갔다가 현장에서 사고를 목격했다.

1일 광주 북부경찰서에 따르면 지난달 31일 오후 9시 48분쯤 광주광역시 북구 오치동 한 아파트 20층 복도에서 1층 입구 쪽으로 대학생 유 모(25) 씨가 뛰어내렸다.

유 씨는 때마침 아파트 입구로 향하던 전남 곡성군청 7급 공무원 양대진(39) 씨와 부딪혔다. 유 씨는 양 씨와 부딪힌 후 콘크리트 바닥으로 떨어지며 두개골이 골절돼 그 자리에서 숨졌다. 양 씨도 쓰러지며 머리를 심하게 다쳐 병원으로 옮겨졌으나 다음 날인 1일 0시 40분쯤 결국 숨졌다.

아파트 20층 복도 바닥에서는 유 씨의 가방과 휴대전화·신발이 발견됐다. 가방 속에서는 공무원 시험을 준비해온 내용과 "나는 열등감 덩어리다. 내 인생은 쓰레기"라고 적힌 A4 용지 2장 분량의 유서가 발견됐다. 술을 마신 흔적도 있었다. 유 씨는 이 아파트가 아닌 인근 아파트에 산다.

당시 사고 현장에는 야근을 마치고 오는 남편을 마중 나간 임신 8개월의 부인(34)과 아들(6)이 있었다. 양 씨의 부인은 눈앞에서 사고를 목격한 뒤 119에 신고했다. 서울의 한 명문 사립대 출신인 양 씨는 2008년 9월 경기 지역 한 기초자치단체에서 공직 생활을 시작했다. 2012년 처가가 있는 곡성으로 근무지를 옮겨 사고 당시 기획실 홍보팀에서 근무하고 있었다.

곡성에 대한 애정이 남달랐던 그는 지난달 11일 영화 '곡성'의 개봉에 발맞춰 곡성군 소개에 적극 나섰다. 유근기 군수가 '영화 곡성을 지역을 알릴 기회로 삼자'고 쓴 기고문을 보도자료 형태로 재가공하고, 감각적인 군 소개 자료를 만들어 배포했다.

지난달 20일부터 열흘간 열린 곡성세계장미축제에는 23만여 명이 찾아오는 등 역대 최고 흥행을 기록했다. 양 씨는 사고 당일에도 곡성을 알리는 자료와 소식지를 만들다가 늦게 귀가하던 중이었다. 양 씨는 지난해 전남도지사 표창을 비롯해 그간 세 차례 표창을 받았다.

경찰은 공무원 양 씨까지 숨지게 한 대학생 유 씨에 대해 과실치사 혐의를 적용하는 방안을 검토하고 있다. 이미 사망한 상태여서 검찰에서 '공소권 없음' 처분이 내려지겠지만 양 씨의 보상 등에 대한 근거를 마련하기 위해서다.

경찰 관계자는 "대학생 유 씨는 평소 자신의 외모와 처지를 남과 비교하며 열등감을 심하게 느끼고 있었던 것 같다"며 "술에 취한 상태여서 아파트 아래쪽에 행인이 있을 것이라는 생각을 하지 못한 것으로 보인다"고 말했다.

광주광역시 = 김호 기자 kimho@joongang.co.kr
《중앙일보》, 2016.6.2 (http://news.joins.com/article/20113700).

국회선진화법에 대한 헌재 판결,
정치 사법화에
균형추 역할을 하다

얼마 전 페이스북에 야당이 국회선진화법을 바꾸려 하면 안 된다는 글을 올린 적이 있습니다.

"야당은 선진화법을 총선 이후 바꾸려 해서는 안 된다 법 제도는 만고불변한 것은 아니어서 먼 훗날 또 다른 계기에 국민적 합의가 있다면 물론 바꿀 수도 있을 것이다. 야당은 선진화법이 그나마 여당의 폭주를 막는 장치라 생각하고 그것을 '사수'했던 시절을 생각해야 한다.

반대로 여당은 '여소야대' 국면에서 선진화법의 장점을 '향유'하면서 여당 시절의 선진화법에 대한 '분노'를 되돌아보아야 한다. 역지사지할 때 공존의 공간은 넓어져간다. 그것이 민주주의이다."

새누리당이 국회선진화법을 헌법재판소로 끌고 갔지만, 헌법재판소가 위헌이 아니라고 판결을 했습니다.

먼저 이 재판은 상식에 부합하는 적절한 판결이라고 생각됩니다. 국회선진화법이건 그 '할아버지'뻘 법이건, 국회가 결정해야 하는 것이지요. 우리는 너무 많은 경우 이른바 '정치의 사법화'의 우를 범하고 맙니다. 이에 대해 정당한 교정이 이루어진 셈이지요.

다음으로 이번 판결이 흐뭇한 것은 헌법재판소가 혼란스러운 갈등의 와 중에 균형추 역할을 했다는 점 때문입니다 물론 9명 중 5명이 찬성하고 4명은 반대했다고 하니 약간 우려가 남기도 합니다만. 앞으로도 이런 일이 자주 있으면 좋겠습니다.

물론 국회선진화법으로 인해 '기능 부전' 상태에 돌입할 수도 있습니다. 전향적 정책도 국회선진화법에 '발목'을 잡혀 실현할 수 없는 경우도 생길지 모릅니다. 그러나 그때는 또 국민들이 또 다른 균형추 역할을 해줄 것이라고 믿습니다.

20160517

나라를 사랑하는 다양한 방법을 허하라!

「임을 위한 행진곡」 논란에 부쳐

오늘 5·18 기념식과 전야제에 참석하러 가는 광주행 기차 속에서 쓴 글이 기사화되었네요. 국가보훈처가 「임을 위한 행진곡」의 5·18 국가기념곡 '불허' 결정을 내리는 것을 보며, 우리 시대 '국가 보훈'을 보는 '협량'한 시각에 탄식이 앞섭니다.

나라를 사랑하는 다양한 방법을 허하라

조희연 _ 서울시교육감

나는 지금 광주 5·18 기념식과 전야제에 참석하러 가는 광주행 기차 속에서 이 글을 쓴 다. 어제 국가보훈처가 '님을 위한 행진곡'을 5·18 국가 기념곡으로 부르는 것을 불허하 기로 했다고 한다. 답답하고 안타까운 일이다. 나는 불허 그 자체보다, 우리 시대에 '국가 보훈'을 보는 '협량한' 시각에 탄식하게 된다.

나는 우리가 나라를 사랑하는 데에는 다양한 방법이 있고, 그것은 매우 다양한 방식의 이념, 언어, 노래, 의례로 표현될 수 있다고 생각한다. 우리가 어둡게 지내온 독재 시대 는 '획일성의 시대'였다. 특히 독재적 지도자와 권력 집단에 반하는 어떤 이념이나 언어, 노래, 의례를 허용하지 않는다는 점에서 획일성의 시대였다. 그러나 우리 사회는 80년대 이후 민주화의 시대로 이행해왔다. 민주화는 어떤 의미에서 '다양화' 혹은 '다원화'를 핵 심 가치로 삼고 있다.

나라를 사랑하는 방법에도 다양성이 존중되어야 한다. 광주는 우리 모두가 잘 알다시 피 한국의 대표적인 학살 사건, 과거청산투쟁 사건, 민주화운동 사건, 민중항쟁 사건이 다. 어떤 의미에서 진보적·급진적 사건이었다고 할 수 있다. 국가권력이 자행한 사건이 라는 점에서는 최대의 '학살' 사건이었고, 운동의 관점에서 보면 최대의 '항쟁' 사건이었 고, 과거사 진상 규명의 차원에서는 최대의 '과거청산투쟁' 사건이었다. 그리고 지금 광 주 5·18은 엄연한 국가기념일이다. 국가기념일을 기념하는 일은 그 사건의 성격에 맞게, 서로 다른 방식으로 치르는 것이 허용되어야 한다. 다른 국가기념일과는 전혀 다른 성격 을 지니는 사건에 대해 다른 노래를 부르고 다른 방식으로 경축하는 것이 무엇이 문제 란 말인가.

1980년의 광주는 이미 한국만의 광주가 아니며, 아시아를 대표하는 학살 사건이자 민주 화운동이다. 아시아의 적지 않은 학살 사건들은 수십 년이 흐르도록 진상 규명조차 제대 로 되지 않은 경우가 태반이다. 아시아의 많은 나라에서 여전히 과거 청산을 위한 투쟁 이 현재 진행형으로 남아 있다. 그런 점에서 아시아의 많은 활동가와 시민사회 운동가들 은 한국의 광주를 부러운 눈으로 바라본다. 한국에서는 광주 학살의 희생자들이 국가유공자로 지정되어 보상을 받았고, 광주항쟁 발생일은 국가의 공식 기념일로 지정되어 있기 때문이다.

남은 것은 이제 '님을 위한 행진곡'이다. 광주를 상징하는 이 노래가 국가기념일의 공식 기념가가 된다면, 아시아인들은 또 한 번 부러워하고 경탄하며 광주를 바라보게 될 것이다. 세계화 시대에 국가는 하나의 얼굴만 지니는 게 아니다. 가령 사업하는 이들은 한국의 경제성장에 대해 부러운 눈으로 바라볼 것이고, 민주화를 완성하지 못한 나라의 운동가들은 한국을 민주화를 이뤄낸 다이내믹한 나라로 바라볼 것이다. 우리가 보기에는 한국 국회가 한참 먼 것 같지만, 아시아인들이 보기에는 의회에서 모든 국정을 논의하는 선진 민주주의 국가로 보일 수 있다. 이렇게 나라는 다양한 얼굴을 가질 수 있으며, 또 그래야 한다. 그래야 우리 또한 세계화 시대에 다양한 세계 시민들과 교유하고 다양한 영감과 통찰을 얻을 수 있다.

우리 사회 안에서도 다양성은 허용되어야 한다. 민주화 시대에 걸맞게 나라를 사랑하는 다양한 방법이 허용되어야 하며, 그 다양성이 세계화 시대에 우리 사회의 맛이고 멋이고 미덕이 되는 것이다. 이런 점에서 보훈처의 협량한 시각에 탄식이 앞선다. 이미 보훈처장은 여러 번 부적절한 발언과 처신으로 도마 위에 오른 바 있다.

사실은 나도 상당히 오래전에 일정 기간 보훈처의 심사 위원으로 참여했던 적이 있다. 공적 심사를 하는 위원회였는데, 그 과정에서 많은 것을 배우고 느꼈다. 노무현 정부 시기의 일이다. 특히 인상적이었던 것은 보훈처가 '신新 보훈 이념'을 개발하려고 하는 시도를 하려고 했던 일이다.

당시 보훈처에서는 국민을 대표하여 국가를 위해 헌신한 사람들을 예우하고 그 후손들을 지원하는 국가유공자를 3가지 범주로 보려고 했다. 먼저 독립유공자가 있다. 3·1 운동에 참여하여 옥고를 치른 경우나, 일제 치하에서 다양한 독립운동에 참여한 경우이다. 다음으로는 호국護國유공자이다. 한국전쟁, 베트남전쟁 등에 참여해서 공을 세웠거나, 군인이나 경찰로서 직무를 수행하다가 희생된 경우이다. 마지막으로는 민주화유공자이다. 나라를 민주화하는 공로를 인정하는 의미에서 광주 희생자와 같은 민주화 유공자가 있다.

여기서 쟁점이 되는 점이 있다. 하나는 독립유공자를 어디까지 허용할 것인가 하는 것이다. 독재 정권 시절에는 독립유공자를 우파 민족주의 계열의 독립운동가로 한정했다. 그런데 김대중 – 노무현 정부를 거치면서 좌파 독립운동이나 사회주의 계열의 독립운동가들도 여기에 포함되기 시작하였다. 이것을 보면서 나는 이런 생각을 했다. 이렇게 독립운동가 유공자의 다양화는 결국 우리 사회의 보훈에 대한 폭과 애정을 더욱 넓게 할 것이고, 나라 발전에도 도움이 될 것이라고 말이다.

물론 우리 사회의 분단 현실을 반영하여, 후자에게는 한 등급 낮은 독립운동 유공자명예 독립장, 민족장, 포장, 표창 등의 유공서열상가 주어졌다. 왜 이들을 한 등급 낮추느냐고 비판하는 분들도 있겠고, 반대로 사회주의운동까지도 독립운동에 넣어야 하느냐는 비판을 하는 분들도 있을 것이다. 그러나 나는 이것이 우리 사회의 민주화와 다원화를 반영하는 중요한 발전의 사례라고 생각했다. 그리고 그것이 북한과의 체제 경쟁에서 남한이 한 단계 높은 개방성을 지녔음을 드러내는 것이라고 생각했다.

다음으로는 호국유공자와 민주화유공자의 관계 문제이다. 나라를 위해 희생하신 군이나 경찰 중에는 일부 시위 진압이나 '독재적 탄압'의 과정에서 희생된 분들도 있다. 심지어 광주 진압 과정에서 희생된 분들도 있다 물론 최상층 5·18 진압 지휘관은 서훈이 박탈되기도 했다. 그럴 때 딜레마가 발생한다. 일부이지만 '진압'의 과정에서 희생된 국가유공자도 있고, 저항의 과정에서 희생된 국가유공자도 있는 셈이다. 서로 모순인 셈이다. '옛' 보훈 이념의 입장에서는 특히 그러하다.

그래서 민주화 시대에는 이러한 딜레마를 진정한 의미에서 국가의 품격을 제고하고 한 단계 높은 화해의 의미로 재해석하고자 하는 '신' 보훈 이념의 정립 시도가 있었다. 물론 그 이후 이런 노력이 어떻게 진행되었는지는 모르겠다 최근의 행보로 미루어 짐작하건대, 현재의 보훈처는 아마도 그 당시보다 현저히 퇴행한 모습으로 있을 것으로 보인다.

그러나 이는 독재 시대의 획일성을 넘어, 민주화 이후의 다양성을 반영하는 한 단계 높은 화해와 단합을 위한 보훈 이념 정립 시도였다고, 나는 평가하고 싶다. 무릇 국가유공자라는 명예가 자신을 위해서가 아니라 나라의 안위와 국민의 안전을 위한 직무 혹은 활동 과정에서 희생된 그 고귀한 정신을 기리는 것이라고 할 때, 다양한 희생을 포괄하는 것이 우리 사회가 진정한 화해에 다가가는 것이라고 생각한다.

보훈과 국가유공자에 대한 예우야말로 우리 모두가 단합하고 화해하는 중요한 영역이다. 그리고 나라를 사랑하는 '획일화되지 않은' 다양한 방법을 허용할 수 있는 중요한 영역이다. 이번에 '님을 위한 행진곡' 파장을 보면서, 우리 사회는 여전히 민주화 이행기의 사회이지 아직 '민주화 이후'의 사회에는 진입하지 못한 게 아닌가 하는 생각을 해보았다. 나라를 사랑하는 다양한 방법을 허용하는 것이야말로, 가장 논란이 적고 가장 기본적인 민주화의 과제가 아닐까 싶다.

≪경향신문≫, 2016.5.17
(http://news.khan.co.kr/kh_news/khan_art_view.html?artid=201605172125001&code=990100).

20160510

역사교육,
학생·학부모·시민과 함께 토론하다

어제 300여 명의 학생, 학부모, 시민 분들을 모시고, 우리 시대 미래 지향적 역사교육의 방향에 대해 함께 생각을 말하고 정리해보는 시간을 가졌습니다.

몇 해 전부터 우리 사회는 역사 수업과 역사 교과서에 대해 많은 이야기를 시작했습니다. 그런데 지금 역사를 배우고 있는 학생과 학부모, 또 동시대를 살아가고 있는 수많은 시민의 이야기를 제대로 들어본 적이 있을까요? 가끔씩 뉴스에서 보여주는 여론조사 결과로만 그들의 이야기를 짐작해본 것은 아닐까요?

저는 '역사를 어떻게 배워야 하는가'라는 질문에 가장 많은 관심을 가지고 계신 분들은 학생과 학부모라고 생각합니다. 그래서 이번 '2016 역사교육 대토론회'라는 자리를 마련해, 우리 아이들의 역사교육에 애정과 관심 그리고 비판 의식을 가진 분들의 의견을 수렴해서 앞으로 '미래 지향적 역사교육'의 내용과 방법을 구체화하려고 합니다.

저는 어제 역사교육 대토론회에서 다음과 같은 말씀을 드렸습니다.

정답 없는 역사교육, 학생들과 함께 고민해야

오늘 이렇게 참석해주신 여러분께 감사드립니다. 특별히 학생들이 많이 와서 더 기쁜 것 같습니다. 무엇보다 오늘 학생들이 많은 배움을 얻어가기를 바라는 마음입니다.

저는 역사교육이 정답을 암기하는 교육이어서는 안 된다고 생각합니다. 오늘 역사교육 1부 토크쇼에서 주진오 상명대 교수, 권오청 서울가재울고 교사, 심용환 역사 강사, 김영미 어린이문화연대 활동가 그리고 방송인 정재환 님이 우리 사회의 역사교육에 대해 다양한 이야기들을 풀어놓을 텐데, 패널들이 정답을 알려주는 것이라고 생각하지 않았으면 좋겠습니다. 많은 이야기가 오고 가는 오늘 대토론회 현장에서 전문가들의 얘기를 들으며, 학생 여러분도 국정교과서에 대한 자기 생각을 직접 한번 정리해보는 기회로 삼으면 좋겠습니다.

패널분들께 저는 일련의 토론 주제를 '우리 시대 미래 지향적 역사교육, 미래 지향적 역사 수업은 어떻게 이루어져야 하는가'로 제안했습니다. 저는 개인적으로 정부의 국정교과서 방침에 반대하는 입장입니다. 국정화 시도 자체는 이미 국민이 심판한 낡은 퇴행적 정책입니다. 우리의 고민과 토론은 그것을 넘어서서 '미래 세대에게 미래 지향적 역사 교육을 어떻게 할 것인가' 하는 데에까지 확장되어야 합니다. 미래 지향적 역사 수업의 가장 이상적인 모습은 무엇일지 토론을 통해 구체화하는 작업이 필요하다고 생각합니다.

일본에는 아베 수상 식의 역사교육이 있습니다. 지극히 폐쇄적인 역사교육입니다. 중국에는 동북공정 식의 역사교육이 있습니다. 저는 대한민국이 동아시아의 틈바구니에서 일본 아베류의 역사 인식이나 중국 동북공정류의 역사 인식을 뛰어넘는, 세계화 속 역사 교육은 무엇일까 생각해야 한다고 봅니다.

서울시교육청의 다양한 정책 방향 중에 '세계시민교육'이 있습니다. 단순히 대한민국 국민을 넘어서, 지구촌의 친구들과 협력적으로 살아갈 수 있도록 하는 인식이 필요합니다. 저는 이런 의미에서 우리의 역사교육의 방향이 무엇일까 고민하고, 서울시교육청의 정책 방향도 설정되어야 한다고 생각합니다.

오늘 이곳에 모인 학생 여러분께 다시 한 번 당부드립니다. 토론회장에서 세계시민적 역사 토론, 세계시민적 역사 수업은 어떻게 이뤄져야 하는가를 함께 찾고 고민해주시기 바랍니다. 여기에 정답은 없습니다. 다만 우리가 함께 고민하며 헤쳐나가야 하는 일입니다. 자폐적이고 협소한 민족주의를 뛰어넘어 열린 역사교육을 지향해야 한다는 마음으로, 저도 오늘 제 고민을 심화해보려고 합니다. 참석해주셔서 감사드립니다.

20160503

정부가 누리과정 예산 해결을 위해 적극 나서야
누리과정 예산 지원 촉구 공동 입장

오늘 오후 서울시교육청 브리핑실에서 누리과정 예산 지원과 지방교육재
정교부금 비율 상향 조정 등을 중앙정부에 촉구하는 공동 입장서울시교육청, 한
국국공립유치원교원연합회 서울지회, 한국유치원총연합회 서울지회, 전국사립유치원연합회 서울지
회, 서울시국공립어린이집연합회, 서울시민간어린이집연합회, 서울시가정어린이집연합회, 한국어린
이집총연합회 서울시가정분과 등 을 발표했습니다.

누리과정 예산 문제는 서울시교육청이 아무리 강한 해결 의지를 가지고 있더라도 혼자 힘으로는 근본적인 해결이 불가능합니다. 중앙정부가 이 문제 해결을 위해 적극 나서주시기를 다시 한 번 간곡히 호소드립니다.

누리과정 예산 문제의 근본적 해결을 위해
힘과 지혜를 모아주시기 바랍니다

오늘 저는 다시 한 번 누리과정 예산 문제의 근본적 해결을 위해 중앙정부가 나서줄 것을 촉구하고자 합니다. 누리과정 예산 문제는 서울시교육청이 아무리 강한 해결 의지를 가지고 있더라도 혼자 힘으로는 근본적으로 해결할 수 없으며, 중앙정부와 국회가 나서서 적극 지원을 해주어야 하는 문제입니다.

중앙정부의 공약으로 도입된 무상보육 복지인 누리과정은 추가 예산 확보 없이 시도 교육청에 책임을 전가하여, 시도 교육청이 큰 어려움을 겪고 있습니다. 잘 아시는 바와 같이, 3~5세 자녀들을 유치원 또는 어린이집에 보내고 계신 부모님들은 올해 초 누리과정 예산이 편성되지 못해 큰 혼란과 불안을 겪으셨습니다.

서울시교육청도 올해 초 5개월분이 채 안 되는 유치원·어린이집 누리과정 예산만을 편성한 상태이며, 6210억 원에 이르는 누리과정 예산을 감당할 여력이 없습니다. 긴급히 추가경정예산을 통해 편성한 5개월 치 예산이 모두 소진되는 6월부터, 또다시 유아교육·보육 대란이 재현될 위기에 처해 있습니다. 중앙정부와 국회가 서둘러 이 문제 해결을 위해 적극 나서지 않으면, 3~5세 자녀를 두신 학부모님들은 또다시 큰 혼란을 겪을 수밖에 없습니다.

지난 4·13 총선에서 드러난 민심은 소통과 대화가 부재한 정국 운영에 대해 심판했습니다. 국민에 의해 선출되었고 국민을 대변해야 하는 정부와 국회는 민의를 겸허하게 읽어야 할 것입니다. 누리과정 예산 문제도 시도 교육청에 전가하여 일방적으로 편성 강요만을 고집하는 대신, 소통과 대화를 통해 원만하게 해결해나가야 할 것입니다.

모든 3~5세 유아에게 무상으로 교육 복지를 제공하는 보편 복지 프로그램인 누리과정은 지속되어야 하고 발전해가야 합니다. 그러나 누리과정 지원 사업의 재원인 지방교육재정교부금 비율이 상향 조정되지 않은 상황에서는 현상 유지도 어렵습니다.

저는 오늘 다시 한 번 정부가 누리과정 예산 해결을 위해 적극 나서줄 것을 요청합니다. 이와 함께 즉시 '교육부와 교육청 간 누리과정 예산 조정을 위한 회의'를 열어 근본적인 해결책을 논의할 것을 제안합니다.

서울시민 여러분, 유치원 및 어린이집 관계자 여러분께서도 힘을 보태주시기를 다시 한 번 간곡히 호소드립니다.

감사합니다.

2016년 5월 3일
서울특별시교육감 조희연

20160418

이미 주어진 자유, 민주주의, 인권, 정의에 만족하지 않고
4·19 혁명 국민문화제에서

4·19 혁명 국민문화제에 와 있습니다. 제가 좋아하는 가수 안치환 씨의 노래 「인생은 나에게 술 한잔 사주지 않았다」, 「사람이 꽃보다 아름다워」 등에 한껏 취해 즐기고 있습니다.

저는 긴급조치 9호 시대·유신 시대에 대학교를 다녔습니다. 지금 젊은 세대에게는 참으로 생소하고 먼 이야기처럼 들릴 텐데요. 긴급조치라는 대통령

의 명령 하나로 국민의 자유를 송두리째 결박할 수 있었던 비상식적인 시절이었습니다. 10·26으로 유신이 종식되기 전 마지막 긴급조치였던 9호1975년 5월 유신헌법의 부정·반대·왜곡·비방·개정 및 폐기의 주장이나 청원·선동 또는 이를 보도하는 행위를 일절 금지하고 위반자는 영장 없이 체포한다는 내용는 제 대학 시절을 짓눌렀고, 많은 청년 학생, 지식인들이 그 서슬 퍼런 무형의 칼날에 고초를 겪었습니다. 저 역시 긴급조치의 부당성에 항의하다 징역을 받기도 했습니다. 아시는 분들은 아시겠지만, 오랜 세월이 지난 2013년에야 무죄를 선고받았지요.

그때 4·19 혁명은 계승해야 하는 살아 있는 혁명의 정신이었습니다. 특히 독재에 항거하는 정신으로 살아 있었고 우리 모두 그것을 계승해야 하는 것으로 생각하고 행동했습니다. 4·19는 독재를 극복하는 데 필요한 그 시대의 중추적인 정신적 자원이었던 셈이지요.

그런데 56주년이 되는 지금, 우리는 전혀 다른 맥락에 놓여 있는 것 같습니다. 독재가 아니라 '민주화 이후의 민주주의'하에 놓여 있습니다. 그런 점에서 4·19 혁명의 정신을 되살린다는 것은, 민주화 이후의 형식적·절차적 선거 민주주의가 복원·존재하는 상황에서 그것이 후퇴하거나 형해화되거나 무력화되는 것에 맞서는 정신으로 되살린다는 의미일 것입니다. 4·19를 맞는 지금 우리가 그것을 계승한다고 할 때, 그 현재적 의미를 다르게 되새겨야 할 것 같습니다.

4·19의 의미가 자유, 민주주의, 인권, 정의를 향한 불타는 정신이자 자기희생의 행동이라고 한다면, 이것은 결코 소멸해서는 안 될 것입니다. 젊은 세대나 학생들은 큰 희생을 통해 주어진 지금 정도의 자유, 민주주의, 인권, 정의 물론 이것들의 수준은 더 높아지고 깊어져야 할 것입니다 를 단지 공기 중의 산소처럼 '주어진' 것으로만 느낍니다.

그러나 그것들이 역사적으로 결코 그냥 주어진 것이 아니라 무수한 희생 위에 만들어진 것이라는 점, 부단히 현재적으로 심화되어 확장되어야 한다는 점, 그리고 그것은 젊은 세대와 학생들의 몫이라는 점이 널리 교육되도록 해야겠습니다.

'트럼프 현상'을 보면서
사회와 정치의 관계를 생각한다

얼마 전, 미국 초등 3학년생이 트럼프를 비판했다는 뉴스*를 보았습니다. 어린이의 말이지만, 미국 사회에 깊은 울림을 준다고 합니다. 트럼프의 인종차별적 발언, 히스패닉계 국민이나 장애인에 대한 차별적·갈등 유발적 발언 등에 대해서 미국 사회를 걱정하는 '어른스러운' 글을 쓴 것 같습니다.

잘 알려져 있다시피, 트럼프가 유력한 대선후보가 되면서 그를 둘러싼 미국 사회의 균열이 확대되고 있습니다. 그가 속한 미국 공화당이 '내분' 상태에 이를 정도이지요. 급기야 트럼프의 오하이오 주, 미주리 주 캔자스시티, 시카고, 워싱턴 등의 유세장에서 찬반 국민의 충돌 및 폭력 사태가 일어나기에 이르렀습니다.

트럼프를 향한 초등 3학년생의 충고 : "당신은 너무 무례해요"

그런 트럼프에 대해, 한 초등학생이 "당신이 정말 우리의 대통령이 될 수도 있다는 생각에 아이들이 두려워하고 있어요"라고 말했습니다. "내가 뉴욕

---

* "美 초등학생이 트럼프에게 보낸 편지 … 내용은?", EBS NEWS, 2016.3.21
(http://home.ebs.co.kr/ebsnews/allView/10473051/N).

5번가에서 총으로 사람을 쏴도 나를 지지할 것"이라는 트럼프의 발언에 대해, 실제 그런 일을 할 수도 있는 사람이 대통령이 될지도 모른다는 생각에 아이들이 두려워하고 있다는 것이지요. 그러면서 "다른 사람들한테 상처를 주는 말을 하는 데 대해 미안함을 느껴본 적은 있나요?"라고 묻기도 합니다.

차별과 편견을 재생산하는 발언의 문제들을 어린이의 눈으로 투명하게 지적하고 있다는 생각이 듭니다. 하도 글의 내용이 좋아서, 부모님이나 학교 선생님이 글 쓰는 데 도움을 주었는지 궁금해질 정도입니다. 선거 및 뉴스 등 사회적 문제를 소재로 해서 선생님이 아이들에게 생각해보게 하고 글을 써보게 하는 수업 방식도 눈에 띕니다. 한국에서도 초·중등학생들이 선거를 사회학습의 계기로 삼도록 해야겠다는 생각을 하게 됐습니다.

트럼프 현상을 어떻게 이해할까

최근 미국의 대선을 보면서, 이를 어떻게 이해해야 할지 생각에 잠기곤 합니다. 더욱이 미국의 선거 정치와 한국의 선거 정치를 어떻게 비교해 이해할 수 있을까 생각하게 되고요.

저는 선거 정치를 그 자체로 보지 않고 사회와의 관계 속에서 봅니다. 근대에서 정치는 사회의 다양한 관계와 의견, 인식 등을 재편하고 그것을 수렴하는 기제입니다. 전근대사회는 선거 정치가 없는 사회이며 근대사회는 선거 정치가 있는 사회라고 할 수 있습니다. 시민 민주주의 혁명을 통해서 이러한 전환이 이루어졌지요.

저는 트럼프의 '극단적' 발언, 그에 대한 '극단적' 지지층 출현의 원인을 크게는 미국이라는 '사회의 위기'에서 찾습니다. 이른바 신자유주의적 지구화 시대 미국 사회의 사회적 양극화에서 기인하는 사회적 위기의 정치적 표현으로 본다는 것입니다. 사회의 위기는 다양한 방식으로 정치적 표출이 이루어지는데, 그 표출의 한 극단적인 형태가 트럼프 현상이라고 할 수 있습니다.

그 인과관계는 과연 어떠할까요. 제가 볼 때, 양극화를 포함한 사회의 위기는 대중에게 기성의 질서에 대한 분노와 좌절, 변화를 바라는 욕망을 심어줍니다. 이러한 비일상적인 정서는 정치에 의해 매개되면서 다양한 방식으로 표현됩니다. 정치인들에 의해 매개되면서 공격적인 형태로 표현되기도 하지요. 물론 현재 미국 사회의 사회적 양극화는 금융 주도의 신자유주의적 세계화로 인한 전 세계적인 현상이기도 합니다.

그런데 사회의 위기에서 발원하는 대중의 정서가 어떤 식의 정치적 모습으로 나타날 것인가 하는 데에 정치인 또는 정치집단의 매개적 역할이 존재합니다. 트럼프나 샌더스는 미국의 통상적인 선거 정치의 지형에서는 '급진적인 radical' 셈입니다. 이들처럼 급진적인 정치인들에 의해 대중의 정서는 특정한 '급진적인 기성의 선거 정치에 비해서는 ' 정치적 지향으로 가공됩니다.

분노와 좌절의 우익 포퓰리즘적 전유

이런 의미에서 트럼프 현상은, 미국 '사회의 위기'에서 발원하는 대중의 분노와 좌절, 변화 기대의 정서를 이른바 우익 포퓰리즘적으로 동원하고 '전유'하는 것을 의미합니다. 트럼프는 양극화된 현실을 포함한 사회의 위기에서 발원하는 분노와 좌절을 과거로 돌아가고자 하는 욕망으로 전치합니다. 즉, 이 분노와 좌절을 불법 이주민, 히스패닉, 흑인, 무슬림 등에 대한 공격적 분노로 바꾸는 것이지요. 그런 의미에서 트럼프는 한국의 일베적 현상이라고 할 수도 있을 것입니다. 트럼프 현상에서 읽어야 하는 것은 현존하는 미국 사회가 그만큼 위기에 처해 있으며, 그에 상응해 불안, 분노, 좌절, 변화 욕망 등의 복합적인 정서가 존재한다는 것입니다. 물론 트럼프가 기성의 질서에 대한 대중의 정서를 우익 포퓰리즘적으로 동원하고 그것을 정책화한다고 해서 그가 제기하는 모든 정책들을 부정적으로 볼 필요는 없지만 말입니다.

한편 트럼프의 반대 측면에 샌더스 현상도 위치하고 있습니다. 기성 정치권이 담아내지 못했던 급진적 구호와 요구들도 여기서 대중적 기반을 갖게 됩니다. 샌더스는 기존의 민주당적 프레임을 뛰어넘는 '급진적' 방향으로 미국 사회를 추동하고 전유하고 있습니다.

그래도 건강한 미국의 선거 정치와 미국 사회 앞에 놓인 두 가지 길

역설적으로 트럼프나 샌더스의 등장은 미국 선거 정치가 사회에 대한 재현과 대의 기능을 여전히 보유하고 있다는 점을 보여줍니다. 대중의 불만을 퇴행적으로 반영하는 트럼프 같은 후보가 선거 민주주의의 장에서 표현되는 것은 미국 선거 민주주의의 건강성을 반영하는 것이라고 해석할 수도 있습니다. 미국처럼 선거 민주주의가 발전한 나라에서는 이것이 어쨌든 선거 정치의 공간에서 표현되고 그 과정에서 걸러지게 된다는 점에서 말입니다. 미국의 선거 정치와 선거 민주주의의 개방성·탄력성이란 이런 것이라고 생각합니다. 트럼프 현상 같은 것들이 표출되고 걸러진다면, 사회적 양극화와 거기에서 발원하는 분노와 좌절의 정서가 일상적인 선거 정치를 통해서 표현되고 여과되는 셈이 됩니다. 기존의 선거 정치를 벗어나는 요구들을 수렴할 수 있는가 없는가 하는 것이 선거 정치의 탄력성입니다.

분명 사회의 위기에서 발원하는 기성 정치에 대한 좌절, 분노와 불안, 변화 요구가 있는데, 이에 대한 즉자적인 반응이 유권자의 트럼프 지지라고 할 때 또한 트럼프와 같이 그러한 정서를 우익 포퓰리즘적으로 전유한다고 할 때, 미국 사회에는 이러한 즉자적 반응을 기초로 한 변화와 좀 더 전향적인 변화, 두 가지 경로가 존재합니다. 사회적 양극화에 대한 불만을 선거 정치가 어떻게 흡수할 것인가 하는 문제이지요.

앞서 지적한 대로, 기성의 정치를 벗어나는 비일상적인 정치의 출현은 사회의 위기에서 발원하는 것이고, 정치를 통해서 이 사회의 위기를 완화하지 않으면 정치의 불안정성은 지속됩니다. 예컨대 트럼프가 대선에서 당선되어 극우적 방향으로 미국 사회를 끌어간다고 할 때, 위기적 정서를 왜곡된 공격적 분노로 표현하게 될 때, 미국 사회는 위기를 극복하지 못하고 오히려 더 깊은 위기로 나아가게 될 것입니다. 반대로 예컨대 샌더스를 수렴한 클린턴의 방향으로 나아가고 사회의 위기를 완화하기 위한 정책적 보완을 하게 된다면, 미국에서 '사회와 정치의 관계'는 다시 정상화되겠지요.

여기서 미국 사회의 양극화는 단지 미국만의 문제는 아닙니다. 미국은 세계화, 지구화, 금융화, 신자유주의적 지구화의 흐름을 주도하고 있으며 그 수혜를 가장 크게 받는 국가이기 때문입니다. 그러나 그 어두운 그림자는 그것을 주도하고 있는 미국 내부에조차 짙게 드리워 있다는 것을 알 수 있습니다.

한국 정치에 대한 '묻지 마 불신'과 기울어진 선거 정치

맥락은 다르지만, 한국도 이러한 사회적 양극화와 그 반영으로서의 정치적 양극화에서 예외가 아닙니다. '헬조선'이라는 신조어가 갖는 구조적 함의 또한 그런 것이라고 생각합니다. 한국에서 이러한 '사회의 위기' 속 분노, 좌절, 변화 기대는 기성 정치권에 대한 '묻지 마 비판'으로 나타납니다. 정치가 흔히 술안주감이 되는 이유도 여기에 있습니다.

그런데 중요한 것은 미국의 선거 정치와 한국의 선거 정치의 성격이 다르다는 것입니다. 한국에서 선거 정치와 선거 민주주의는 남북 분단 상황과 그로 인한 '기울어진 운동장' 위에서 전개됩니다. 그만큼 협소하고 왜곡되어 있습니다. 진보 정치의 위축과 이른바 '게토화' 등으로 상징되는 요인들로 인해, 샌더스와 같은 급진적 표현 형태는 제약받으며 온건하고 중도적인 표출 형태만을 갖게 되는 것이지요. 예컨대 2010년대 초반 현재까지 일정하게 이어지고 있지만 안철수 현상을 들 수 있습니다. 그렇게 한국의 여러 불만들은 '중도주의'적으로, 때로는 변형된 불만으로 표현되는데, 통치의 '신권위주의'화는 이를 더욱 제약하게 됩니다.

물론 선거 정치가 제한되어 있다고 하더라도 사회적 양극화에 따른 불만과 변화 요구가 없는 것은 아닙니다. 2012년 박근혜 대통령 후보가 이러한 변화의 요구를 노령연금을 통해 포퓰리즘적으로 흡수해냈다고 할 수 있습니다.

위기의 세계성과 대전환의 시대

저는 사실 미국과 한국 등 많은 사회들에서 나타나는 사회의 위기는 금융 위주의 신자유주의적 세계화라는 글로벌한 조건에 의해서 상당 부분 규정되기 때문에, 그 조건에 대한 보완적 노력이 이루어지지 않는 한 일국적으로는 해결될 수 없다고 생각합니다. 물론 글로벌한 조건의 규정하에서도 일국적 차원에서 정치를 통해 사회의 위기를 완화하려는 노력은 상당한 효과를 발휘할 수 있겠지만 말입니다.

한국에서는 협소하고 왜곡된 선거 정치가 역설적으로 '사회의 위기' 재현을 억제하고 왜곡하게 됩니다. 이는 역으로 정치에 의한 '사회의 위기'를 치유하려는 한 사회의 능력을 제약하게 되어, 그 결과 사회의 위기와 정치의 위기를 지속시키게 되지요. 기성 정치에 대한 우리 사회의 만성적인 불신과 비판, 분노는 바로 '정치의 대의와 재현 능력의 제약'으로 인해 사회의 위기를 포착하고 치유하지 못하는 데에 그 원인이 있다고 볼 수 있습니다.

2차 대전 이후 글로벌 사회의 흐름을 보면, 전후의 진보적 사이클 속에서 서구 사회에서는 사회민주주의적 복지국가 시대가 열렸습니다. 이 진보적 사이클은, 1980년대 이후 신보수주의적 정치에 의해 지원받으면서 국내외적으로 진행된 신자유주의적 흐름에 자리를 내주게 되었습니다. 이 흐름이 이제 새로운 전기를 맞고 있다고 생각합니다. 글로벌하게 확장되는 신자유주의적 흐름은 개별 사회에서 '사회의 위기'를 낳고 기존의 정치 질서에도 위기를 자아내게 되었습니다. 이러한 위기는 개별 사회의 여러 조건들과 결합되면서 정치적·경제적으로 다양한 양상을 띠며 표현되고 있습니다. 이제 이 위기는 또다시 대전환의 시대를 기다리고 있는 것이 아닐까 싶습니다.

"죽은 시민의 시대", 시민이 다시 귀환해야 하는 때

「죽은 시민의 시대」라는 칼럼이 마음에 와 닿습니다. 사실 다양한 학문적 내용까지 담은 압축적인 칼럼이라 읽기가 쉽지는 않은데, 현 시기의 우리 사회와 정치를 바라보는 중요한 통찰을 담고 있다고 생각합니다.

칼럼의 필자에 따르면, 4월의 시민이 4월 혁명을 통해 첫 번째 민주주의를 만들었다면, 6월의 시민이 1987년 6월 항쟁을 통해 두 번째 민주주의를 만들었는데, 이제 그 민주주의는 1997년 외환 위기 이후의 '97년 사회'에 의해 질식되어 중앙집중적 국가주의와 이념 정치, 지역주의에 의해 뒤틀린 정치로 전락해 있습니다. 민주주의를 향한 의지로 충만했던 87년 6월 능동적 시민은 하루하루 먹고사는 문제에 매달리는 탈능동화된 '거세된 대중'이 되고 말았다는 것입니다. 그 결과 이번 총선 공천 과정에서 드러났듯이 국민과 시민의 시선을 아랑곳하지 않는 난장의 정치가 출현한 것이라고 보고 있습니다. 여기서 그 해결책으로 필자는 죽은 시민의 시대를 뛰어넘는 '시민의 귀환'을 고대하고 있습니다. 그래야 세 번째 민주주의가 가능하게 된다는 것이지요.

고개를 끄덕이며 읽었습니다. 한 가지 첨언한다면, 새로 시민이 귀환할 때 그 시민의 정치적·경제적 지향과 정체성 및 요구는 과연 60년, 87년, 97년과 어떻게 달라져야 할 것인가 하는 점을 고민하게 됩니다. 87년의 시민은 60년의 시민과 달리 박정희 시대 산업화 '이후'의 시민이라고 하는 새로운 성격을

2장 | '분노 사회'를 넘어 진정한 성숙을 꿈꾸며

가지고 있었습니다. 이제 2016년의 새로운 귀환 시민을 상상할 수 있다면, 그것은 97년 이후 변화된 한국 사회의 문제들과 문제 인식을 넘어설 수 있는, 그래서 '세 번째 민주주의'를 실현할 수 있는 새로운 주체성과 능동성, 변화된 사회 인식을 갖춘 시민이어야 할 것 같습니다.

- ✄

죽은 시민의 시대

조대엽 _ 고려대 사회학 교수

한바탕 권력의 '행패'를 본 듯하다. 25일 마감한 여야의 총선 공천 과정은 그야말로 막장이고 난장이었다. 야권연대를 거부한 안철수의 오만이나 비례대표 추천 과정에서 보인 김종인의 독단은 오히려 난장의 리허설이었다. 배신자를 심판하라는 대통령의 일갈과 오로지 그 뜻을 좇아 황포하게 휘두른 이한구의 눈먼 창, 후보 등록 마감일에 5곳의 공천 승인을 거부한 김무성, 곧이어 2곳 공천과 3곳 무공천으로 야합하고 만 그의 무딘 칼. 최고 권력의 뜻에 따라 '친박'이니 '진박'이니 하는 패거리 정치가 만든 난장의 절정이 아닐 수 없다.

이 무도한 난장의 정치판에는 유권자도 시민도 없다. 오픈프라이머리는 애당초 수용되지 않았고, 양당의 당헌 당규에 규정된 국민참여선거인단대회, 국민참여경선, 국민경선, 당원경선, 시민공천배심원제 등 상향식 공천 절차 또한 무시되었다. 어찌할 수 없이 권력의 굿판을 망연자실 바라만 보는 시민의 가슴엔 박탈감만 쌓였다. 도저히 근대적 정당의 모습으로는 볼 수 없는 일들이 벌어진 것이다.

유권자를 조금이라도 의식한다면 이럴 수는 없다. 시민에 대한 두려움이 조금이라도 있다면 더더욱 이럴 수 없는 일이다. 정당 내부에서 무슨 짓을 하든지 간에 정해진 유권자는 기계처럼 표를 찍는다는 생각인 게다. 정치권력을 틀어쥔 이들의 눈에 시민이 죽은 지 오래고, 유권자는 영혼 없는 '좀비'가 된 지 오래다. 죽은 시민의 시대가 아닐 수 없다.

정치가 시민과 너무 멀리 떨어져 있다. 그나마 4년마다 한 번씩 돌아오는 선거마저 시민의 삶과는 점점 더 무관해지고 있다. 정치와 민주주의가 1987년에 멈추어 있다. 대통령

직선제를 얻어낸 '87년의 정치'는 이제 중앙집권적 국가주의와 이념 정치와 지역주의로 남아 한 발짝도 진화하지 못하고 있다.

게다가 1997년 외환위기 이후 들이닥친 정글과도 같은 시장경쟁의 질서와 함께 우리 '사회'는 부서져 해체되기 시작했다. 일자리를 얻지 못하거나 일자리에서 밀려나고 양극화와 불평등이 심화되는 가운데 시민 대부분의 삶은 위태롭게 흔들렸다.

마침내 '97년의 사회'는 우리 시대의 청년들을 'N포 세대', 미래 없는 '수저 계급', '헬조선'의 현실로 몰아넣었다. 노력해도 안 된다는 절망감이 만연하다. 돌이켜 보면 대한민국의 비정상은 언제나 시민의 힘으로 정상화되었다. 4월 혁명이 그랬고 6월 항쟁이 그랬다. 그래서 대한민국의 첫 번째 민주주의를 '4월의 시민'이 만들었고, 두 번째 민주주의를 '6월의 시민'이 만든 것이다.

한국의 민주주의를 이끌었던 바로 그 위대한 '시민'이 2016년 총선을 앞둔 지금 보이지 않는다. 민주주의를 향한 의지로 충만했던 그 시민들이 오늘날 먹고사는 문제에만 매달리는 '위축된 대중'이 되고 말았다. 남들과의 차이로 인한 불안을 견디지 못하는 '획일적 대중'으로 전락하고 말았다. 나아가 시민들은 경쟁과 효율의 쳇바퀴에 갇혀 끊임없이 일하고도 또 일을 찾는 '강박적 대중'으로 지쳐 있다. 지난 20년의 시간 동안 87년의 정치와 97년의 사회 속에서 한국의 시민은 '거세된 대중'이 된 셈이다.

능동적 시민이 '거세된 대중'으로 바뀐 것을 누구보다 먼저 알아챈 것은 정치권력이다. 시민이 죽은 곳에 그래서 난장의 정치가 판을 치고 있다. 87년의 정치는 이제 더 이상 견딜 수 없을 정도로 곪고 말았다. 87년의 정치가 거세된 대중의 마지막 숨통을 조이고 있는 것이다. 87년의 정치와 97년의 사회가 기형적으로 결합된 이 뒤틀린 시간이 더 지속된다면 우리 사회는 치유하기 어려운 현실을 맞게 될지도 모른다. 거세된 대중으로 가득 찬 이 비관적 현실에서 더 이상 견딜 수 없이 뒤엉킨 정치의 굴레를 벗어나는 일은 혁명보다 더 어려운 과제일 수 있다. 그러나 우리는 감당할 수 없는 더 가혹한 현실을 맞이하기 전에 87년의 정치를 벗고 97년의 사회에서 탈출하는 몸짓을 시작해야만 한다. 이번 총선이 그 마지막 시간일 수 있다.

4 ·13 총선은 무엇보다도 죽은 시민의 시대로부터 탈출하는 출발이 되어야 한다. 그래서 다시 '시민의 귀환'이 시대의 절실한 요청이다. 87년의 정치와 97년의 사회 속에 내동댕이쳐진 시민의 고단한 삶을 떠올리면 이번 4 ·13 총선은 '세 번째 민주주의'를 향한 서

2장 | '분노 사회'를 넘어 진정한 성숙을 꿈꾸며

막이 되어야 한다. 시민이 다시 귀환할 때다. 4월은 죽은 땅에 라일락꽃을 피우며 기억과 욕망을 뒤섞어 잠든 뿌리를 봄비로 일깨우는 잔인한 달이라고 했다. "망각의 눈이 대지를 덮은" 땅에서 겨울처럼 죽었던 '시민'이 다시 깨어나야 하는 우리의 4월은 어쩌면 더 잔인하다. 깨어나 눈과 귀를 열고 정당과 후보를 가려낸 후 투표장으로 향해 시민이 살아 있음을 알려야 한다. 시민의 귀환을 알려야 한다.

≪경향신문≫, 2016.3.29
(http://news.khan.co.kr/kh_news/khan_art_view.html?artid=201603292051115&code=990308).

역사 기억의 현장,
대한민국임시정부기념관
건립을 고대하며

오늘 세종문화회관 미술관에서 열린 임시정부 수립 97주년 대한민국임시정부 사진전 개막식에 다녀왔습니다.

이번 사진전을 공동 주최한 대한민국임시정부기념사업회는 2004년 9월 15일 창립 당시부터 3·1 독립운동에 뿌리를 둔 대한민국임시정부가 오늘 대한민국의 근본이라는 것을 알리고 선양하는 데 많은 노력을 해온 것으로 알고 있습니다.

아시다시피 대한민국임시정부는 세계사에서 유례를 찾기 힘든 장기간의 망명정부로서 1919년 당시 우리 민족이 독립국임을 대내외에 선포했고, 우리 역사에서 처음으로 '대한민국'이라는 국호를 사용했으며, 일제에 저항하는 우리 민족의 구심점이었습니다.

비록 '조국 통일'이라는 공동 목표를 이루지 못한 채 지금까지 남북 분단이 고착화되었지만 임시정부는 우리 역사에서 민주공화제를 정착·발전시켰다는 점에서 큰 의미를 갖는다고 하겠습니다.

그럼에도 임시정부의 흔적을 독립기념관, 대한민국역사박물관, 백범기념관 등에서 일부 찾아볼 수 있을 뿐 대한민국임시정부기념관이 없다 보니, 오늘의 사진 전시회가 참으로 안타깝다는 생각이 듭니다.

오늘 기념 사진전 개막식에 오면서, 우리는 여전히 과거를 어떤 현재적 기억으로 자리매김하고, 기록하고, 또 아이들에게 가르칠까 하는 것을 둘러싸고 일종의 '기억 전쟁' 또는 '기억 갈등'을 겪고 있지 않나 하는 생각을 했습니다.

다가오는 2019년은 3·1 운동과 임시정부수립 100주년이 되는 해인 만큼, 하루 빨리 대한민국 법통을 잇는 임시정부의 위상에 걸맞게 이를 기념하는 시설을 건립하는 것이 우리 세대 모두의 책무라고 생각합니다. 오늘 사진전을 시작으로 대한민국임시정부를 기념하는 시설 건립에 대한 국민적 합의와 지원이 조속히 이뤄지길 바랍니다.

앞서 참석한 더불어민주당 김종인 대표께서도 찬성 입장을 표하셨습니다마는, 임시정부기념관 건립이 이번 총선에서 여야 모두의 '공통 공약'이 되었으면 좋겠습니다. 나아가 이를 확증하기 위해서 2017년 대선에서도 여야 모두의 공통 공약이 되었으면 좋겠습니다. 그리하여 임시정부 수립 100주년이 되는 3년 후에, 우리 학생들이 방문할 수 있는 역사 체험, 역사 기억, 역사교육의 새로운 현장이 만들어지기를 소망합니다.

서울시교육청도 오늘 사진 속에 담긴, 그리고 미처 사진에 담기지 못한 선조들의 생생한 독립운동의 의미를 오늘에 되살려, 우리 학생들이 올바른 역사관에 바탕을 둔 미래 지향적 세계관을 가질 수 있도록 열심히 노력하겠습니다.

20160301

한국 사회의 갈등이
파국으로 치닫고 있다
'한국형 사회 갈등 실태 진단' 연구 보고서

한국 사회의 갈등이 파국으로 치닫고 있다?

이 말은 어느 운동단체가 제기하는 과격한 표현이 아닙니다. 정부의 국민대통합위원회가 내놓은 보고서의 핵심 내용*이라고 합니다. 충격적입니다.

대표적인 정치·사회학자 5명으로 구성된 연구 팀은 지난해 국민대통합위원회의 의뢰를 받아, 지역·성별·나이·월 소득 등을 기준으로 선정한 성인 남녀 105명을 인터뷰했고, 이를 바탕으로 '한국형 사회 갈등 실태 진단' 연구 보고서를 작성했습니다.

이 보고서는 분노가 원한으로 발전하고, 좌절을 넘어 포기가 되고, 격차가 고착되어 단절이 되고, 불신이 반감으로 발전하고, 경쟁은 고통스러운 투쟁이 되고, 피로하다 못해 탈진 상태에 이르렀다고 말합니다.

다행히 우리 사회는 민주주의 제도를 갖고 있습니다. 민주주의는 독재에 비해서 소란스러운 제도입니다. 독재하에서는 이러한 위기의 현실이 '표현'되거나 '대의'되지 않고 억압되지만, 민주주의하에서라면 때로는 소란스러운 언어로, 필리버스터로, 시민사회운동으로, 다양한 약자 집단의 신원으로, 노동의

---

* "내부 갈등에 무너지는 한국 사회 … 충격의 국민대통합 보고서", ≪매일경제≫, 2016.2.24
  (http://news.mk.co.kr/newsRead.php?no=151223&year=2016).

투쟁으로, 집권층 또는 제도권 정당 내부의 갈등 등으로 표현됩니다. 어떤 의미에서 민주주의의 이러한 소란스러움은 다행스러운 것입니다.

문제는 이러한 소란스러움이 위기를 정정하는 건전한 개혁으로 이어지는가 하는 점입니다. 그리고 제도권의 능력은 이 위기가 파국으로 발전하지 않으면서 큰 희생 없이 수렴되는 개혁이 이루어지도록 할 수 있는가 하는 것입니다. 그것이 한 체제 혹은 한 사회의 성숙성이나 개방성이라고 할 수 있겠지요. 과연 우리 사회는 어떨까 생각해봅니다.

내일을 팔아 오늘을 사는
근시 사회

근시안적 탐욕이 지배하는 현 시대를 비판하는 책 『근시 사회』가 나왔습니다.[*] 원제는 '충동 사회 the Impulse Society'인데, '근시 사회'로 번역했다고 합니다. 현대사회를 '내일을 팔아 오늘을 사는 근시안적 충동'이 지배하는 사회라고 비판하는 메시지에 귀가 번쩍 트입니다.

저자 폴 로버츠는 게임 중독자를 예로 들어 현대사회의 전 영역에 퍼져 있는 충동과 그 해악을 이야기하고 있습니다. 부동산 투기와 신용카드에 대한 탐닉, 가계 부채 사상 최고치 경신, 잘못된 식생활로 인한 성인병 급증, 순간적인 범죄를 참지 못해 벌어지는 갖가지 범죄 등이 모두 '충동'이라는 단어로 설명됩니다.

근시 사회의 원인

이러한 충동성과 근시성의 구조적 계기는 산업 생산량 증가에 따른 소비자 경제의 발전, 나르시시즘이 판을 치는 개인주의 문화의 확산, 스마트폰과

---

[*] "포퓰리즘·버블경제 … '근시사회'에 갇힌 우리들", 《매일경제》, 2016.2.12
(http://news.mk.co.kr/newsRead.php?no=117128&year=2016).

소셜네트워크서비스로 요약되는 디지털 혁명, 주주 자본주의가 몰고 온 시장의 맹목성 등입니다. 예컨대 소비사회로서의 현대사회에서 개인은 시장과 동일시되고, 개인의 행위는 소비에 종속됩니다. 그 소비는 인간을 충동과 근시성의 노예로 만듭니다. 게임 중독자가 되도록 유혹하는 사회, 가상현실에 몰두하는 폐인을 양산하는 사회, 순간적 만족의 쳇바퀴에 빠지도록 유혹하는 사회, 소비와 재미만이 목적이 되는 사회, 그리고 그것이 내면화되어 충동이 본성이 되어버린 사회…… 이러한 현상들이 '충동적이고 자기중심적이며 근시안적인 사회'의 단면들입니다.

근시 사회의 정치

저자가 이야기하는 충동 사회 또는 근시 사회의 정치적 특징도 흥미롭습니다. "현대인들은 방금 먹은 음식 사진을 SNS에 올리고 친구의 글에 '좋아요'를 누르느라 정치에 귀 기울일 시간이 없다", "따라서 정치인들은 극단적이고 수위 높은 발언으로 당과 부동층의 뇌리에 자신의 이름을 새기기 위해 노력한다"라고 합니다. '포퓰리즘'이 최선의 전략이 되어버린 것이 이 사회 정치의 한 특징입니다.

불황의 어려움을 모두 또는 거의 대부분 노동에 전가하는 것도 근시 사회의 한 특징입니다. 산업보다는 금융이 중심이 되는 경제체제의 일면성도 나타납니다. 성장과 소비를 위해 그 모태가 되는 지구는 위기에 처하고 기후변화는 전 지구적 위기 의제가 됩니다. 이 사회에서 청년은 그 충동의 노예, 노동자는 희생자가 됩니다.

이런 충동 사회, 근시 사회는 어차피 지속 가능하지 않을 것입니다. 우리 사회의 위기 징후에서도 드러나고 있듯이, 분노가 누적되어 폭발해버리거나 헬조선이라는 외침처럼, 미래의 잠재력이 고갈되어 침체에 빠지거나, 개발의 기회를 갖지 못한 수많은 잠재력과 능력이 소실되어 성장의 잠재력이 반감되는 사회가 될 것이기 때문입니다.

근시 사회의 교육

저는 충동 사회 또는 근시 사회의 현실이 교육에서도 뚜렷하게 드러나고 있다고 생각합니다. 충동 사회의 단면들은 이미 청소년들, 학생들에게서도 심각하게 나타나고 있습니다.

특히 근시 사회적 특징이 한국의 학생과 청소년마저 소모품으로, 싸구려 노동력으로 활용하는 가혹성으로 나타나고 있다고 생각합니다. 청소년, 고등학생, 대학생 들이 이러한 근시 사회 속에서 고통스럽게 살아가고 있습니다. 그들은 각종 저임금 아르바이트 인력으로 청춘기의 황금 같은 시간들을 보내고 있습니다. 대학생들은 '스펙' 쌓기에, 학자금 대출 이자를 갚기 위한 저임금 노동력으로 나서고 있습니다.

이것은 우리 사회 자체의 근시성을 보여주는 것이고 사회의 지속 가능성과 미래 잠재력을 잃어버리게 하는 것이라고 생각합니다. 10~20년 후 우리 사회를 짊어질 젊은 인재들이 다양한 체험과 학업, 미래의 상상력을 위한 '자유' 시간을 갖지 못한 채 싸구려 노동력으로 동원되는 이 현실, 즉 '내일을 팔아 오늘을 사는' 이 현실은 참으로 참담합니다. 그러나 우리의 경제와 사회는 이미 그렇게 돌아가고 있지요. 심지어 졸업 후에도 학자금 원리금을 갚기 위해 '채무 노예'로 근심하며 살아가야 합니다. 현존하는 대학 입시의 관문을 승자로 통과하기 위해 맹목적인 암기식 지식 교육의 악순환 속에 빠져 있는 것에서도 이러한 근시성을 볼 수 있습니다. 쉬고 놀면서 새로운 실험, 시행착오, 실패의 경험을 해야 하고 미래적 상상력의 소양들을 형성해가야 하는데, 정작 쉬고 놀 시간이 없는 것입니다.

이탈 ^exit^의 길?

저는 사회의 변화에 두 가지 경로가 있다고 말하곤 합니다. 바로 개혁 ^re-form^과 이탈^exit^입니다. 현존 질서와 체제를 내부에서부터 부단히 변화시키는 것을 개혁이라고 한다면, 이탈은 현존 질서와 체제가 강요하는 삶의 방식이나 행위에서 부단히 벗어나 대안적 삶을 사는 것이라고 할 수 있습니다. 물론 그 경계가 확연히 구분되지 않을 때도 많지만 말입니다.

『근시 사회』의 저자는 후자 쪽에 무게를 많이 두는 것으로 보입니다. 더 나은 세상을 위한 '공간 만들기'가 필요하고 그를 위해 작지만 큰 울림이 있는 행위를 부각합니다. 텔레비전을 끄고 가족과의 대화에 집중하거나, 신용카드를 자르고 홈쇼핑 채널을 지움으로써 충동의 싹을 꺾는 것처럼 말입니다. 이렇듯 매 순간 선택의 기로에서 이탈을 택하는 삶이 충동 사회와 근시 사회를 넘어서는 것이라고 말합니다.

저자의 이러한 대안적 언명은 국내에 번역된 『석유의 종말』, 『식량의 종말』과 같은 책이 가진 문제의식과도 상통합니다. 전대미문의 현대사회 인류 역사의 모든 시기에 '전대미문'을 이야기했겠지만, 어디로 가는지조차 가늠할 수 없는 현대사회에 다양한 진단과 대안 제시가 필요하다고 할 때 충분히 경청할 만한 메시지를 담고 있다고 생각합니다.

고통받은 위안부 할머니들의 영혼이
영화를 통해 '귀향'하기를

어제 영화 〈귀향〉 시사회에 다녀왔습니다. 이옥선, 박옥선 위안부 할머니가 오셔서 함께했습니다. 우리의 아픈 기억을 현재와 과거를 오가는 방식으로 연출했고, 처절하면서도 담담하게 잘 그려냈더군요. 조정래 감독에게 참 좋은 작품을 만들었다고 찬사를 보내고 싶습니다. 120분 넘게 이어진 영화가 전혀 지루하지 않았고, 현재적 문제로도 이어지고 있는 우리의 아픈 과거를 아름답게 그리고 있었습니다. 2월 24일이면 개봉관에서 영화를 만날 수 있는데, 많

은 분들이 관람하면 좋겠습니다. 단지 의미로서만이 아니라, 좋은 작품으로서
도 감상할 만하다고 생각됩니다.

영화 시작 전에 이옥선, 박옥선 할머니와 담소를 나눌 기회가 있었습니
다. "나는 그래도 살아서 이렇게 말이라도 하니까 다행인데, 한을 품고 죽은
위안부 할머니들을 생각하면 원통해져"라는 말씀이 인상에 남습니다. 마침
영화 제목이 '귀향'이지요. 조정래 감독도 서두에서 이야기했듯이, 한을 품고
죽은 영혼들이 영화를 통해서 하나하나 되살아오면 좋겠다는 생각이 듭니다.
그래서 영화의 영어 제목도 Spirits' homecoming 영혼의 귀향 이라고 붙인 게 아
닐까요.

이 영화가 더욱 남다른 의미를 갖는 것은, 7만 명 넘는 사람들이 사회적
펀딩으로 모은 15억 원 정도의 제작비로 만들어졌기 때문입니다. 영화화 작업
이 2002년부터 시작되었다고 하니 14년에 걸친 노력 끝에, 특히 한일 정부 간
의 위안부 합의로 공분이 일어나고 있는 이 시점에 개봉되어 더욱 큰 의미가
있는 것 같습니다. 젊은이들에게도 이 땅의 아픈 역사를 알게 되는 중요한 계

기가 되었으면 좋겠습니다. 친일인명사전의 도서관 비치가 문제가 되고, 전쟁 범죄의 일환으로 벌어진 위안부 문제에 대해 가해자가 진정한 사과를 하지 않는 현재 우리 사회의 현실에서 이 영화의 시대적 의미를 찾을 수 있겠습니다.

이토록 위안부 문제가 중대한 역사적·인류애적 문제로 다뤄질 수 있었던 것은 그 고난과 고통을 몸으로 살아낸 피해자 할머니들의 용기가 있었기 때문입니다. 영화에서 처음 정신대 신고를 동사무소에서 받을 때 직원들끼리 "미치지 않고는 누가 신고하겠어"라는 농담 식의 힐난을 주고받자 위안부 할머니 역을 열연한 배우 손숙이 "그래, 내가 그 미친년이다. 우짤래!" 하고 분노하며 소리치는 장면이 특히 인상적이었습니다. 언제나 그렇듯 역사적·사회적 변화의 계기는 미치지 않고는 살아낼 수 없었던 고통의 피해자들이 말하는 것, 소리치는 것이 아닐까요.

그러한 가운데에서도 감독이 전쟁 속 다양한 삶의 모습을 그리고자 노력했다는 점도 주목해볼 만합니다. 위안부 여성들을 고향의 여동생처럼 연민으로 바라보는 '인간적' 일본군, 위안부 여성들에 대한 살인 명령을 차마 따르지 못하는 '가녀린' 일본군의 모습도 보입니다.

여전히 일본이 전쟁 책임과 식민지 지배에 대해 진정한 사죄와 반성을 하지 않고 있는 현재 상황 속에서 〈귀향〉은 위안부 문제로 집약되는 전쟁과 식민지 그리고 성의 복합적 관계를 고민할 수 있게 합니다. 앞으로 위안부 문제를 다루는 더 많은 영화들이 나오기를 고대해봅니다. 그 영화들에는 위안부 할머니들의 고통을 '일본' 군인들의 조선 '처녀'에 대한 유린의 문제로 보는 것을 넘어서, 위안부의 '식민지 시대의 군사적 동원' 과정에 포함되어 있는 상업적 과정, 식민지 시대의 빈곤과 여성의 성노예화가 결합하는 과정, 남성 중심적 군사주의와 가부장주의가 결합하는 과정, '극단적인' 전쟁 성노예화 속에 내재되어 있는 일반적인 성의 도구화 과정 등까지도 문제화하는 시선이 담겨야 할 것입니다.

억압되는 역사적·현재적 문제들을 다루는 영화들이 상업적으로도 성공하는 것은 한 사회의 성숙도를 보여준다고 생각합니다. 영화 〈도가니〉의 경우처럼, 동시대를 사는 사람들이 사회문제적 영화를 집단적 참여의 방법을 통해 상업적으로도 성공시키는 예를 많이 볼 수 있습니다. 그것이 우리 사회 역동성의 표현이라고 할 때, 영화 〈귀향〉에서도 이런 역동성이 드러나기를 기대해봅니다.

양산 90세 최 모 할머니가 어제 돌아가시면서, 공식 등록된 238명의 위안부 할머니 가운데 이제 49명이 남았다는 기사를 봤습니다. 온몸으로 식민지, 전쟁, 군국주의, 군대, 가부장제의 고통을 살아낸 할머니들의 가슴에 맺힌 한이 해소되고, 조정래 감독의 바람처럼 이 영화가 돌아가신 할머니들의 영혼이 기쁘게 귀환·귀향하는 동력이 되기를 빌어봅니다.

SNS상의 신조어
'흙수저·금수저'를 증명하는 보고서?

한국보건사회연구원의 「사회통합 실태진단 및 대응방안 II」 연구 보고서가 나왔다고 합니다. 우리 사회가 이른바 산업화 세대와 민주화 세대를 거쳐 정보화 세대로 넘어오면서 직업·지위와 계층의 고착화 현상이 두드러졌다는 내용의 기사입니다.

일명 '흙수저'라고 하는, '부모의 학력이나 경제적 지위에 기댈 수 없는' 아이들에게도 교육이 희망일 수 있도록 정책을 마련하고, 부모의 사회적·경제적 차이가 아이들에 대한 차별로 이어지지 않도록 공공기관이 해야 할 역할에 대해 교육감으로서 무거운 책임감을 느낍니다.

--✄

부모 경제력이 임금(1975~1995년생)에 영향 …
단순노무직 대물림 비율은 5배
보건사회硏 분석 보니

- 2대째 관리전문직 43% 달해
- 아버지 직업과 상관없이
- 관리전문직 된 비율의 배 넘어

- 중졸자, 아버지도 중졸 16.4%
- 1975~1995년생 세대 89.6%가
- 아버지 대졸이면 본인도 대졸

'더는 개천에서 용^龍이 나지 않는다'는 말이 사실임을 실증적으로 보여주는 연구 결과가 나왔다. 이른바 '금수저 흙수저 계급론'을 뒷받침하는 분석 자료다. '수저론'은 개인의 노력보다 부모의 재산과 사회적 지위에 따라 자녀의 장래와 사회적 지위가 결정된다는 자조적인 현실 인식이 담긴 유행어다. '금수저'는 돈 많고 능력 있는 부모를 둔 사람을, '흙수저'는 돈도 배경도 변변찮아 기댈 데가 없는 사람을 각각 일컫는다.

산업화·민주화·정보화 세대 구분

31일 한국보건사회연구원의 '사회통합 실태진단 및 대응방안II' 연구 보고서를 보면, 우리 사회는 이른바 산업화 세대와 민주화 세대를 거쳐 정보화 세대로 넘어오면서 직업 지위와 계층의 고착화 현상이 두드러졌다. 연구진은 부모 세대의 사회·경제적 지위가 자식 세대의 사회·경제적 지위에 끼치는 영향을 살펴보고자 2015년 전국의 만 19세 이상~만 75세 이하 남녀 4000명을 대상으로 자신의 소득 계층을 어떻게 인식하는지 등을 면접 조사했다.

특히 세대 간 사회이동의 변화 양상을 파악하고자 조사 대상자 중에서 현재 직장이 있는 25~64세 남자 1342명을 ▶ 산업화 세대 1940~1959년생, 181명 ▶ 민주화 세대 1960~1974년생, 593명 ▶ 정보화 세대 1975~1995년생, 568명 등 3세대로 나눠 부모의 학력과 직업, 계층, 본인의 학력이 본인의 임금과 소득에 미친 영향을 분석했다.

정보화 시대 학력·직업 대물림 심화

먼저 아버지 학력과 본인 학력의 교차 분석 결과, 대체로 아버지 학력이 높을수록 본인의 학력도 높았다. 아버지의 학력이 중졸 이하이면 본인의 학력도 중졸 이하인 비율이 16.4%에 달했다. 아버지의 학력이 고졸 이상이면서 본인 학력이 중졸 이하 비율은 0%에 가까웠다.

세대 간 고학력 세습도 어느 정도 발견됐다. 아버지가 대학 이상의 고학력자면 아들도 대학 이상의 고학력자인 비율이 산업화 민주화 정보화 세대에서 각각 64.0%, 79.7%, 89.6%로, 최근 세대로 올수록 고학력 아버지의 자녀가 고학력일 확률이 더 높아졌다.

아버지의 직업 단순노무직, 숙련기능직, 서비스판매직, 사무직, 관리전문직과 아들 직업 간 교차 분석을 했더니 아버지의 직업이 관리전문직이면 아들의 직업도 관리전문직인 비율이 42.9%로 아버지 직업을 배제한 관리전문직 평균 19.8%의 배가 넘었다. 세대별로는 관리전문직 아버지를 둔 아들이 관리전문직인 비율이 민주화 세대는 56.4%로 평균 23.3%의 배에 이르렀고, 정보화 세대에서는 37.1%로 역시 평균 18.2%의 배 정도였다. 특히 정보화 세대에서는 단순노무직 아버지를 둔 자녀가 단순노무직인 비율이 9.4%로 평균 1.9%의 5배에 달했다. 정보화 세대에서 직업의 세습이 심화되는 것이다.

부모 경제력이 재산·학력 등에 영향

15세 무렵 본인의 주관적 계층 하층, 중하층, 중간층, 중상층, 상층과 현재 주관적 계층을 교차 분석한 결과, 아버지 세대의 계층과 무관하게 자식 세대가 하층 또는 중상층이 될 가능성은 희박했다. 구체적으로 아버지의 계층에 따라 아들이 특정 계층에 속할 확률을 살펴보니, 정보화 세대에서 특히 아버지가 중상층 이상일 때 자식 또한 중상층 이상에 속할 확률이 아버지가 하층이었던 경우 자식이 중상층 이상이 될 확률보다 거의 무한대로 더 높았다. 다시 말해 정보화 세대에서 중상층과 하층에서의 계층 고착화가 매우 심하게 일어나고 있으며, 일정 이상의 계층 상향 이동은 사실상 매우 힘든 상황이 돼가고 있다는 뜻이다. 민주화 세대에서도 비슷한 경향을 보였지만, 계층 고착 정도는 정보화 세대보다 낮았다. 반면 산업화 세대는 중상층까지의 이동이 상대적으로 더 활발했다.

연구 결과 민주화 세대에서는 부모의 학력이 본인 학력과 더불어 임금수준에 큰 영향을 미치는 변수로 확인됐다. 정보화 세대로 오면 부모의 학력과 함께 가족의 경제적 배경이 본인의 임금수준에 큰 영향을 미치는 것으로 나타났다.

즉, 정보화 세대로 올수록 부모의 경제적 지위가 재산 축적뿐만 아니라 인적 자본 축적, 직접적으로는 노동시장 성취에 더 많은 영향을 줬다는 의미로 해석된다.

기회 평등의 정책 필요성

- 계층 이동 가능해야 한국 사회 역동성 되살아나
- 교육비 지원, 비정규직 차별 철폐 등으로 청년 희망 불씨 되살려야

한국 사회의 역동성을 되살리고 경제 발전과 사회 통합을 이루기 위해서는 누구나 노력하면 중산층이나 그 이상으로 계층 사다리를 타고 올라갈 수 있게 '사회 이동성'을 보장해야 한다는 지적이 나왔다. 한국보건사회연구원 여유진 연구위원과 정해식 부연구위원 등 연구진은 31일 '사회통합 실태진단 및 대응방안 II' 연구 보고서에서 이같이 주장했다.

실제 한국 사회가 매우 역동적이고 신속하게 경제 선진국의 반열에 올라갈 수 있었던 것도 상당 부분 '계층 상승의 희망'이 있었기 때문이다. 특히 고도 경제성장기에는 교육에 대한 인적 투자에 국가와 개인이 모두 적극적으로 나섰으며, 빠르게 성장하는 시장은 이들의 인적 자본 투자 결과를 받아들이고 적절한 보상을 시행했다.

그러나 지금 저성장기를 맞아 대학을 정점으로 서열화된 교육 체제 아래 교육열은 사회계층과 계급의 이동성을 저해하는 부메랑으로 돌아올 가능성이 커졌다. 연구진이 사회이동을 분석한 결과, 예상대로 한국 사회는 증가하는 불평등으로 사회계층과 계급은 공고화되고, 강화된 사회계층·계급 격차는 교육 격차를 확대하고 있다. 그것이 다시 우리의 사회 이동성을 낮추는 악순환의 조짐을 보이고 있다.

청년들은 이제 아무리 노력해도 부모보다 잘살 수 없다거나 부모의 지원 또는 후원 없이는 성공하기 어렵다고 여기고 있다. 이처럼 사회이동의 통로가 막히고 점점 더 부모의 사회·경제적 지위에 따라 본인의 지위가 상당 부분 결정되는 현실은 개인뿐 아니라 사회적 손실과 비효율을 낳고, 나아가 좌절과 갈등을 증폭함으로써 사회 통합을 저해하는 요인이 된다.

연구진은 이처럼 좌절된 희망의 불씨를 되살리기 위한 근본적인 고민이 필요하다며 사회 이동성 확보 차원에서 기회의 평등을 높이는 정책을 시행해야 한다고 제안했다. 이를 위해 먼저 교육이 여전히 계층 이동의 사다리 기능을 하도록 사교육 기회의 격차를 축소할 교육비 지원 및 공교육 정상화 정책을 펴는 등 교육 기회의 불평등을 최소화하기 위한 노력을 해야 한다고 지적했다.

결과의 불평등을 줄이려는 정책도 필요하다. 특히 노동시장에서 공정한 분배가 가능하도록 해야 한다. 정규직과 비정규직의 불합리한 차별을 바로잡아야 하고, 미래 성장 동력인 청년들을 위한 좋은 일자리 창출도 필요하다고 연구진은 밝혔다. 최근 세대를 둘러싼 갈등 중 하나가 일자리라는 점을 고려할 때 세대 통합적 측면에서 청년 세대의 고용 안정성을 높이려는 정책 방안을 세울 필요가 있다고 연구진은 강조했다. 나아가 재분배 정책 차원에서는 불평등을 해결하기 위한 사회적 안전망을 대폭 강화할 필요가 있다고 연구진은 제시했다.

연구진은 또 사회·경제적 지위가 세대 간에 고착화하는 상황에서 기득권층의 자녀 특혜 입학 및 병역 비리 등은 국민의 사회 통합 인식을 저해할 가능성이 있다면서 기득권층의 각종 사회 비리와 권력 남용 행위에 대한 법적 구속력을 강화해야 한다고 밝혔다.

최승희 기자 shchoi@kookje.co.kr

≪국제신문≫, 2016.1.31

(http://www.kookje.co.kr/news2011/asp/newsbody.asp?code=0300&key=20160201.22003200237).

자유주의자를 고민하게 하는
국정교과서?

오늘 자 신문에서 흥미로운 칼럼*을 읽었습니다. 민경국 강원대 명예교수의 솔직한 글인데, 기회가 닿으면 함께 토론하고 싶을 정도입니다.

이 칼럼은 자유주의의 입장에서 현재의 교과서가 좌편향적이라는 점을 비판하면서도, 한편으로는 보수 진영이 주도하는 국정교과서 추진이 "역사 해석을 국가가 독점하는 것"이며, 보수 진영이 취약한 경쟁력을 극복하기 위해 훌륭한 역사학자를 양성하는 등 다방면의 노력을 하는 대신 정치권력과 손잡고 역사 교과서를 밀어붙이는 것은 자유주의의 원리에 반한다고 비판하고 있습니다.

국정교과서를 반대하는 분들, 또는 국정교과서를 집필한 분들 중에는 이 칼럼의 내용이 못마땅한 분들도 많을 것입니다. 그러나 국정교과서의 추진이 자유주의자의 신념에 반하는 '보수적 국가주의' 정책이며, 이런 식의 국정화는 반대로 '진보적' 정부가 들어섰을 때 '좌파적 역사 교과서'의 길을 열어놓는 부작용도 있다는 지적은 눈여겨볼 만합니다.

저는 이 칼럼에서 이야기하는 현존 교과서의 내용 비판에는 동의하지 못하겠습니다. 그러나 국정교과서가 이 땅의 합리적 자유주의자에게 수용 불가

---

* "자유주의 입장서 본 국정교과서 논쟁", 《문화일보》, 2015.10.28
  (http://www.munhwa.com/news/view.html?no=2015102801073911000004).

능한 보수 극단적 정책이라는 점만은 동의합니다. 사실 이 땅의 많은 진보주의자들은 자유주의자라고 할 수 있습니다. 미국에서 'liberal'이 '진보적'이라는 의미를 동시에 담고 있는 것처럼 말입니다. 국정교과서는 이 땅의 자유주의자들이 수용할 수 없는 수준으로 보수가 극단화되는 것을 의미합니다.

　사실 자유주의 가치는 모든 정치·사회 집단이 자임하는 것입니다. 1950년대의 자유당, JP의 자유민주연합, 자유기업원 등을 떠올려봅시다. 국정화는 특정 사안에서이긴 하지만 자유주의 가치를 버리는 극보수의 길이라고 할 수 있습니다. 자임해왔던 자유주의가 없는 보수라는 것이지요. 물론 한국의 보수가 자유주의적이었는가, 한국의 진보가 자유주의적이었는가 하는 것은 논쟁적 주제입니다.

　보수에 국한해서 보면, 이 땅의 보수는 다양한 그룹으로 이루어져 있고 다양한 지향을 내포하고 있으며 시기별로 다양한 얼굴을 갖습니다. 예컨대 '2012년 말 대선 국면에서의 박근혜' 후보와 '2016년 말의 박근혜' 대통령은 다른 얼굴을 갖습니다. 2012년 대선 직전 박근혜 후보는 경제 민주화, 노령기초연금, 누리과정, 유신 시대 피해자에 대한 유감 표명 등 '진보적 의제'를 이야기했습니다. 즉, 전향적 모습을 보였습니다. 그러나 이제 국정화라고 하는 전혀 다른 얼굴로 국민을 대면하고 있지요.

　저는 현 시기 진보의 모든 것이 다 옳다고 주장하지는 않겠습니다. 적어도 자유주의자를 자임하는 민 교수와 같은 사람이 '자유를 버리는 우愚'라고 평가한 국정화 정책 같은 퇴행적 모습으로 돌아가지는 않았으면 할 뿐입니다.

세계화 시대, 파리에서
국정교과서의 의미를 논한다

교육 교류 협력차 프랑스 파리에 와 있습니다. 파리에서 인터넷을 통해 국정교과서 논란이 진행되는 것을 보면서, '국정교과서가 세계화의 도도한 흐름에 맞지 않는다'는 생각을 더욱 절실하게 하게 됩니다. 이것은 우리 사회가 세계화 시대의 전 세계적인 개방화와 다원화의 흐름에 맞추어 자신을 혁신하고 변화시켜가는 방향과 대립됩니다. 우리는 역사적 인식을 포함해 모든 인식을 개방화해가야 하고, 우리 내부에 다양한 시선을 가질 수 있어야 합니다. 또한 그러한 교육이 이루어져야 합니다.

그동안 서울시교육청은 세계시민교육 지향을 천명해왔는데, 이는 협소한 국수주의적 시각이나 자민족 중심주의적 시각을 넘어서서 훨씬 개방적인 세계사적 시각과 비교사회적 시각으로 학생들이 나아가도록 하는 것을 말합니다. 이렇게 볼 때 국정교과서는 부적절한 정책이며, 지금이라도 철회되도록 마땅히 중지를 모아야 할 것 같습니다.

정작 우리가 변화시켜가야 할 것

잘 알다시피 세계화는 '사람과 물자의 기존 국가 국경을 뛰어넘는 이동과

교류'를 핵심 특징으로 합니다. 이런 이동과 교류는 우리 인식과 관점, 생각에
도 변화를 요구합니다. 기존 질서가 엄격한 국가 또는 민족국가를 경계로 하는 질
서였다면, 세계화는 그것을 뛰어넘는 인적·물적·지적·인식적 변화를 동반하
게 되지요. 그런 면에서 과거의 국가와 민족주의의 합리적·핵심적 특성을 견
지하면서도 그것을 더욱 개방적인 시각으로 전환해갈 필요가 있습니다.

그동안 우리는 오랫동안 '단일민족'으로 살아왔고, 더구나 식민지 경험을
했기 때문에 강력한 민족주의적 시각이 지배적인 것이 현실입니다. 그것은 우
리가 '외세'에 지배당해왔던 현실 조건 속에서 생존과 성장의 기반이 되었던
나름의 합리성을 가지고 있지요.

그러나 세계화 시대를 맞아 우리 스스로의 시각과 관점을 국내적·국제
적 다원화와 개방화의 흐름에 맞추어 혁신해가지 않고 자폐적인 방향으로 흐
른다면 일본 아베류의 편협한 역사 인식과 국가상으로 나아가게 될 것입니
다. 우리가 지향해야 할 개방성 속에는, 서구 중심적 시각만이 아니라 동아시
아적 시각도 가지고 이슬람권 등 다른 문명 세계를 더욱 다원적으로 볼 수 있
도록 변화해가는 것도 포함됩니다. 우리 학생들이 살게 될 미래는 더욱 다양
한 인종과 민족, 문명, 종교, 문화가 각축하면서 공존하는 세계일 것이기 때문
입니다.

국정교과서론자들의 합리성?

저는 국정교과서론자들이 말하는 바, 역사 교과서가 이른바 '종북'이라거
나 '좌파적'이라고 하는 비판에는 당연히 동의하지 않습니다. 그러나 이른바
'좌파' 역사 교과서를 비판하는 논점 중에서 일부는 경청할 점도 있다고 생각
합니다.

예컨대 '자학사관 自虐史觀'이라는 논점 같은 경우 토론해볼 부분이 있다

고 봅니다. 이 글을 쓰고 있는 파리와 연관해 생각해보자면, 과거 선진국 중의 선진국인 프랑스의 파리가 왜 대한민국의 서울과 자매결연을 하고 교류를 확대하려고 하겠습니까. 우리는 아무도 주목하지 않는 변방의 남루한 국가가 아니라, 이미 세계화 시대의 중견 국가들 중 하나가 된 것입니다. 우리나라가 세계의 다른 나라들과 맺는 관계도 당연히 달라져 있지요. 우리가 자부심을 느끼는 것처럼, 대한민국은 원조 수혜국에서 원조 공여국이 된 예외적인 나라입니다. 이제 세계가 한국 '다국적'기업의 비즈니스 무대가 되어 있습니다. 이런 의미에서 우리의 근현대 역사 인식과 자의식의 전환이 필요한 지점이 있습니다.

그러나 그것을 편협한 국수주의적·자민족 중심주의적 시각에서 재구성한다면 이는 우리나라에도 재앙이 될 터입니다. 사실 우리의 역사 인식에는 편협한 점이 많습니다. 이를테면 이슬람 세계에 대한 시각도 그러하지요. 일본의 자폐적 역사 인식 전쟁 책임과 식민지 지배에 대한 반성적 시각이 부족한 것 등이나 중국 일부의 이른바 '굴기론적 민족주의적 시각'을 반면교사로 삼아, 우리 스스로에 대한 자부심 어린 시각을 획득함과 동시에 자기 성찰적인 시각을 갖도록 하는 것이 올바른 방향입니다. 국가와 민족의 합리적 핵심을 주목하면서도, 그에 대한 반성적 인식 능력 또한 갖도록 해야 합니다.

저는 국정교과서가 세계화 시대의 인식과 관점에서, 전 세계적인 개방화와 다원화의 흐름에 역행하는 메시지를 우리 학생들에게 주지 않을까 걱정이 더욱 앞섭니다.

선진적 경제와 후진적 국정교과서가 혼합되어 있는 사회

서울시교육청은 세계시민교육 지향을 천명했는데, 이는 협소한 국수주의적 시각이나 자민족 중심주의적 시각을 넘어서서 훨씬 개방적인 세계사적 시각과 비교사회적 시각으로 학생들이 나아가도록 교육해야 한다는 것을 의미합니다. 사실 그래야 진정한 의미에서 이른바 '글로벌 경쟁력'도 가질 수 있지요. 국정교과서 반대론자들이 거론하는 바, 국정교과서가 몇몇 폐쇄성을 특징으로 하는 권위주의 국가에만 있다고 하는 주장은 이런 점에서 상징적 의미를 갖는 것입니다. 그러한 나라들일수록 세계화 시대 개방화의 흐름에 부응하지 못합니다.

국정교과서는 '원인'이 아니라, 그 사회의 어떤 자폐성과 권위주의성의 '결과'일 뿐입니다. 우리나라가 국정교과서를 사용하는 몇몇 나라들의 반열에 든다면, 많은 외국인들은 최고 수준의 산업화와 민주화를 이룬 한국의 이미지와 국정교과서의 이미지가 어떻게 조화될 수 있는지 혼란스러워할 것입니다. 그렇게 되면 아마도 '한국 사회는 산업화와 민주화 수준은 높지만 퇴행적이고 권위주의적인 성격이 강하게 존재하는 독특한 혼합형 사회구나'라고 생각하지 않을까요. 여기 파리 교육청에서 일하는 사람들도 한국의 국정교과서 논란을 부정적으로 평가하면서 주의 깊게 지켜보고 있다는 것을 느낄 수 있었습니다.

세계화 시대의 개방적 인식이란 우리 사회 내부에 '사상의 자유 시장', '다양한 역사 인식의 장'이 존재한다는 것입니다. 미래 세대인 학생들은 '진리'를 암송하듯이 배우는 것이 아니라 '무엇이 진리인지' 토론할 수 있어야 합니다. 그런 점에서도 저는 국정교과서가 정치적 논란이 아니라, 대한민국의 미래 모습에 대한 토론의 계기가 되어야 한다고 생각합니다.

아베 담화를 보면서
일본 근대 인식의 딜레마를 생각한다

광복 70주년종전 70주년에 일본의 아베 총리가 '과거형 반성'이라고 하는 '희한한 사죄'를 해서 한국 국민, 중국 국민, 그리고 일본 시민사회의 비판을 받고 있습니다. 일본 외부로부터 비판받는 아베 식 '자폐형 역사 인식'의 근원이 무엇일까 생각해보게 됩니다. 왜 시원한 사죄를 못하는 것일까요?

아베를 너무 비판할 필요는 없다?

우리 사회에서는 일본의 아베적 인식과 언어에 대해서 많은 비판을 합니다. 그러나 생각해보면, 일본 아베의 전쟁 책임과 식민지 지배에 대한 사과에 너무 연연할 필요가 없지 않나 싶습니다. 저는 주위에 이런 이야기를 하곤 합니다. "너무 기대를 하지 말자. 전후 일본의 아시아에 대한 경제적 우위와 영향력을 생각할 때, 만일 일본이 전쟁 책임과 식민지 지배에 대해 시원하게 사죄를 하면 도덕적 우위까지 점하게 되어, 유럽에서 독일이 갖는 영향력과 유사한 정도의 영향력을 아시아에서 갖게 되니, 굳이 사과하라고 할 필요 없다. 일본의 그러한 자폐적 역사 인식의 한계가 오히려 '제2의 대동아공영권'적 영향력을 갖지 못하게 할 테니 말이다."

이번 아베의 담화에 대해서는, 1995년 무라야마 담화 등 역대 담화의 '침략, 식민 지배, 사죄, 반성' 등의 핵심 개념은 넣으면서도 아베 자신의 신념과 주변국의 비판 사이에서 '아슬아슬한 타협'을 했다는 식의 평가가 주류를 이루는 것 같습니다. 언급할 것은 다 언급하면서도 명시적 사죄가 없고 주체가 빠져 있으며, 미래적 비전과 다짐 속에서 해소를 하고 있다는 평가도 받고 있습니다.

위안부 문제에 대해서는 "전쟁 속에서 명예에 깊은 상처를 입은 여성들이 있다는 점을 잊지 말아야 한다"라는 모호한 화법으로 이야기를 하고, '침략, 식민 지배, 사죄, 반성'을 이야기하면서도 "일본에서 전후 태어난 세대가 지금 인구의 8할을 넘는다. 그 전쟁과 아무런 관계가 없는 우리 아이와 손자들 그리고 그 뒤 세대의 아이들에게 사죄를 계속해야 할 숙명을 지워서는 안 된다"라는 식으로 '이제 이 정도로 사과는 끝내자'고 말하는 듯합니다.

저는 신문에 나오는 아베 담화에 대한 비판적 분석만으로는 부족하다고 생각해서, 아베의 담화 전문을 읽어보았습니다. 전문을 읽으면서 떠올렸던 평소 생각을 적어보고자 합니다.

아베의 담화는 과거에 대해서는 미진한데, 미래에 대해서는 모두가 공감할 만한 이야기를 합니다. 미래의 발전 방향으로는 전쟁과 식민 지배에 대한 반대, 민족 자결의 보장, 분쟁에 대한 외교적·평화적 해결, 여성의 인권에 대한 존중, 세계적 수준에서의 '적극적 평화주의'를 언급하고 있습니다. 미래에 대한 수사적 표현에는 거의 이견이 없습니다. 그런데 왜 과거 인식에 대해서는 미진한 느낌이 들까요.

답답함의 근원 : 일본의 근대 역사 인식

우리가 답답하게 느끼는 점들을 근원적으로 이해하기 위해서는 일본의 우익 또는 일본인 다수의 근대 역사 인식의 복합성을 이해할 필요가 있습니다. 먼저 일본 근대 역사에서 일본의 우익들은 '서구 대 비서구', '서구 대 아시아'의 대립을 강조하는 인식 프레임을 가지고 있다는 점입니다.

사실 일본은 '서세동점西勢東漸'으로 제국주의적 지배를 확장하는 서구 열강의 식민지 지배에 맞서 자력으로 근대화를 달성하고 스스로가 제국주의의 반열에 오른 유일한 나라입니다. 이것이 바로 러일 전쟁을 승리로 보고 그것이 서구의 제국주의 열강에 대립하던 아시아·아프리카·라틴 아메리카의 민중에 영감을 주었다는 인식으로 나타나게 됩니다. 아베 담화 전문에는 "러일 전쟁이 식민지 지배 아래 있던 많은 아시아와 아프리카인들에게 용기를 줬다"라는 표현이 나옵니다. 이 점은 당시로서는 한쪽 측면의 진리를 담고 있다고 할 수 있습니다.

그런데 이후 일본은 스스로 제국주의 국가로 올라서서 아시아를 상대로 제국주의적 지배를 하는 나라가 되었습니다. 일본 우익의 시각에서 보면, 2차 대전은 제국주의의 지배하에서 아시아의 많은 나라와 민중들을 구해내고 아시아의 공영共榮 사회를 만들고자 했던 노력입니다. 이러한 인식은 또한 일본 제국주의화의 구조적 불가피성을 강조하는 것으로 나타나게 됩니다. 아베 담화 전문에 "세계공황이 일어나고 서국 국가들이 식민지 경제를 휩쓴 경제 블록화를 추진하자 일본 경제는 큰 타격을 입었습니다"라고 하는 표현이 나오며, 반성의 맥락에서도 2차 대전의 제국주의화를 "경제적 경색을 힘의 행사로 해결하고자 하는" 것으로 정당화하는 모습을 보입니다.

일본 내부적으로 보면, '서구 대 비서구', '제국주의 대 반제국주의'의 대립 프레임은, 일본의 군국주의자들이 일본 내부의 민족주의를 전유하고 심지어 일본의 좌파 일부를 '대동아공영권'의 열렬한 지지자로 전향시키는 인식론적 근거이기도 했습니다. 일본 우익이 국내에서 '헤게모니적 지위'를 계속 유지할 수 있었던 것도 이와 연관이 있습니다.

피해 의식의 이중성 : '나도 피해자다'

일본의 제국주의화에 대한 이런 인식은 2차 대전에서 일본의 '패전' 인식과 관련이 있습니다. 여기서 일본은 바로 서구 열강에 의해 패전한 나라가 됩니다. 일본 우익의 눈으로 볼 때, '평화헌법'은 패전으로 인해 강제된 것입니다. 다행히 전전의 지배 체제 정점에 있는 천황제는 스스로의 선방 善防으로 해체되지 않고 생존했습니다.

이러한 패전 인식은 자연히 2차 대전 자체에 대해서 스스로의 전쟁 책임이나 식민지 지배를 인정하면서도 2차 대전에 따른 희생의 측면들을 강조하는 것으로 나타나게 됩니다. 아베 담화 전문에는 "지난 대전에서는 300만여 명의 동포가 목숨을 잃었습니다. 조국의 앞날을 걱정하고 가족의 행복을 빌면서 전쟁터에서 산화한 분들, 종전 후 혹한의, 또는 작열하는 먼 이국땅에서 굶주림과 병으로 괴로워하다가 돌아가신 분들, 히로시마와 나가사키의 원폭 투하, 도쿄를 비롯한 각 도시의 폭격, 오키나와에서의 지상전 등으로 인해 수많은 시민들이 무참히도 희생되었습니다"라는 표현으로 나타나 있습니다.

그렇게 아베는 2차 대전에서 스스로의 전쟁 책임과 식민지 지배를 사죄하려고 하면서도 동시에 미국의 원폭 투하에 의한 희생을 말합니다. 바로 우리가 피해를 강조하는 그 행위 2차 대전, 전쟁, 식민지 지배에 대해서 가해와 피해의 이중성을 말하게 되는 것입니다. '피해'라고 할 때, 우리는 식민지 지배로 고통받은 한국 민중과 아시아 민중을 이야기하지만, 일본은 자신 역시 피해의 존재로 인식합니다. 일본의 우익과 아베가 야스쿠니 신사를 참배하면서 '한국의 현충원 참배'와 같은 의미를 부여하는 것도 이러한 이유 때문입니다.

바로 이러한 피해 의식의 이중성이 우리가 '시원한 사과'를 듣지 못하는 근원적인 인식론적 제약 지점이 됩니다. 민족주의와 제국주의의 결합, 패전을 바라보는 이중적 시각 등이 바로 그것들입니다. 그러한 인식이 일본 내부에서 다수파적·헤게모니적 지위를 가진 채로 유지되고 있습니다. 즉, 일본 사회에서 민족주의는 일본 근대의 제국주의화와 일체화되고 제국주의화를 민족주의적 정서로 정당화했기 때문에, 지금도 일본의 우익이 힘을 갖게 되는 것입니다.

이는 20세기 초반 서구 열강이 제국주의화하면서 노동자들의 애국주의를 전유해내는 과정과도 비슷합니다. 물론 아시아나 한국의 식민지 사회에서는 반제국주의와 민족주의가 결합하는 양상이 다릅니다. 예컨대 전후 한국에서 조국 근대화 세력이 민족주의를 전유하지만 반대로 1980년대 반독재 세력이 조국 근대화 세력을 독재로 규정하고 저항적 민족주의를 전유하게 되면서 민족주의의 대중성을 반분半分하게 되는 것과는 사뭇 다르지요.

저는 아베의 진정한 사과를 원하면서도 그것이 일본 내부의 인식론적 지형 때문에 어렵다는 것을 잘 알고 있습니다. 어떤 의미에서 일본의 근대 역사인식은 일종의 '인식론적 딜레마'에 빠져 있다고 할 수 있고, 이는 풀기에 대단히 어려운 주제입니다.

아베적 인식을 넘어서는 성찰적 인식의 필요성

우리가 아베의 인식을 비판하면서도, 비판해 마지않는 일본의 그 인식론적 딜레마를 넘어서는 성찰적 인식을 가질 수 있었으면 합니다.

우리 존재에 내재해 있는 '가해성加害性'을 타자의 속성으로만 돌리고 그것을 '본질'주의적으로 해소해버리면서, 우리 스스로의 가해성을 보지 못하는 이중성을 가지고 있는 것이 사실입니다. 일본의 재일교포 차별은 비판하면서도 우리 사회 내부의 소수자 차별에는 눈을 감는 것, 한국군 월남 참전의 긍정성만 보고 그것의 부정성, 예컨대 한국군의 베트남 '양민 학살'에 대해서는 눈을 감는 것, 서구 및 일본의 제국주의에 분노하면서도 이제 우리가 세계질서 속에서 가해자적 블록의 일부가 되는 것이 아닌가에 대한 인식은 전무한 것, '외부의 파시즘'에 분노하면서 '우리 안의 파시즘'에 대해서는 몰각 沒覺하는 경우 등 수도 없이 많습니다.

사실 이 문제는 철학적으로나 사상적으로 간단한 문제는 아니지요. 이는 적과 동지를 '본질'적으로 대립되는 것으로 설정해서 적의 모든 것은 비판하고 동지의 모든 것은 정당화하는 본질론적 인식 틀을 넘어설 것을 요구합니다.

예컨대 20세기 초반의 지형에서 자본주의제국주의와 사회주의의 본질적 대립을 떠올려보기 바랍니다. 그런데 20세기 말에 우리는 사민주의라고 하는 '상대적으로 개명된' 자본주의와, 반대로 '경찰국가로 전락한 타락한' 사회주의를 마주하게 되었습니다. 20세기 초반의 본질론적 차이가 전도된 모습으로 우리에게 다가온 것이지요. 서구의 패권적 지배자와, 그에 맞서 저항하는 자신과 같은 아시아적 지배자를 구분해서, 전자를 제국주의라고 명명하고 후자는 '대동아공영권' 건설로 정당화했던 그 인식론을 근원적으로 재검토해야 할 것입니다. 때로 우리는 최악과 차악의 사이를 가야 하는 경우도 많기 때문입니다.

정리하자면, 상대주의에 빠지지 않고 본질주의적으로 경도되지도 않으면서, 우리 존재 자체가 가해자이면서 피해자라는 점, 피억압자이면서도 억압자일 수 있다는 점, 그러한 존재의 이중성에 대한 성찰적 인식이 널리 확산되었으면 좋겠습니다. 광복 70주년에 저는 일본의 아베에 대한 비판적 목소리를 전하면서, 그렇다면 '우리의 아이들이 미래의 아베가 되지 않도록' 하는 새로운 교육은 무엇일까 고민하게 됩니다.

20150703

403일간 굴뚝에서 살아간다?

'사투형 고공농성' 앞에서

경북 구미 스타케미칼 해고 문제를 해결하기 위한 차광호 선생의 403일 간 굴뚝 농성에 대해, 홍세화 선생이 칼럼*으로 일갈했습니다. "이 땅의 정치와 사회는, 언론과 지식인은 차광호와 차광호들이 땅으로 내려오도록 작은 손 짓이라도 해야 하는 게 아닐까." 이 글을 보면서 뜨끔했습니다.

김진숙 선생의 309일에 이르는 한진중공업 크레인 고공 농성을 비롯해, 평택 쌍용차 공장, 조선해양, 생탁·택시 노동자들, 재능교육, 압구정 신현대아 파트 경비 노동자, 여수 기중기 노동자의 농성 등 헤아릴 수 없이 많은 목숨을 건 고공 농성들이 있어왔고 지금도 진행되고 있습니다. 2001년에서 2015년까지 총 108건의 4380일간 1389층을 오르는 고공 농성이 있었다는 보고도 있습니다. '사투死鬪형 고공 농성'이 우리 시대 대한민국의 중요한 투쟁 '양식'으로 자리 잡은 것 같습니다.

이를 바라보는 우리는 언제나 미안한 마음입니다. 자본주의, 시장경제, 기업경제의 '인간다움'은 노동자들이 자신의 처우 개선과 인간다운 삶을 위해 치러야 하는 희생과 고통의 양에 따라서 측정되는 것은 아닐까요. 이런 사투형 고공 농성의 존재야말로 '한국'의 자본주의, 시장경제, 기업경제의 일그러짐

---

* 홍세화, "'굴뚝 농부'가 된 노동자", 《한겨레》, 2015.7.2
  (http://www.hani.co.kr/arti/opinion/column/698586.html).

을 '탄핵'하는 것은 아닐까요. 이런 사투형 목소리가 공론의 장에 어떻게 해야 잘 반영될 수 있을까 우리 모두가 고민해야 하는 것은 아닐까요. 또 반영되지 않는 것이야말로, 우리 시대 공론장의 기울어짐을 반영하는 것은 아닐까요.

403일간 굴뚝에서 살아간다? 이 고공 농성을 감내하는 분들은 정말이지 '인간 능력의 한계'에 도전하게끔 내몰리고 있는 것 같습니다. 그런데도 "우린 모두 행복하게 살고 있지 않나 / 아, 우리의 땅 아, 우리의 나라 / 기름진 음식과 술이 넘치는 이 땅". 정태춘이 노래한 「아, 대한민국」의 가사가 떠올라서, 오늘은 우울하게 하루를 시작했습니다.

20150519

금남로에서 광주 정신을 생각하다*

수년 만에 5·18 전야제에 참여하는 행운을 누렸습니다. 학생 시절에 참여한 금남로의 전야제나 교수 시절의 그것과 사뭇 다른 느낌이었습니다. 광주·충청·세종시 교육감과 함께 전야제 내내 금남로의 열기에 취해 있었습니다. 많은 시민들이 알아보고 다가와서, "성원합니다, 힘내세요"라고 말해줬습니다. 광주에 대한 글을 쓸 때 "나는 광주의 아들입니다"라고 말하곤 했는데, 이번에는 광주에서 성원과 정기를 듬뿍 받아가는 느낌이 들었습니다.

전야제에서 광주 유가족과 세월호 유가족이 포용하는 장면을 보며, 마음이 뭉클해지는 것을 느꼈습니다. 참여한 모든 사람들이 노란색 천으로 '세월호'를 인양해 행사장 연단에 우뚝 매달아 세우는 것으로 전야제를 끝낼 때, 저는 장휘국 광주시교육감과 함께 연단에서 「광주 출정가」를 부르고 있었습니다.

금남로의 전야제 내내 저는 '광주는 우리에게 무엇인가' 하는 생각을 했습니다. 돌이켜보면 1980년대에 광주는 한국 민주주의의 회복을 위한 거대한 동력이었습니다. 아니, 한국 민주주의를 회복한다고 했을 때 그 회복의 내용 자체가 광주의 진상 규명이었고 광주를 '폭도의 도시'에서 '민주화의 성지'로 자리매김하는 것을 핵심으로 하고 있었습니다.

* "금남로에서 광주 정신을 생각하다", ≪광주일보≫, 2015.5.19
(http://www.kwangju.co.kr/read.php3?aid=1431961200550443131).

마침내 광주에 힘입어 한국의 민주주의가 형식적으로 회복된 이후, 광주는 또 다른 의미를 띠게 되었습니다. 한국 민주주의가 '후퇴'할 때, 그 후퇴를 막는 최후의 버팀목 역할을 하는 것이었습니다. 공안 정국으로, 때로는 탄핵으로 한국의 민주주의가 뒤뚱거릴 때, 광주는 변함없이 민주주의의 마지노선으로 존재했습니다.

이처럼 '회복'된 한국 민주주의의 후퇴를 막는 마지노선이 되어주었을 뿐 아니라 한국 민주주의의 '전진'을 추동하는 동력이 되었다는 데 광주의 또 다른 의미가 있습니다. 저에게 광주민주항쟁·광주민중항쟁으로 일컬어지는 광주는 '우리 사회의 비인간적인 기득권적 질서에 대한 좌절과 그 좌절 속에서 꿈틀대는 대안적 희망'을 의미합니다. 그 비인간적인 기득권 질서는 1980년대에는 전두환 독재 정권이었고, 지금은 강정으로, 쌍용으로, 용산으로, 비정규직의 아픔으로, 지역의 기득권 정치로, 그리고 세월호로 상징되는 것이 아닐까 싶습니다.

이 광주의 좌절과 대안적 희망이 다른 지역, 다양한 계층, 다양한 소수자들, 비루한 일상을 사는 수많은 작은 시민들의 절망 그리고 대안적 희망과 만날 때, 바로 그때 광주는 한국 민주주의를 '전진'시키는 거대한 동력으로 비상했습니다. '광주 5·18의 전국화'라고 하는 것이 바로 이런 것이었다고 저는 생각합니다.

저는 지금도 이 만남이 현재적인 것이 되기 위해서는, 광주가 광주 이외의 무수한 좌절과 희망의 표상이 되어야 한다고 생각합니다. 예컨대 광주가 토호들의 이해에 사로잡힌 많은 지자체들을 부끄럽게 할 때, 기득권 정치에 식상한 국민들의 대안적 정치의 산실이 될 때, 오로지 사익 일변도의 경제를 넘어 공유의 가치가 살아 있는 공동체적 지역 경제의 실험들이 진행될 때, 광주 이외의 무수한 아픔을 자기 문제로 끌어안고 함께 아파하는 따스한 친구로 느껴질 때, 광주는 다양한 주체들의 절망과 희망이 투사되는 기표가 될 수 있을 것입니다. 광주 정신이 있다면 바로 그러한 것이 아닐까요.

저는 금남로 바닥에 앉아, 다시금 광주가 한국 민주주의의 전진을 가능케 하는 동력으로 비상하기를 소망했습니다. 우리 모두는 도저히 넘어설 수 없을 것 같은 비인간적인 기성의 질서와 힘에 대해서 좌절을 느낍니다. 그런데 그 좌절 속에는 언제나 새로운 희망이 내재해 있습니다. 광주는 바로 좌절 속에서 대안적 희망을 현실화해온 거대한 운동이었습니다. 그런 점에서 광주 유가족과 세월호 유가족의 포옹은 이 시대 광주와 비非광주가 새로운 희망으로 만나는 것을 상징하지 않을까 하는 생각을 했습니다.

잔혹 동시와 잔혹한 현실
아동학대에 가까운 교육 현실을 생각하다

최근 이 아무개 양이 쓴 「학원 가기 싫은 날」이라는 시가 이른바 '잔혹 동시'라며 논란이 뜨겁습니다. 특히 "엄마를 씹어 먹어" 등의 시구가 문제가 되었지요. 출판사에서 그 동시가 담긴 『솔로 강아지』라는 책을 전량 폐기하기로 하면서 논란이 어느 정도 수그러드는 느낌입니다.

이른바 '잔혹 동시'와 관련된 논란을 보면서 참 많은 생각을 하게 됩니다. 저는 동시 그 자체에 대한 논란보다는 이 동시가 보여주고 있는, 또는 우리 아이들의 마음속에 비친 현실 그 자체를 우리가 직시해야 하지 않을까 생각합니다.

저는 평소 우리 아이들의 교육 현실이 거의 '아동학대' 또는 '청소년 학대' 수준이라는 말을 많이 합니다. 이미 정상이 되어버린 '비정상'의 현실을 다시 생각해보게 됩니다. 교육 현실을 바꾸기 위한 우리의 노력이 중단되어서는 안 되는 이유도 여기에 있습니다. 그런 점에서 이 동시는 우리 시대의 교육 현실에 대한 '징후적 독해'의 대본이 되어야 하지 않을까 싶습니다.

'잔혹 동시'는 사실 잔혹하지 않다는 시인 초등생과 평론가 반박 인터뷰

'잔혹 동시'를 쓴 초등생 이 모(10) 양이 "시는 시일 뿐인데 진짜로 받아들인 어른들이 많아 잔인하다고 하는 것 같다"는 심경을 밝혔다. 한 평론가는 "어른의 관점이 오히려 동심을 해칠 수 있다"는 의견을 피력했다. '아이는 순수해야 한다'는 고정관념이 '잔혹 동시' 논란을 키웠다는 일종의 반박인 셈이다.

'학원 가기 싫은 날' 등 30여 편의 시가 담긴 시집 '솔로 강아지'를 펴낸 이 양은 중앙일보와의 인터뷰에서 "어린이들이 어른들보다 더 무서운 생각을 하면 안 되는 건 아니지 않으냐"며 "그런 생각을 할 수도 있고, 시는 시일 뿐인데 진짜라고 받아들인 어른들이 많아 잔인하다고 하는 것 같다"고 말했다.

'엄마를 씹어 먹어' 등 시구가 문제가 된 '학원 가기 싫은 날'은 이 양이 시집에 꼭 실어달라고 한 시였다.

이 양은 출판사 측이 시집을 전량 폐기하기로 한 것에 대해 "처음에는 좀 그랬지만 지금은 괜찮다. 앞으로도 계속 시를 쓸지는 잘 모르겠다"고 말했다고 중앙일보는 전했다.

이 양의 엄마는 시인이다. 오빠도 이전에 시집을 냈다.

아이는 순수하고 예쁜 생각만 해야 한다는 편견을 지적하는 목소리도 나왔다.
문학평론가 이재복 교수는 본보와의 인터뷰에서 "동시가 '어린이다운' 관점에서 순수하고 아름다운 세상을 그려야 한다는 어른들의 고정관념이 이 양의 남다른 감성과 충돌한 것"이라며 "어른의 관점으로 아이의 표현을 제한하는 게 오히려 동심을 해치는 건 아닌지 생각해봐야 한다"고 말했다.

진중권 교수는 트위터에 "'어린이는 천사 같은 마음을 갖고 있다'고 믿는 어른들의 심성에는 그 시가 심하게 거슬릴 것"이라며 "그런 분들을 위해 시집에서 그 시만 뺀다면, 수록된 나머지 시들은 내용이나 형식의 측면에서 매우 독특하여 널리 권할 만하다"고 평가했다.

일각에서는 잔혹 동시에 대한 '인민재판급' 비판이 지나쳤다는 자성도 나오고 있다.

그러나 동시집으로 출판한 것에 대한 생각은 이전과 달라지지 않았다.

한 네티즌은 "'애가 애다워야지'와 같은 비판 댓글엔 저도 공감하지 않지만 이걸 출판한 것 자체는 문제라고 본다"며 "독자층을 성인으로 잡았으면 몰라도 일반적인 초등생에게 이걸 읽히는 건 말도 안 된다"고 지적했다.

또 다른 네티즌은 "동시는 무조건 순수하고 아름다워야 한다는 편견이나 고정관념은 없지만 이 동시가 주 독자층을 어린이로 한정 짓고 동시라는 이름으로 출간된 거라면 한 번쯤 지금의 이 혼란을 예견해보지 않았을까"라고 꼬집었다.

이 양의 시집 '솔로 강아지'는 지난 4일 출판사 및 저작권자의 요청으로 전량 공급 중단됐다.

신은정 기자 sej@kmib.co.kr
≪국민일보≫, 2015.5.11 (http://news.kmib.co.kr/article/view.asp?arcid=0009430082&code=61121111&cp=nv).

20150131

김정은의 시선으로 세상을 본다?

주말에 신문을 보다 보니, 남북 관계 개선 또는 적극적인 대북 외교를 위해 '김정은의 시각'에서 현 남북 관계, 북한 내부 상황, 대미 관계 등 글로벌 정체, 그 역사적 흐름들을 분석한 기사*가 눈에 띄네요. 참 상상력이 대단하다는 생각이 듭니다.

기사의 내용도 흥미로워서 단숨에 읽어보았는데, 저는 내용보다도 그러한 시각과 시선을 가진 기자가 대단하다는 생각을 했습니다. 북한이 우리 사회 속에서는 '악마'화되어 있기 때문에, 북한의 시선으로 상황을 본다는 것 자체가 조심스럽게 느껴지니까요.

사실 한 사회 내부에서 경쟁·갈등하는 집단이 있을 때 한 집단의 인식 능력을 확장하려면, 내부자의 시각에서만이 아니라 외부자의 시각 또는 적대자의 시각에서 볼 수 있는 능력이 대단히 중요해집니다. 그렇게 되면 외부자의 시각까지 내부에 갖게 되고, 그만큼 상황을 폭넓게 보게 되고, 선택하는 전략의 폭도 넓어지게 되겠지요. 소위 전쟁 중에 서로 물밑에서 협상할 수 있는 것도 그럴 때 가능할 것이고요. '지피지기 백전백승'이라고 할 때 '지피'라고 이해해도 좋겠습니다.

이러한 태도는 국가 간의 관계뿐만 아니라, 집단 간의 관계, 집단 내에서

---

* 이제훈 기자, "김정은의 핵실험이 '무모한 장난'이 아닌 이유", 《한겨레》, 2016.1.29
(http://www.hani.co.kr/arti/politics/defense/728575.html).

개인과의 관계 등 모든 차원의 갈등 관계에 서 있는 개인이나 집단에 적용될 수 있습니다. 탄압받는 집단과 탄압하는 집단 간의 관계에도 적용되고요. 운동단체와 정부 간의 관계, 국가와 시민사회의 관계에도 적용됩니다.

더구나 현대적인 지식의 흐름에서 볼 때 개별 집단 주체 또는 개인 주체들이 다수자이자 소수자의 성격을 갖고, 지배적 존재이면서 동시에 피지배적 존재의 성격을 갖는 점을 전제로 하면 예를 들어 우리 사회의 빈곤층이 이주 노동자에 대해 갖는 성격, 이런 '타자의 시각 시선'을 자기 안에 갖는 능력은 대단히 중요합니다.

신영복 선생님의 어록 중에 '북극을 가리키는 지남철'에 관한 내용이 있습니다. 제가 매우 좋아하는 글귀입니다. 거기에서 말하는 '불안한 전율' 또는 '불안스러워 보이는 전율'이 바로 이런 것이 아닐까 싶습니다.

북극을 가리키는 지남철은 무엇이 두려운지
항상 그 바늘 끝을 떨고 있다.
여윈 바늘 끝이 떨고 있는 한 그 지남철은
자기에게 지니워진 사명을 완수하려는 의사를
잊지 않고 있음이 분명하며
바늘이 가리키는 방향을 믿어도 좋다.
만일 그 바늘 끝이 불안스러워 보이는 전율을 멈추고
어느 한쪽에 고정될 때
우리는 그것을 버려야 한다.
이미 지남철이 아니기 때문이다.

공공적 마인드와 품격을 생각하다
'땅콩 회항'과 '압구정 아파트 경비원 폭행' 사건을 바라보며

조현아 대한항공 부사장의 '땅콩 회항 사건'이 일어난 지 며칠 후 또 하나의 씁쓸한 기사*를 봤습니다. 지난 10월 7일에 경비원 이 모 씨53세가 주민들의 폭언 등에 시달리다 분신자살을 시도했던 이 씨는 병원에서 치료를 받다가 한 달 만에 숨졌습니다 강남구 압구정동 S아파트에서 이번에는 입주민이 경비원을 폭행하는 사건이 발생했습니다.

10일 20대 남성 A 씨는 아파트 정문 경비원 이 모 씨56세를 상가로 불러낸 후, "왜 불쾌하게 쳐다보느냐" 하고 따지기 시작했습니다. 이 씨가 그런 적이 없다고 대답하자 A 씨는 주먹을 휘둘렀고, 다른 주민들이 아파트 관리사무소에 신고한 뒤에야 멈췄다고 합니다. 코뼈가 주저앉아 치료를 받은 이 씨는 경찰에 폭행 사실을 신고했지만, A 씨 가족들이 거듭 사과하자 처벌을 원치 않는다며 합의했다고 합니다.

같은 아파트에서 반복된 상류층 입주민의 행태를 보면서 우리 사회 상류층의 품격이라는 것을 생각해보게 됩니다. 우리 사회는 지난 수십 년 동안 압축적 성장을 달성했지만, 압축적 '성숙'은 달성하지 못했습니다. 그래서 상류층의 '노블레스 오블리주'를 찾아볼 수 없고, 사익 추구적 우월 의식만 있지 공

* "경비원 분신 압구정 S아파트 이번엔 경비원 폭행", 《중앙일보》, 2014.12.12
(http://news.joins.com/article/16677991).

동체적 의식은 취약하며, 공공적 마인드가 부족합니다.

　이는 상류층뿐만 아니라 우리 사회의 일반적 현상이라고 지적할 수도 있을 것입니다. 자신의 이익과 이해를 옹호하고 추구하는 데에는 민감하지만, 사회·이웃·공동체를 생각하는 품격 있는 공공적 시민으로서는 여전히 부족합니다. 시민성 citizenship 은 국가와 사회에 대한 개인의 권리만을 의미하는 것이 아니라, 국가와 사회에 대한 책무성을 의미하는 것이기도 하다고 생각합니다.

교육감 직선제 폐지 시도에 반대한다

지방자치발전위원회가 2014년 12월 8일 지방자치발전종합계획을 발표했습니다.* 서울과 6대 광역시 기초의회를 없애고, 서울을 뺀 나머지 광역시의 구청장·군수는 주민 직선 대신에 임명제로 전환하는 방안을 제시했습니다. 또 2018년까지 기초단체장과 기초의원 선거의 정당 공천 제도를 폐지하는 방안을 추진하기로 했습니다. 서울과 6대 광역시의 기초의회를 없애겠다는 것부터 많은 문제가 있다고 생각합니다. 여기에는 '교육감 선출 방식 재검토', 즉 교육감 직선제 폐지도 포함되어 있습니다.

지방자치발전위원회가 지방자치발전종합계획에서 "교육감 선출 방식을 개선하되, 교육의 자주성·전문성·정치적 중립성 확보 강화와 병행 추진하겠다"라고 발표했다고 합니다. '교육의 자주성·전문성·정치적 중립성'의 보장은 헌법적 가치로, 국가와 지방교육자치단체를 비롯해 교육과 관련된 모든 부분에서 지켜져야 할 중대한 가치입니다.

그러나 지방자치발전위원회가 이런 원칙하에 어떤 구체적 대안을 제시하고 있는지는 발표 내용만으로는 알 수 없고, '선출 방식 개선'이 만약 '교육감 직선제 폐지'를 뜻하는 것이라면 그 대안이 무엇인지도 제시되어 있지 않습니다. 그뿐만 아니라 "교육의 자주성·전문성·정치적 중립성 보장, 인사 및 재

---

* "주민자치에 역행하는 지방자치 개편안", 《한겨레》, 2014.12.9
  (http://www.hani.co.kr/arti/opinion/editorial/668223.html).

정권의 자율성 부여"를 종합계획의 기본 방향으로 제시하면서도, 한편으로는 "헌법과 관련 법률의 입법 취지에 부합하도록 교육감 선출 방식 채택"이라는 모호한 개선안을 내놔 혼란만 부추기고 있다는 이야기도 나옵니다.

다만, 교육감 후보의 교육 관련 경력 요건을 3년에서 5년 이상으로 강화하고 정당 가입 제한 기간을 1년에서 3년 이상으로 늘린 것은 교육의 전문성과 정치적 중립성을 강화하는 바람직한 방향이라고 생각합니다.

만일 지방자치발전위원회의 이번 종합계획이 교육감 직선제 폐지를 위한 사전 작업이라면 이는 교육의 정치적 중립과 자주성을 훼손해 교육 자치의 근간을 흔들려는 조치로 평가될 것입니다. 교육감을 시도지사가 임명하는 것은 사실 정당이 임명하는 것과 다를 바 없다고 생각합니다. 이 경우 교육감은 시도지사에 종속된 교육국장의 역할 이상을 하기 어려워, 실제로 교육 자치를 책임질 독립된 교육감직이 없어지는 것이나 마찬가지입니다.

2007년부터 시작된 교육감 직선제는 이제 겨우 국민에게 교육에 대한 기대와 그것을 구현할 교육감을 선택하는 기회로 인식되어가고 있습니다. 교육 자치의 상징이며 실제 가장 기본적인 토대 역할을 하는 것이 교육감 직선제일 것입니다. 정책적 가치에 대한 다양한 의견이 존재하더라도 직선 교육감이 불러온 교육 현장의 바람직한 변화와 혁신의 성과 또한 분명하다는 사실을 기억해야 합니다.

이에 직선제는 정치적이고 이념 갈등을 일으킨다는 매우 '정치적'인 논리를 앞세워 여론을 호도하는 것은 매우 우려스러운 일이 아닐 수 없습니다. 직선제 폐지는 교육감 선거가 간선제를 거쳐 직선제로 확대되어온 지난 역사를 부정하는 것으로, 국민의 직접적 참여를 봉쇄하고 국민의 권리를 제한하는 일이 될 것입니다.

무상복지에 대해
여야가 통 크게 합의하길 희망합니다
복지의 '비가역성'을 생각하면서

여권 또는 보수 진영이 주도해서 무상복지의 새 영역을 연 것이 누리과정과 초등돌봄입니다. 저는 이 두 가지가 다 잘한 일이라고 생각합니다. 단지 재정이 문제가 됩니다.

일각에서는 재정 위기를 이유로 무상복지를 축소하자고 이야기합니다. 야권 성향의 언론은 누리과정을 문제 삼고, 여권 성향의 언론은 무상급식을 문제 삼습니다.

저는 이제 이러한 소비적인 논쟁을 넘어서서, 정치권이 이 두 가지 모두를 국민의 선택으로 겸허히 받아들이고, 국가 재정을 통해서 이 문제를 적극적으로 해결해가기를 바랍니다.

큰 집에 살아보면, 예전에 살던 작은 집으로 돌아가기 어려워집니다. 큰 차를 타면 예전에 타던 작은 차로 돌아가기 어려워집니다. 큰 집과 큰 차를 선양하는 게 아니라 인지상정이 그렇다는 뜻입니다. 그래서 복지 정책은 일종의 비가역적 성질이 있습니다.

복지의 비가역성非可逆性이란, 한번 시행되면 돌려놓거나 취소하기가 어렵다는 의미입니다. 선거 때는 표를 의식해서 복지 공약을 남발했다가 이를 나중에 다 취소한다면, 우리 사회의 정치 불신은 더욱 깊어만 갈 것입니다.

怒 | 성낼 로

150

이제 우리 사회가 통 크게 합의하면 좋겠습니다. 이미 재정이 위기를 맞고 있다는 것은 모두가 느끼고 있습니다. 그래서 보수 진영이 평가하고 있는 것처럼, 앞으로는 무상복지의 확대에 대해 국민들이 매우 신중하게 판단할 것입니다.

그러나 이미 시행 중인 복지를 축소하는 것은 바람직하지 않습니다. 이미 보편 복지의 영역에 들어간 내용을 후퇴시키는 것은 우리 사회가 가야 할 방향을 어지럽히는 결과를 낳을 것입니다.

오히려 여야가 통 크게 합의하고, 국민의 이해를 구하면서 국가 재정을 통해 이 문제를 해결하는 게 좋겠습니다. 여야가 이 점에 합의한다면, 일정한 한도 내 '증세'에 관해서도 국민들이 동의할 것입니다.

이것이 진정한 의미에서 선진국으로 가는 길이 아닐까 생각합니다.

다이내믹 코리아?
젊은이들의 역동성을
죽이는 사회

젊은이들이 아버지보다 더 나은 미래를 꿈꿀 수 없는 사회는 문제가 있는 사회입니다. 우리 사회에 바로 이런 경향이 나타나고 있습니다.

특히 좋은 부모를 만나지 못한 젊은이들은 역동적인 삶을 꿈꾸기도 어렵습니다. 어려운 상황에서도 자수성가한 사람들의 미담이 언론에 가끔 나타나지만, 점점 미담은 말 그대로 미담일 뿐인 사회로 가고 있습니다.

돌이켜보면 우리 사회의 '성공'적인 고도성장도 간단한 원리로 설명할 수 있습니다. 모든 국민이 역동적으로 경제적 활동을 할 수 있었고, 그러한 사회적 분위기와 기운이 있었으며, 정부 시책도 그러했기 때문입니다.

산업화에 이어진 민주화도 마찬가지입니다. 좋은 정치와 좋은 민주주의를 소망하고 그것을 성취하기 위한 '정치적 역동성'이 분출했습니다.

그러나 이러한 경제적·정치적 역동성 dynamism이 죽어가고 있습니다. 우리 사회의 커져가는 사회적·경제적 불평등과 교육 불평등이 많은 젊은이들의 역동성을 죽이고 있습니다.

국가 홍보용으로는 '역동적 한국 Dynamic Korea'이라는 구호가 요란하게 울려 퍼지지만, 실제로는 많은 아시아 국가들이 부러워하던 우리 사회의 경제적·정치적 역동성이 죽어가고 있다는 것입니다.

정치적·경제적 역동성이 살아 있을 수 있었던 데에는 교육이 중요하게
작동했습니다. 그러나 커져가는 교육 불평등은 더 나은 사회, 더 나은 정치
적·경제적 상태를 향한 젊은이들의 역동성을 현저히 약화하고 있습니다. 이런
점에서도 교육 불평등에 대한 강력한 대책이 필요합니다. 저는 여전히 '교육이
희망이 되는 사회'의 꿈을 포기하고 싶지 않습니다.

20140814

학생을 '교복 입은 시민'으로, 군인을 '군복 입은 시민'으로 대우하기

GOP 총기 난사 사고와 윤 일병 구타 사망 사건, 그리고 병사 두 명의 '동반 자살'로 인해 병영 문화 이슈가 가장 뜨거운 현안이 되고 있습니다. 저는 이 문제가 교육과 무관하지 않다고 생각합니다.

제 세대보다 현재의 군대가 훨씬 편해졌음에도 폭력 사건이 많이 터지는 이유는, 갈수록 축소·은폐가 힘들어진다는 외적 이유도 분명히 존재하겠지만, 본질적으로는 군대 가는 젊은이들이 예전과 질적으로 달라졌기 때문일 것입니다. 단순히 '아이들이 약해졌다'는 뜻이 아닙니다.

제 학창 시절에는 '왕따', '일진' 등의 개념이 아예 없었습니다. 그러나 요즘 아이들은 성적으로 줄 세우고, 아버지의 직업이나 아파트 평수로 서열을 만드는 세태에 멍들어 학창 시절을 보냅니다. 오로지 무한 경쟁을 통해 남을 밟고 올라서거나 도태당하거나, 둘 사이에서 선택을 강요당하기 때문에 배려심을 배우지 못하고 자랍니다. 게다가 영상, 게임, 스마트폰 등의 디지털 미디어가 발달할수록 아이들은 더욱 정서적 유대감을 기르지 못하고 고립된 채 자라납니다.

보도*를 보니 현역병 네 명 중 한 명이 이른바 '관심 병사'라는 내용도 있

---

* "현역병 4명 중 1명은 '관심병사'… 모병제 의견 '솔솔'", JTBC, 2014.8.13
(http://news.jtbc.joins.com/html/345/NB10553345.html).

습니다. 이렇게 많은 우리 청년들이 이른바 '관심 병사'라는 건, 이 문제가 단순히 군대의 문제인 것만이 아니라 우리 사회의 구조 문제와 무관하지 않음을 보여준다고 생각합니다.

그리고 무한 경쟁만을 가리키는 교육이 이 문제에서 결코 자유로울 수 없다고 생각합니다. 이런 점에서 약자를 존중하고 타인을 배려하는 교육이 학창 시절에서부터 이루어져야 합니다.

다음으로 병영 문화 자체의 혁신이 필요합니다. 서울시교육청에서는 현재 '교복 입은 시민' 정책을 강력히 추진하고 있습니다. 학생을 시민으로 대우하고, 시민으로서의 주체적 자기 결정 능력을 키워주는 교육을 지향하는 것입니다. 1980년대 이후 한국 사회에 민주화의 물결이 확산되면서 이전 권위주의하에서는 불가능했던 시민적 권리들이 보장되게 되었습니다. 국가적 목표에 통합되어서 국가적 전사 또는 산업 전사로 존재하던 '국민'은 이제 '시민'으로 전환되었습니다.

여기서 말하는 시민적 권리는 두 가지 의미를 포함합니다.

첫째는 권위주의 권력에 의해 보장되지 않았던 시민적·정치적·사회적·문화적 권리를 폭넓게 보장하는 것입니다.

둘째는 '직선제'의 부활에서 볼 수 있듯이, 모든 국민들이 자기 삶의 중요한 문제들을 스스로 결정하는 권력과 권한을 갖게 되는 것입니다. '직선제'를 포함한 선거는 국민이 자기 삶의 문제를 스스로 뽑은 대표자를 통해서 결정하는 권한을 갖게 되었음을 의미합니다.

그런데 우리 사회에서 이러한 시민적 권리 주체로 인정받지 못하는 두 집단이 존재합니다.

하나는 군인이고 다른 하나는 학생입니다. 윤 일병 사건을 보면서 군인들의 인권을 존중하고 그들을 시민으로 대우하는 병영 문화의 전환이 필요함을 절감하게 됩니다.

저는 특강할 때마다 "우리 사회에서 시민적 권리와 권한 권력을 인정받지 못하고 있는 두 집단이 있습니다. 하나는 학생이고 다른 하나는 군인입니다. 우리 사회가 학생을 '교복 입은 시민'으로, 군인을 '군복 입은 시민'으로 대우하게 될 때, 우리 사회는 진정한 민주시민사회가 될 겁니다"라고 말하곤 합니다. 군인은 어떤 의미에서 학생보다 더 시민적 주체로 인정받지 못합니다. 이제 병영 문화의 혁신은 바로 이러한 인식 전환에서 출발해야 합니다.

3

哀
슬플 애

**함께 이해하고 함께 아파하는
교육의 무게**

우리를 진정으로
슬프게 하는 것들

...

우리를 슬프게 하는 것들이 있다.

독일 작가 안톤 슈나크는 숱한 세월이 흐른 후에 문득 발견된 돌아가신 아버지의 편지, 동물원의 우리 안에 갇혀 초조하게 서성이는 한 마리 범의 모습, 이미 베여 없어지고 만 아카시아 숲, 세 번째 줄에서 떨어진 어릿광대 같은 것들이 우리를 슬프게 한다고 꼽았다. 슈나크의 수필은 언제 읽어도 우리 마음을 잔잔하게 만들어주는 아름다운 글이다.

슬픔은 우리의 마음을 어루만져주고 씻어주고 승화시켜주는 기능을 한다. 실컷 울고 나면 딱딱했던 우리의 마음도 조금은 더 부드러워져서 날카롭고 뾰족한 것들을 좀 더 잘 포용할 수 있게 된다. 실컷 울고 나면 세상을 보는 우리의 시점도 조금은 낮아져서 더 너그러운 시선으로 세상을 바라보게 된다. 생명은 어릴수록 부드럽고 해묵을수록 딱딱해진다. 사람의 마음도 그런 듯하다. 슬픔은 딱딱해져가는 우리의 마음을 부드럽게 적셔주는 정서이다.

우리도 일상 속에서 그와 같은 슬픔을 매일 만난다. 심지어 어떤 슬픔은 우리를 미소 짓게 만들기도 한다. 달리다가 결승점에서 넘어진 아이, 오디션 프로그램에 나갔다가 떨어져서 울음을 터뜨린 아이, 무대 위에서 대사를 까맣게 잊어버린 아이, 페널티킥을 실축한 아이, 시험 전날 잠을 못 이뤄 시험을 망쳐버린 아이, 밤새 만든 발표 자료를 집에 두고 등

···

교한 아이, 새로 산 옷에 짙은 음식 국물을 흘린 아이…… 이런 아이들의 슬픔에 공감하며 우리는 때로 미소를 짓기도 한다. 그런 작은 좌절이나 작은 슬픔이 아이들을 더욱 단단하게 성장시킬 것이기 때문이다.

그런데 우리를 슬프게 하는 것이 이런 서정적인 풍경들에 그친다면, 나는 차라리 행복하다고 얘기하겠다. 우리를 슬프게 하는 것들은 이런 데에 그치지 않는다. 현실은 훨씬 매섭고 참혹하다.

세월호 참사로 아이를 잃은 부모의 울부짖음, 물대포 직격탄에 맞아 사경을 헤매는 농부 이야기, 싸늘한 주검으로 발견된 미취학 아동, 부모에게도 속마음을 털어놓지 않고 고층 아파트 아래로 몸을 던진 아이, N포세대라는 청년들의 자조 섞인 한탄…… 우리를 슬프게 하는 지금 여기 우리 사회의 풍경은 서정적 슬픔에 젖게 만드는 게 아니라, 가슴이 찢어질 듯한 비통을 안겨준다. 이런 슬픔에는 우리가 사는 세상을 어떻게 이렇게 방치해둘 수 있느냐는 비탄과 회한과 분노가 섞여 있다.

우리를 더욱 슬프게 만드는 것은 슬픔의 정서에 '분단(分斷)'이 있다는 사실이다. 자식을 잃고 비탄에 빠진 부모들의 고통에 공감하기는커녕 되레 조롱의 대상으로 삼는 이들도 있다. 세월호 진상 규명을 요구하며 단식하는 이들의 농성장 앞에서 햄버거를 먹으며 인증샷을 올리는 이들도 있다. 광주 5·18 희생자들의 관 앞에서 통곡하는 유가족 사진에 "택배 왔다"라는 조롱을 붙이는 이들도 있다.

나는 때로는 남북한의 '분단'이라는 개념을 조금 특이하게 해석해보기도 한다. 남북한 간의 분단을 좀 더 일반적인 관점에서 보자면, 어느 사회에나 특정한 분할선에 의해 주어지는 경계를 따라서 분단이 존재하게 된다. 분단은 사회적 분할선(남과 북, 여성과 남성, 장애인과 비장애인, 수니파와 시아파, 호남과 영남 등)을 경계로 하는 갈등이 '적대적'인 상태에 놓여 있고, 분할선을 경계로 하는 공동체의 성원들이 이러한 적대적 관계를 적대적 의식의 형태로 가지고 있는 경우라고 할 수 있다. '적대적 관계로 고착화되어 있는 사회적 분할선'이 분단으로 이어진다.

···

정태춘은 "38선은 우리 마음에 있다"라고 노래했다. 나는 이 통찰을 "분단선은 우리 마음에 있다"라고 확장해보고 싶다. 우리 사회를 이리저리 나누는 분단선에 대해 생각할 때마다 탄식을 감추기 어렵다. 도대체 어떻게 우리 사회의 정서가 이 지경까지 분단될 수 있단 말인가.

공감하는 능력을 잃은 사회는 자정력도 떨어진다. 한 가지 사태를 두고 정반대로 느끼고 생각한다면 그만큼 공동의 여론과 공동의 지향점을 모색하기가 어려울 것이기 때문이다. 한 사회의 공감 능력 정도는 그 사회가 얼마나 살 만한 사회인지를 평가하는 척도가 될 수도 있을 것이다.

과거 군국주의 시대의 일본군은 이른바 '군인 정신'을 주입하기 위해 일본도로 포로를 살상하도록 강요했다고 한다. 다른 사람의 생명을 앗아가는 잔인한 일을 반복하면서 군인들은 점점 타인의 고통에 공감하는 능력을 상실한 살인 기계로 변해간다. 그처럼 오늘날 우리 사회의 일부에서 공감 능력을 말살하도록 강요하는 고약한 유행병이 도는 듯하다. 여성 폄하나 특정 지역에 대한 차별 발언을 과시적으로 한다거나 욕설과 거친 표현이 담긴 댓글을 다는 걸 자랑스럽게 여기는 마초적 심리는 스스로 공감 능력을 말살해가는 무서운 병이다. 이들은 군국주의 시대의 일본 군인처럼 눈물이나 공감 같은 것을 수치로 여길 것이다.

그러나 남성이건 여성이건, 타인의 고통에 공감하고 눈물 흘릴 줄 아는 것은 인간 됨의 가장 기본적인 조건이다. "남자는 태어나서 세 번 눈물을 흘린다"라는 식의 얘기는 이제 휴지통에 내다 버려야 한다. 남성이라고 해서 눈물 흘리는 것을 부끄러워할 일이 전혀 아니다. 눈물을 흘리는 것은 타인에게 공감하는 능력과 감수성을 그만큼 풍부하게 지녔음을 보여주는 것이기 때문이다.

나는 아들만 둘이 있다. 아버지와 아들의 관계는 종종 '소 닭 보듯' 하는 관계라고도 한다. 우리의 가부장적 문화가 아버지와 아들의 관계를 아버지와 딸의 관계와는 다른 관계로 구조화한다. 그래서 나는 종종 모든 인간이 '양성(兩性)적 인간'이 되면 좋겠다는 생각

···

을 한다. 남성도 남성성을 한 70퍼센트쯤 갖고, 여성성을 한 30퍼센트쯤 갖는 식이 되면 좋겠다. 통상 가부장적 문화 속에서 '남자는 태어나서 세 번만 눈물을 흘릴' 것을 요구받고, 가능하면 무덤덤하고 감정적으로 섬세하지 않을 것을 요구받는다. 반면에 여성은 표현적이고 정서적이며 부드러운 감성을 요구받는다. 물론 이전에 비하면 성역할을 고착화하는 사고가 많이 변하고 있긴 하지만, 더 획기적인 변화가 필요하다.

남성의 가장 고유한 활동 영역이라고 할 수 있는 전쟁에서조차 고정된 성역할 관념의 변화 조짐이 보인다. (남녀의 역할 자체가 필요 없도록 전쟁이 사라져야 함은 물론이다.) 이전의 전쟁은 남성의 근육질적 특성(mascularity)을 필요로 했지만, 지금은 그게 절대적 중요성을 지니지 못한다. 현대전은 과거와 같은 '육탄전'보다는 훨씬 정교한 기술적 무기를 가지고 싸우게 되었기 때문에, 어떤 의미에서는 미세하고 섬세한 공감 능력과 공감적 감수성을 필요로 한다. 남성성이 우월함의 상징이던 시대는 이미 지나가고 있는 것이다. 남성성과 여성성의 관계는 근본적인 변화를 겪고 있다.

나는 타인에게 공감하는 능력이 우리 아이들이 길러가야 할 인성에서 가장 중요한 덕목 가운데 하나라고 생각한다. 공감하는 능력을 잃은 사회는 무섭다. 함께 울고 함께 웃을 수 있는 사회는 어떤 위기나 고통이 닥치더라도 함께 극복하고 이겨낼 수 있다 (2015년 12월 19일 국회에서 인성교육진흥법이 통과되었다. 나는 '서울형 인성 교육'의 방향을 협력적 인성과 공감적 인성으로 정식화하고 있다).

그리하여, 우리를 슬프게 하는 것들에 대해 다시 생각해본다. 슈나크가 열거했던 서정적인 슬픔들은 사실은 우리의 정서를 단련시키고 건강하게 만드는 환경들이다. 이런 서정적인 슬픔에 공감하지 못하게 만드는, 세대 간 단절된 공감대, 마초적인 과시성 낙서들, 인터넷을 메우고 있는 위협적인 표현들, 공감과 눈물을 부끄러워하는 기이한 유행, 이런 것들이 진정 우리를 슬프게 만드는 게 아닐까 싶다.

시민과 노동자의
아름다운 연대가 지속되기를!
'사회적파업연대기금' 5주년을 축하하면서

어제 사회적파업연대기금 5주년 행사에 다녀왔습니다. 사회적파업연대기금이 무엇인지 잘 모르시는 분들이 많을 것 같습니다. 그런 분들에게는 '파업을 돕는 불순한 돈인가?' 하는 식으로 오해를 받을 수도 있겠지만, 그렇지 않습니다.

예를 들어 설명을 드리자면, 사회적파업연대기금은 부당해고를 당해 생계가 막막한 상태에서 회사를 상대로 외로운 싸움을 벌이고 있는 사람들에게 생명줄과 같은 기금입니다. 간단히 말해 '최소한의 인간적 생계 비용'이라고 할 수 있습니다. 어려운 조건에서 파업을 하는 노동자들이 바로 나 자신이자 내 부모, 형제, 친구라는 생각에서 시작해 그들의 아픔에 공감하는 많은 사람들이 사회적파업연대기금에 참여하고 있습니다. 한국과 같이 노동권이 충분히 보장되지 못한 조건에서, '사회적 연대'의 정신을 살린 사회적파업연대기금이 이처럼 5년 동안이나 지속되고 있다는 사실은 충분히 놀라울 만한 일이라고 생각합니다. 제가 평소 서울교육에서 강조하는 상생과 공존의 정신이 아직은 우리 사회에 오롯이 살아 있는 것 같아 기쁘고, 또 한편으로는 우리 사회제도가 좀 더 노동을 존중하고 약자의 편에 서는 방향으로 가기를 바라는 마음입니다.

민교협 민주화를 위한 전국교수협의회에서 제가 대표로 활동할 때 노동위원장으로서 각종 노동 현안을 분석하고 다양한 노동조합운동의 지원 사업을 총괄하며 많은 고생을 했던 권영숙 선생님이 사회적파업연대기금의 대표가 되어 창립부터 현재까지 위대한 일을 해왔다고 생각합니다. 권 선생님은 강한 이론적·정치적 입장을 가지고 있고 또 조금 '까칠'하지만, 영국의 대처는 저리 가라 할 정도로 강한 열정과 리더십으로 '사파기금' 운동을 이끌어왔습니다 물론 대처가 신자유주의의 화신이라면, 권 선생님은 반신자유주의의 전사입니다. 2만 2000명 비정규직의 '사용자'로서 파업의 대상이 되는 교육감이 기념식에 참여하는 것이 부자연스러울 수도 있지만, 권영숙 선생님을 비롯해 어려운 일을 하는 분들과 일상적으로 함께하지는 못하기 때문에, 1년마다 열리는 기념식에 얼굴 내미는 것으로 미안함을 달래곤 합니다.

마침 어제 기념식에서 저에게도 발언 기회를 주셔서 이런 말씀을 드렸습니다.

"교육청에도 비정규직 문제로 어려움이 있지만, 누리과정 등으로 인한 예산 제약 때문에 기대만큼 잘하지 못하고 있어서 이 자리에 설 자격이 있는지 모르겠습니다. 5주년을 맞아 사회적파업연대기금 '시즌 2'를 열기를 바랍니다. 그를 위해서 몇 가지 간단하게 그동안 권영숙 선생님과 나누었던 이야기를 공유하고자 합니다.

먼저 사회적파업연대기금은 기업노조나 산별노조가 스스로의 파업을 지키기 위해서 파업 기금을 모집하는 것과는 다른 기금이라고 생각합니다. 그런 점에서 노동운동의 경계를 넘어 더 많은 시민들과 국민들이 참여하는 운동으로 발전해야 한다고 생각합니다. 현재 노동조합운동 등에 몸을 담고 있지는 않지만, 그래도 사회정의를 소망하고 노동의 발전을 바라는 많은 사람들이 있습니다. 부끄러움 때문이건 자신의 미안함을 상쇄하기 위해서건 적극적 의지에 의해서건, 노동운동 외부의 많은 시민들이 참여할 수 있도록 해주시기를 바랍니다. 그리고 이를 위해서 '노란 리본'과 같은 식의 적절한 상징적 캠페인을 병행하면 더 좋지 않을까 싶습니다.

　마지막으로, 저는 사회적파업연대기금 운동이 한국에서 이루어지는 '세계적인 캠페인'이라고 생각합니다. 통상 노동운동의 중요한 일은 서구 노동운동의 사례를 떠올리는데, 꼭 그렇지는 않을 것입니다. 노동과 시민의 연대운동이라는 점에서 사파기금 운동은 세계 노동운동사에 기록해두어야 하는 세계적인 일이라고 감히 생각해봅니다. 이 운동이 더욱 확산되기를 소망합니다. 그리고 더 발전해, 한반도에서 일어나는 파업뿐만 아니라 이 땅에서 이루어지는 이주 노동자 운동이나 아시아에서 이루어지는 의미 있는, 그러나 어려운 파업도 지원하는, 한국적이면서 국경을 넘는 세계적인 연대 운동으로 발전해가기를 소망해봅니다. 지금 사파기금에 참여하고 헌신하는 분들이 바로 이런 큰 의미의 운동을 주도하고 있다는 생각을 저는 갖고 있습니다."

20160711

교육공무직 임단협 늦은 타결에
죄송한 마음을 전하며

오늘 교육공무직 노조와 단체협상 및 임금협상에서 잠정적인 합의에 도달했습니다. 그동안 교육청 정문 앞에서 단식 농성과 집회 등으로 고생하시는 모습을 보며, 좀 더 일찍 타결되도록 하지 못해서 죄송한 마음이 컸습니다. 늦었지만 원만한 합의에 이르게 되어서 다행스럽게 생각합니다. 그동안 왜 교육감이 나서서 빨리 타결하지 않느냐고 비판하시던 분들께서도 오늘은 기쁜 마음을 가지셔도 좋겠습니다.

올해는 임금협상뿐만 아니라 단체협상이 동시에 이루어져서 조금 진통이 있었던 것 같습니다. 사실 교육감에게 사태 해결을 촉구하는 문자를 대대적으로 보내셨던 상담사·영양사·조리원·지역사회전문가·돌봄전담사 등 25개 직종의 핵심 쟁점은 내용적으로는 이미 오래전에 타결되어 있었습니다. 그런데 저희 교육청의 교육공무직 직종이 너무 다양해서 다른 직종분들의 쟁점이 접점을 찾지 못해왔습니다. 이는 사실 서울시교육청의 문제만이 아니라 다른 시도교육청, 그리고 교육부의 방침과도 연관이 있는 복잡한 사안이라, 서울시교육청만의 결단으로 쉽게 타결할 수 있는 문제가 아니었습니다. 이 점 널리 양해해주시길 바랍니다.

저는 이번 단협이나 임협이 비정규직 처우 개선의 끝이라고 생각하지는 않습니다. 1998년 파견직 근로자 등 비정규직이 본격적으로 확산된 이후, 아래로부터 비정규직운동이 가열차게 전개되어왔고, 상당한 성과도 거두었습니다. 예컨대 서울시교육청 교육공무직 가운데 25개 주요 직종은 아시다시피 약 95% '무기계약직'이 되어 있습니다. 그렇지만 '비정규직의 정규직화'라는 큰 방향에 비추어볼 때, 아직 갈 길이 멀다는 점도 잘 인식하고 있습니다.

그동안 파업, 집회뿐만 아니라 철야 농성에 단식까지 하면서 비정규직의 처우 개선을 위해 온 힘을 다해 싸우느라 고생하신 노조와 조합원 여러분께 다시 한 번 송구스러운 마음을 전합니다. 뙤약볕에서 투쟁하시는 동안 저희도 매우 안타까운 마음이었다는 말씀도 드립니다. 그래도 우리 모두가 서울시교육청 가족이기 때문에, 어려운 상황 속에서도 잘 마무리를 하게 된 것 같습니다. 다시 한 번 감사드립니다.

서울교육청, 학교비정규직연대와 임단협 잠정 합의 체결

서울특별시교육청 교육감 조희연은 11일 오전 10시 30분에 서울학교비정규직연대회의 전국교육공무직본부, 전국학교비정규직노동조합, 전국여성노동조합와 학교보건원 206호에서 단체협약을 위한 '잠정 합의'를 체결하였다.

'잠정 합의서'는 임금 및 단체협약 등 14개 조항과 부칙 3개 조항으로 구성되어 있으며 그 주요 내용은 ▲ 기본급 2015년도 대비 3% 인상 ▲ 정기상여금 연 50만 원 지급 금년 하반기부터 지급 신설 ▲ 급식비 월 8만 원 4만 원 인상 ▲ 명절휴가비 연 70만 원 지급 30만 원 인상 ▲ 장기근무가산금 상한 31만 원 적용 상한 6만 원 인상 ▲ 영양사 면허가산수당 월 8만 3천 500원 6만 3천 500원 인상 ▲ 개교기념일을 포함하여 5일까지 학기 중 유급휴일 신설 등이다. 이번 '잠정 합의'에 따라 약 380여 억 원의 예산이 반영되어 교육공무직의 처우가 개선될 전망이다.

지난해 7월부터 학교비정규직연대회의의 요구에 따라 시작된 임금·단체교섭은 약 1년간 노사 양측의 입장 차이로 난항을 겪어오다 이날 잠정 합의에 이르렀다.

서울교육청은 "이번 잠정 합의는 누리과정과 산적한 교육 환경 개선 사업 등으로 교육재정 여건이 매우 열악함에도 불구하고 서울교육가족의 일원인 교육공무직의 처우를 개선하겠다는 서울시교육청의 의지를 보여준 것"이라면서 "노사 양측이 어려운 상황 속에서도 대화의 끈을 놓지 않고 대승적 차원에서 양보와 타협을 통해 상생을 이루어냈다는 데 큰 의미가 있다"고 전했다.

이날 잠정 합의된 사항은 교섭의 핵심 쟁점 사항으로 노사 합의에 의해 지켜지며 향후 본 잠정 합의서를 바탕으로 실무교섭을 통해 조문 정리 등을 거쳐 2~3개월 내에 최종적인 임금·단체협약을 확정할 것으로 시교육청은 기대하고 있다.

이수현 기자 lsh@edunews.co.kr
≪에듀뉴스≫, 2016.7.11(http://www.edunews.co.kr/news/articleView.html?idxno=32694).

20160520

학교는 다른 어떤 곳보다
건강하고 안전해야 합니다

✒ 또 다른 '옥시' 없는 안전한 학교 만들겠습니다 *

　요즘 옥시의 가습기 살균제 피해 문제로 온 나라가 분노하고 있습니다. 인명 피해까지 발생한 사안이기에 위해성 물질에 대한 사회적 관심이 그 어느 때보다 높은 상황입니다. 학교도 예외는 아닙니다. 학교에서 사용되는 세척·살균·소독 제품 등 생활 화학제에 대한 학부모님들의 불안감도 적지 않을 것이라 예상됩니다.

　학생들이 오랜 시간을 머무는 학교 현장의 안전성을 확보하고, 화학제품 사용에 대한 학부모님들의 우려를 불식하기 위해, 서울시교육청이 학교의 교내 급식 시설, 소독, 방제·방역, 수영장 등에 사용되는 세척·살균·소독 제품에 대한 안전성을 전반적으로 점검하고 적정 사용 기준을 철저히 준수하도록 선제적 대응에 나섭니다.

---

* "서울교육청, 학교 세척·살균·소독제 안전성 점검 … 사용기준 공문 발송", ≪뉴시스≫, 2016.5.18
 (http://www.newsis.com/ar_detail/view.html?ar_id=NISX20160518_0014090843&cID=10201&p
 ID=10200).

친환경 제품으로 점진적으로 교체해나가겠습니다

먼저 식기류와 급식 기구의 세척에 사용하는 세척제나 헹굼 보조제는 보건복지부가 고시한 '고시 위생용품의 규격 및 기준'에 적합한 제품을 용량과 용법에 맞게 사용하고, 가능한 한 사용량을 최소화합니다.

또 감염병의 예방 및 관리에 관한 법률이 규정한 소독 횟수를 준수하고, 농약관리법에 따라 교내 초목의 방제·방역을 적절히 시행할 것을 지시했습니다.

특히 학교 수영장 첨가물질 약품을 용량·용법에 맞게 사용하되 가능한 한 사용량을 최소화하고, 수질 관리에 만전을 기할 것을 강조했습니다.

무엇보다 환경부에 고시된 부적합 판정 세척·살균·소독 제품에 대해 학교에서 사용을 엄격히 제한하고, 환경 친화적 녹색 제품 사용을 권장할 것입니다.

학교는 다른 어떤 곳보다도 건강하고 안전해야 합니다.

일부 가습기 살균제 피해로 인한 학부모님들의 우려가 높은 이때, 서울시교육청은 학교의 위생·안전 관리에 더욱 각별한 주의를 기울일 수 있도록 노력하겠습니다.

학생부종합전형, '전면 폐지' 논의를 넘어 학교교육과정 충실히 반영하도록 보완하자

학교생활기록부종합전형 이하 '학종'에 대해 '금수저·흙수저' 논쟁과 함께 축소 논의가 급부상하고 있습니다. 학종은 서울대는 전체의 77퍼센트, 서울 주요 대학은 40퍼센트를 차지할 정도로 입시에서 중심적 지위를 점해가고 있습니다. 갑작스러운 유행처럼 준비되지 않은 채 학종 중심의 수시 선발 비중이 높아지지 않았는가 하는 정당한 우려도 존재하는 것이 사실입니다. 입시 관련 사항은 매우 민감해 조심스럽기는 하지만, 최근 논란이 되고 있는 학종에 대해 교육청의 입장을 정리하고 개선 방안을 모색하고자 합니다.

그간 우리 교육청 연구정보원에서 학교 현장의 진로 관련 교원을 대상으로 설문 조사를 실시했고, 교육청 내부 토론 과정을 거쳤으며, 학종의 공정성·객관성·신뢰성 확보 방안을 구안하기 위해 T/F 팀을 구성해 운영하고 있습니다.

기본 골격을 유지하는 기조에서 '적절한 규제' 필요

최근 학종을 둘러싼 입장을 분류해본다면, 전적인 지지 대학입학사정관협의회 등, 부분적 개선 '사교육걱정없는세상', 전면 축소 개편 일부 정당 등으로 나누어볼 수 있겠습니다.

우리 교육청은 학종의 기본 골격은 유지하는 가운데 고등학교 공교육에 역행하는 일탈과 과잉에 대해서는 적절하게 규제하는 것이 필요하다는 판단을 하고 있습니다. 사회적 격차와 대학 학벌 체제가 엄존하는 상황에서 대학 입시는 종속변수일 뿐입니다. 독립변수가 아닌 대학 입시로 교육 문제를 해결하고자 하는 것은 또 다른 부작용을 만들어내는 악순환을 초래할 뿐이며, 학종이 수능이나 다른 입시 방법에 비해 특별히 사회적·경제적 불평등 효과가 더 크다고 증명하기 어렵기 때문입니다.

적절한 규제의 합리적 방안은 무엇일까

기본 골격을 유지하더라도, 먼저 현재 학종에서의 '일탈과 과잉, 왜곡'에 대한 '적절한 규제'는 필요하다고 생각됩니다. 주지하다시피, 대학 입시 경쟁에서 이기기 위해 사교육을 통해 비교과 활동에서까지 유리한 위치에 서려고 하는 일탈과 과잉, 그로 인한 학교 교육의 왜곡이 나타나고 있습니다. 이런 의미에서 이른바 '가짜 학종'에 대한 강력한 제재와 '학종과 사교육의 연결', '학부모의 사회적·경제적 지위 격차가 학종에 반영되는 통로'를 적절히 규제할 필요가 있습니다.

그런데 여기서 '적절한 규제'의 지점이 어디인가에 대한 고민이 필요합니다. 우리의 대학 입시 변천사가 말해주듯이, 자율과 규제 사이를 끝없이 반복적으로 왕래하는 우愚를 범해서는 안 될 것이기 때문입니다. 학종과 관련해서 제기되는 현재의 문제점들은 학종 그 자체의 문제점도 있지만, 구조적 요인 현존하는 빈부 격차, 치열한 입시 경쟁 때문에 나타나는 결과적 측면도 있고, 시행 과정상의 문제점들 대학에서의 학종 운영 과정 및 고교에서의 생활기록부 기록에서 공정성이 훼손되는 점들이 나타나는 결과적 측면이기도 할 것입니다. 예컨대 구조적 요인 때문에 발생하는 대학 입시의 많은 문제들은 단지 학종을 폐지함으로써 해결할 수 없을 것입니다 이런 점에서 저는 추후 대학 학벌 체제, 대학 체제, 고교 입시 제도 개혁안 등 좀 더 구조적인 방안을 제시할 예정입니다. 그것은 그동안 수능이나 대학 본고사를 둘러싼 많은 논란들을 상기해보면 알 수 있습니다.

이런 의미에서, 완전 자율과 완전 규제의 두 극단을 피하면서 우리 시대의 조건을 섬세하게 고려하는 '자율 대 규제'의 적절한 균형 지점을 찾아야 합니다. 지금까지 대학 입시 제도에 관한 한, 입시 자율을 확대하려는 대학 측의 입장과 각종 문제점들을 억제해야 한다는 학부모들의 요구 사이에서, 전자가 부각될 때는 대학 자율을 확대하고, 후자가 부각될 때는 규제를 확대하는 부침을 겪어왔습니다. 현존하는 여러 구조적 요인과 시행 과정상의 문화적 요인 등을 고려할 때 왕도는 없으며 또 다른 급속한 변화는 그나마 학종과 연계되면서 진행되는 고교 공교육의 정상화를 훼손하고 수험생을 혼란에 빠뜨릴지도 모릅니다.

학종은 다른 제도에 비해서 고교 공교육의 정상화에 기여하는 점이 많습니다. 그런 점에서 기본 골격을 유지하면서, 구조적 요인의 과도한 반영이나 시행 과정상의 왜곡에 대해 적절한 규제책을 보완해가는 것이 바람직하다고 판단합니다.

이런 의미에서 독서 및 자율 동아리 활동 등 학부모 개입과 사교육을 유발하는 요소가 있는 항목을 평가 대상에서 제외하자는 제안이 있습니다. 사교육 유발 효과 규제의 문제의식은 공유하면서도, 독서 및 자율 동아리 활동은 고교 공교육 정상화의 관점에서 바람직하기 때문에 학종의 평가 항목에 당연히 중요하게 포함되어야 할 것이라고 판단합니다.

또한 최근 문제가 된 R&E에 대해서도 같은 입장으로 접근할 수 있을 것입니다. 서울시교육청이 최근 지침을 발표한 것처럼, 사교육과 같이 학부모의 재정적 부담으로 진행되는 것은 금지하되, 고교 교육과정의 틀 안에서 대학의 재능기부 형식으로 진행하는 것은 금지할 필요가 없다고 판단하고 있습니다.

이 점에서 대학이 사교육을 활용한 보여주기 식 R&E가 아니라, 정상적인 교육과정의 일부로 이루어진 것을 평가하는 명확한 방향을 제시하고 교육청과 공조해야 한다고 생각합니다.

또한 사교육걱정없는세상이 제시한 것처럼, 생활기록부의 행동특성 및 종합의견을 비공개로 전환하는 문제에 대해서는 긍정적 검토를 할 수 있을 것입니다. 궁극적으로 학생부 교과전형이건 종합전형이건 학생을 가장 잘 아는 교사의 평가 기록을 최대한 중시하는 방향으로 나아가야 할 것입니다.

교과 성적과 더불어 동아리, 독서, 봉사활동, 창의적 체험 활동 등 비교과 영역을 입시에 반영하는 학종은 고교 교실의 내실화와 학생 중심의 교육과정 운영, 교실 수업의 변화를 이끌어낼 수 있으며, 우리 교육청이 추진하고 있는 '일반고 역량 강화 일반고 전성시대' 정책과 '개방·연합형 종합캠퍼스 교육과정'으로 뒷받침될 수 있는 전형 방법이기 때문입니다. 이에 대해서는 현장 교원의 인식도 같은 것으로 나타났습니다.

그러나 최근 언론과 학부모님, 관련 단체 등에서 학종에 대한 우려의 목소리가 있는 것도 사실입니다. 따라서 우리 교육청은 다양한 의견 수렴 과정을 거쳐 학종에 대한 학생, 교사, 학부모의 불안감과 부담감을 최소화하고 학종 자체에 대한 신뢰도를 확보하는 방향으로 개선해나갈 것입니다. 또한 학종의 선발 비중의 적정선은 유지되어야 한다는 입장입니다.

먼저 교육부와 각 대학은 학종의 공정성이 의심받지 않고 불필요한 불안감을 해소할 수 있도록 학종의 전형 방법과 선발 기준을 신속하고 친절하게 공개해주실 것을 부탁드립니다. 아울러 학교생활기록부 작성 기준은 교육과정 편성과 같이 1학년 신입생 때의 작성 지침을 졸업할 때까지 3년간 유지해 안정감을 확보하는 방안을 제안합니다.

우리 교육청은 그간 학교 현장 등 다양한 방법을 통해 제안받은 개선 방안을 검토해 추진하겠습니다. '학부모부담심사제'를 도입해 학교에서 실시하는 각종 경시대회나 연구 프로그램에 대해 학교운영위원회 심의를 거치는 방안, 각 학교의 진로진학상담교사가 1학년 중심으로 진학 지도에 더해 진학 관련 올바른 정보를 제공하는 방안, 입시 관련 교사 대상 연수와 함께 학부모 대상 연수를 지역 교육청 단위로 정례화하는 방안, 학종 관련 대학별 정보를 별도로 취합해서 교육청 홈페이지에 게시하는 방안 등을 검토 중에 있습니다.

저는 학종의 현 실태가 가진 문제점에 대해 기존의 논의자들과 마찬가지로 완벽히 공감하는 입장입니다. 학종의 안정적인 현장 정착을 위해서는 '수시와 정시의 적절한 비율', '수시 내 학종의 비율' 등에 대해 더 깊고 풍부한 사회적 논의가 필요한 때라고 생각합니다. 그렇기 때문에 학종에 대한 '전면 폐지' 또는 '전면 축소'라는 식의 전면적인 논의보다는 현존하는 학종의 문제점을 공유하면서 균형 있는 논의를 해야 한다고 주장하는 것입니다.

서울시교육청의 이러한 개선 노력이 그동안 학종으로 인해 학교 현장에 긍정적 영향을 준 창의적 연구 활동이나 교실 수업 개선, 발표 기회 확대 등을 위축시키지 않고, 적절한 규제와의 '황금분할'을 찾아 공교육 정상화에 기여할 수 있도록 노력하겠습니다. 자세한 내용이 담긴 기사*를 참고해주시기 바랍니다.

---

* "서울교육청 '학생부종합전형 틀 유지하되 문제점 보완해야'(종합)", 《연합뉴스》, 2016.5.16
(http://yna.kr/VURa0KQDA8y?i＝mn).

학종에 대한 세 가지 보완 지점*

학생부종합전형에 대한 논란이 많습니다. 어제는 하루 종일 학종 보완책을 강구하기 위해 노력한 하루였습니다. 오전에는 대학교육협의회 대교협 에서 정기적으로 여는 대학입학전형위원회에 위원으로 참석했습니다. 주로 대학 총장님들이 위원으로 함께 참여한 자리여서, 대학들과 그 협의체인 대교협에 학종과 관련해 제기되고 있는 문제점을 보완할 수 있는 대책을 마련해달라고 요청했습니다. 많은 총장님들이 공감하셨고, 대교협 차원에서도 이런 문제의식을 갖고 있었습니다.

학종의 현존하는 문제점

학종에 대한 학부모들의 불안과 비판은 몇 가지 근거를 가지고 있습니다. 먼저, 학생생활기록에서 학교별 극심한 차이를 보인다는 것입니다. 특목고나 자사고는 학부모나 동문의 교육 기부를 통해 다양한 프로그램을 운영하는 데 반해, 일반고는 프로그램 운영을 위한 인적·물적 자원이 부족한 실정입니다.

다음으로, 비교과 영역에서 부모의 경제력에 따라 사교육 개입 가능성이

---

* 학생부종합전형 관련 서울시교육청의 대책 발표(2016.5.17) 이후, 전국 시도교육감협의회(2016.7.21)에서 보완 대책에 대해 논의한 후 작성한 글입니다. 앞의 글에 이어서 봐주시기를 바랍니다.

발생합니다. 예컨대 R&E, 체험 활동 등에서 부모의 사회·경제적 차이가 반영될 수 있는 것입니다. 또한 교내 경시대회 수상 실적을 반영하는 경우에도 사교육이 큰 영향을 미칠 수 있으며, 개별 학생의 학생부를 기록할 때에도 교사에게 많은 시간과 노력이 필요하기 때문에 업무가 가중되는 측면이 있습니다.

　이러한 이유 때문에, 학종이 가진 긍정적인 효과에도 금수저·흙수저 논란이 이어지고 있는 것입니다. 이런 점에서, 일반 학생들에게 불리하거나 자사고나 특목고 학생들에게 일방적으로 유리한 제도가 되지 않도록 보완이 필요합니다. 물론 저는 학종 자체를 폐지하는 방식보다는 이를 내용적으로 보완해 가자는 입장입니다.

일반고 전성시대 정책을 통한 상쇄

　또한 서울시교육청에서는 일반고 학생들이 학종에서 불리하지 않도록 일반고가 다양한 교육프로그램을 진행하도록 독려하고, 이를 위해서 일반고에 '일반고 전성시대 정책'의 일환으로 1억 원 내외의 예산을 지원하고 있습니다. 일반고에서 예산이 없어 학종에 기록할 수 있는 다양한 프로그램을 운영하지 못하는 상황이 발생하지 않도록 정책적으로 노력하고 있습니다. 이에 대해 어떤 형태로든 보완이 필요하다는 공감대가 큽니다. 시도교육감협의회에서도 이에 대한 논의가 있었습니다.

세 가지 보완 지점

　오후에는 경주에서 열린 시도교육감협의회에 참석했습니다. 서울시교육청이 학종 보완 대책에 대해 의제를 제안했고, 이와 관련해 교육부에 보완 대책을 요구하자는 의제도 제출했습니다. 어제 회의는 사무국과 서울시교육청이 더 구체적인 건의 사항을 마련하자는 것으로 논의가 마무리되었습니다.

어제 시도교육감협의회에서 학종과 관련해 저는 다음과 같은 말씀을 드렸습니다. 교육감님들도 모두 학종의 보완에 대해서는 대책 마련이 필요하다는 생각을 하고 계셨습니다.

"저는 개인적으로 학종에 대한 학부모들의 불안과 사회적 쟁점화에 대응해 교육당국이 더 적극적인 보완책을 제출해야 한다고 생각합니다. 교육부도 당연히 그런 노력을 해야 하고요. 교육 시민 단체도 보완책을 요구했는데, 저는 이와 관련해 세 가지 정도의 보완이 일차적으로 필요하다고 생각합니다.

먼저 학종과 관련한 대학의 평가 요소에 대한 투명한 안내 및 설명을 하도록 적극 노력해야 할 것입니다. 다음으로 교사 추천서를 제출하는 데에 따른 교사의 부담과 그것의 비효용성을 감안해 학생부 '행동특성 및 종합의견' 란을 비공개로 전환한 이후 교사 추천서를 대체할 수 있도록 하는 대책이 필요하다고 생각합니다. 나아가 현재도 원칙적으로는 그렇게 되어 있지만, 외부 실적이 아니라 학생부에 기재된 정규 교육과정 내에서의 활동만을 인정하도록 더욱 철저한 노력이 필요하리라고 생각합니다. 학부모들의 불안이 큰 만큼 이러한 보완의 노력을 적극 학부모들에게 알려 이를 둘러싼 불필요한 사교육이 발생하지 않도록 적극 노력해야 할 것으로 생각합니다. 앞으로 시도교육감협의회에서 구체적인 대책을 만들어 교육부와 대학을 상대로 보완 노력을 하게 될 것입니다."

서울교육가족의 파업 갈등과
아름다운 화해
일주일 동안의 '서공호' 노조 파업 마무리

일주일간 서울시공립학교호봉제회계직노동조합 이하 '서공호'의 파업이 있었는데, 무사히 해결이 되었습니다. 다행스럽게 생각합니다. 임금 문제만이 아니라, 학교 회계 규칙 등 교육청 수준에서 해결하기 어려운 과제들이 많습니다. 이러한 이유로 타결이 늦어지게 되었습니다.

일주일 동안 뙤약볕 아래 고생하신 노조원들께 위로의 말씀을 올리고자 오늘 제가 파업 차량 무대 위에 올랐습니다. 황선주 위원장을 비롯한 노조 대표자 여러분, 그리고 겉으로 잘 드러나지는 않았지만 협의 과정에 도움을 준 정의당 심상정 대표님, 상급 노조 관계자분들께도 감사의 말씀을 드렸습니다 참고로 서울시교육청에는 일반직공무원 노조 7개, 교육공무직 노조 4개, 그리고 구 '육성회직'인 호봉제 노조까지 총 12개가 있습니다.

일주일의 파업 기간 동안 많은 고생을 하신 서공호 노조 여러분들 입장에서 제가 미울 수도 있을 텐데, 행렬의 맨 끝에서 연단에 오르기까지 몇 분 동안 열렬하게 박수 치면서 환영해주셔서 제가 오히려 미안한 마음이었습니다. 그렇게 오르게 된 연단에서 저는 이런 말씀을 드렸습니다.

"더운 날씨에 고생하신 서울교육가족 여러분께 위로와 격려의 말씀을 드립니다. 일주일 동안 파업 현장에서 때로는 비를 맞고 때로는 뙤약볕을 온몸으로 맞느라 고생 많으셨습니다. 노동친화적 교육감이 되겠다는 마음을 가진 저로서도 파업 현장을 지켜보는 내내 마음이 편치 못하고 안타까웠습니다. 그동안 제가 여러분들의 외침에 빨리 응답하지 못해 많이 미우셨겠지만, 이제 그 미움의 마음을 내려놓으시면 좋겠습니다.

지난 금요일에는 약간의 불상사가 있었습니다. 서공호 황현주 조합원이 병원에 두세 시간 입원하는 일이 있었습니다. 이런 상황이 벌어진 것에 대해 죄송스럽게 생각하고 있습니다. 제가 황현주 조합원에게 위로 전화를 드리기도 했습니다. 그 일로 저도 병원 신세를 지기도 했는데요. 함께 겪은 아픔이라고 이해해주시면 감사하겠습니다.

이번 파업이 진행되는 일련의 과정들을 가슴 아프게 지켜보며, 노조 문제와 관련해 일종의 과도기적인 상황에 놓여 있는 서울시교육청의 현 위치에 대해 많은 생각을 하게 됩니다. 비록 파업이라는 행위로 서로 갈등을 겪고 마음에 상처를 입기도 하지만, 이것만은 분명하다는 것을 저는 믿습니다. 우리는 서울 학생들의 행복을 위해 복무해야 하는, '칼로 물 베기'와 같은 공통의 연대성을 갖는 서울교육가족이라는 것을 다시 한 번 확인합니다. 죄송하고 또 감사드립니다."

부당한 교권 침해 사안에
교육청이 나선다
서울시교육청 '2016 교원 사기진작방안' 발표

스승의 날을 앞두고 서울시교육청이 교권 확립과 교사 자긍심을 높이기 위한 '2016 교원 사기진작방안'을 발표했습니다.*

먼저, 부당한 교권 침해 사안이 발생할 경우 교육청이 나서서 적극적인 대처를 지원합니다.

상근 교권 전담 변호사와 장학사, 전문 상담사로 이뤄진 '교육활동보호를 위한 긴급지원팀'을 꾸려 해당 학교를 방문 조사하고, 사안이 심각하면 피해교사를 격려한 뒤 상담·심리 치료를 제공합니다.

명백한 교육 활동 침해라고 판단되면, 극단적인 경우 교권 전담 변호사를 통한 법률 지원으로 형사 고발 조치도 고려하기로 했습니다.

또 교원의 전문성 신장을 위해서, 다양한 형태의 자발적 교원 연구 모임이나 학습 공동체 예산 지원, 내년부터 학습연구년제 100명으로 대폭 확대 등의 방안을 세웠습니다.

교원의 사기 진작을 위해서는, 학생과 학부모가 우수 교원을 추천해 포상하는 제도 신설 등 교원 인사 제도를 개선합니다.

* "서울교육청, 부당한 교권침해 방지 앞장선다", 서울교육소식, 2016.5.17
(http://enews.sen.go.kr/news/view.do?bbsSn=131905&step1=3).

181

3장 | 함께 이해하고 함께 아파하는 교육의 무게

아울러 교사가 교육에 전념할 수 있는 여건을 조성하기 위해, 서울교육가족 회복력 지원 연수원 설립, 교원의 정신적·신체적 힐링을 지원하는 연수 운영, 수도권 교육청 수련휴양 시설 교직원 공동 활용, 교원의 자기 계발을 위한 자율연수휴직제도 시행 등을 추진합니다.

이번 '교원 사기진작방안'이 묵묵히 교단을 지키며 교육 활동에 매진하고 계신 선생님들께 자긍심을 높이는 새로운 동력이 될 수 있기를 바랍니다.

20160508

어린이날, 어른이날?

5월 5일이 어린이날이고, 바로 3일 후 어버이날이 있습니다. 두 날의 의미가 대비되어 다가오네요.

며칠 전, 초록우산어린이재단 이제훈 회장이 5월 5일 어린이날을 '어른이 어린이와 어른을 합친 말날'로 보내자고 말한 것을 한 기사*에서 보았습니다. 어린이날 하루 동안 어린이들에게 무엇을 해준다고만 생각하지 말고, 먼저 어린이에게 떳떳한 좋은 어른인지를 돌아보는 계기가 되도록 하자는 취지로 저는 이해했습니다.

최근 아동 학대 등 어린이를 대상으로 한 가슴 아픈 여러 사건들이 발생하면서, 어른의 역할, 부모의 역할, 그리고 아이뿐 아니라 부모를 위한 인성 교육에도 사회적인 관심이 높아지고 있습니다. 어린이와 어른의 관계에 대한 우리 사회의 새로운 성찰이 필요한 시점이기도 합니다.

* "5월 5일은 어른이날 … 놀이공원 가는 걸로 끝내면 안 되죠", 《중앙일보》, 2016.5.4 (http://news.joins.com/article/19978951).

장애인과 함께 살아가는 것은
지극히 자연스럽고 당연한 일
14년 만에 특수학교 설립을 다시 시작하며

서울시교육청이 '장애인의 날'인 오늘 '특수교육 중기 발전 방안'을 발표
했습니다. 이 계획에 따라 동부·서부·강남권에 특수학교를 신설하고, 일반학
교 내 특수학급 신·증설, 권역별 장애 학생 직업능력센터 설치, 특수교육 보
조 인력 확충, 특수교육지원센터 시설 확충 등에 나서게 됩니다.

그동안 특수교육 대상 학생들과 학부모의 가장 큰 고충이 원거리 통학과
인근 지역 특수학교의 과밀화였는데요. 이번 방안에 따라 앞으로 동부권과 서
부권에 각각 22개 학급 규모의 특수학교, 강남권에 지체장애 특수학교 설립을
추진합니다.

또 기존에 여러 학교 급이 한 학교에 운영되어, 다양한 연령대 학생들이
한 학교 안에서 생활하는 데에 어려움이 있었는데요. 이번 중·장기 계획으로,
지역 주민을 위한 주민 편의 시설이 함께 있는 소규모 및 맞춤형 특수학교 설
립을 추진해 '유+초', '중+고', '고+전공' 등 특수학교의 형태를 다양화할 계
획입니다.

서울교육의 핵심 지표 가운데 하나인 '책임 교육'은 모두의 가능성을 여
는, 한 명의 아이도 포기하지 않는 교육을 말합니다. 그런데 지난 14년 동안
특수학교와 장애 학생 직업능력개발센터를 확충하지 못했다는 사실은 제게

가장 큰 짐 중에 하나였습니다.

　이번에 발표한 '특수교육 중기 발전 방안'은 특수학교 설립 3곳, 발달장애인 직업능력개발센터 건립 4곳 등을 포함하고 있습니다. 쉽지 않은 결정이었습니다. 하지만 '따뜻하고 정의로운 교육'을 실현한다는 서울시교육청의 큰 방향성에 비추어볼 때 이건 옳은 일이며 마땅히 해야 할 일입니다. 그래서 일부의 반대에도 대화와 설득을 통해 강력하게 추진하기로 결정했습니다.

　헌법과 특수교육지원법에 비추어보더라도 장애인은 완벽하게 차별 없는 교육을 향유할 수 있어야 마땅합니다. 그러나 특수학교를 설립하면서 현존하는 편견과 이른바 '지역 이기주의'적인 반대에 직면할 것임이 불을 보듯 훤합니다. 그러나 저와 서울시교육청의 의지는 확고합니다.

　방안을 현장에 잘 안착시키기 위해서는, 장애인에 대한 우리의 인식 개선을 실천하는 일도 이에 못지않게 중요합니다. 우리 사회에서 장애인과 함께 살아가는 것이 지극히 자연스럽고 당연한 일이 되어야 하지 않겠냐는 메시지를 이번 '특수교육 중기 발전 방안' 발표와 함께 전하고 싶었습니다.

--✂

[서울시교육청, 특수교육 중기 발전 방안 발표]
민원에 14년간 못했던 특수학교 설립

집값 하락 등을 우려한 일부 주민들의 반발로 14년 동안이나 특수학교를 설립하지 못했던 서울시교육청이 학교 설립에 나선다. 학교가 설립되면 그동안 장애 학생과 학부모의 가장 큰 고충이었던 원거리 통학과 과밀화 문제가 어느 정도는 해결될 전망이다.

시교육청은 20일 장애인의 날을 맞아 ▲동부·서부·강남권 특수학교 신설　▲일반학교 내 특수학급 신·증설　▲권역별 장애 학생 직업능력센터 설치　▲특수교육 보조 인력 확충　▲특수교육지원센터 시설 확충 등을 골자로 하는 '특수교육 중기 발전 방안'을 발표했다.

　　　　　　　　　　　　　3장 | 함께 이해하고 함께 아파하는 교육의 무게

이에 따르면 시교육청은 특수교육 수요보다 학교가 부족한 것으로 꼽혔던 동부, 서부, 강남권 등 3개 권역에 각각 22학급 규모의 특수학교 총 3곳을 신설하기로 했다. 시교육청은 이를 위해 서울시와 부지 협의에 나서 특수학교 신설을 추진, 2018~2019년께까지 완공한다는 계획이다.

서울 지역에서 특수학교가 설립된 것은 2002년 종로구 운니동에 들어선 경운학교가 마지막이었다. 그동안 시교육청 등이 여러 차례 학교 설립을 추진했으나 집값 하락 등을 우려한 지역 주민들의 반발로 실패했다.

현재 서울 지역에는 국립 3곳, 공립 8곳, 사립 18곳 등 총 29곳의 특수학교가 있다. 하지만 전문적인 특수교육 수요보다 학교가 여전히 부족해 상당수 학생은 여러 구를 경유해 원거리 통학을 해야 하는 실정이다. 실제로 시교육청이 특수학교 재학생 4646명을 대상으로 조사한 결과 통학 시간이 30분 이상~1시간인 학생이 전체의 41.8%[1943명]나 됐다. 1~2시간인 학생도 3%[138명]인 것으로 나타났다.

학교가 부족하다 보니 중·고등학교 과정에서 학생 수가 정원을 초과하는 과밀 현상도 심화하고 있다. 실제로 강남, 서초, 강동, 송파 지역 거주 학생들의 경우 지체장애 학교 부족으로 인해 지적장애 특수학교에 재학 중이다. 이로 인한 교육과정 운영의 어려움을 호소하고 있다. 강동, 송파, 강남권 지체장애 학생 수용을 담당하고 있는 주몽학교는 소규모 [13학급] 학교로 이미 정원을 초과해 추가 배치가 불가능한 상황이다. 새롬학교는 특수학교 시설설비기준 미달로 고등부가 미인가 상태이며 고등학교 과정 학생 수용에 어려움이 있다.

이에 따라 시교육청은 서부권 특수학교는 지적장애 학생, 강남권 학교는 지체장애 학생을 위한 학교로 건립할 계획이다.

또한 시교육청은 특수교육 대상자에 대한 맞춤형 교육 환경 제공을 위해 중·장기 계획으로 소규모, 맞춤형 특수학교 설립을 추진해 특수학교의 형태를 다양화할 계획이다. 예를 들어 특수학교의 형태를 유치+초등, 중등+고등, 고등+전공의 형태로 세분화하고, 시설 여건이 가능한 학교는 장애 영역별로 분리·개교를 추진한다.

신설할 학교는 지역 주민과 함께할 수 있는 주민 편의 시설을 병행해 건립할 예정이다.

시교육청은 이와 함께 장애 학생들의 원활한 사회 진출을 위해 진로·직업교육을 강화하기로 했다. 이를 위해 ▲진로·직업교육 거점학교를 현재 5교에서 11교로 확대하고 ▲교육기관 내 장애인 고용 창출 등 장애 학생 희망 일자리 사업을 확대하며 ▲장애 학생 직업능력개발센터 추가 설치 등을 추진한다. 특히 직업능력개발센터는 현재 5곳에서 11곳으로 늘리고 장애 학생 직업능력개발센터도 동부, 서부, 남부, 북부 등 권역별로 1곳씩 설립하기로 했다.

시교육청 관계자는 "그동안 숙원 사업이었던 특수학교 신설을 통해 원거리 통학과 과밀 학급 등의 교육 환경이 개선되어 장애 학생, 보호자, 특수학교 교원 모두에게 큰 힘이 될 것으로 기대한다"면서 "과정별 소규모 학교 설립으로 학생의 발달 단계에 맞는 교육이 가능해지고, 장애 영역별 특수학교 설립 및 특성화된 학교 운영을 통하여 장애 특성에 맞는 질 높은 교육과 학교 경영상의 효율성이 제고될 것을 기대한다"고 밝혔다.

그러나 교육계에서는 특수교육 관련 시설 설립 문제의 경우 해당 지역 주민의 반발 등으로 추진 과정이 쉽지 않을 것이란 전망도 나오고 있다. 실제로 시교육청과 한국장애인고용공단이 동대문구에 설립을 추진 중인 직업능력개발센터는 일부 주민의 강한 반발 때문에 공사 일정에 차질이 빚어지고 있다.

시교육청 관계자는 "지역 조건에 따라 다르겠지만 주민들의 반발은 어느 정도 예상하고 있다"며 "설득 과정을 거치겠지만 이번만은 어떤 반대에도 특수교육 발전 방안을 추진하겠다는 것이 조희연 교육감의 의지다"라고 말했다.

장세풍 기자 spjang@naeil.com
≪내일신문≫, 2016.4.20 (http://www.naeil.com/news_view/?id_art=192990).

20160420

사회가 '강제한' 아이 유기와
한 어머니의 죽음

오늘은 장애인의 날입니다.

아침에 신문 기사*를 보면서 많은 생각을 했습니다. 장애인 딸을 버린 어머니가 18년 후에 자살을 했다는 내용입니다. 우리 현실의 많은 부분을 돌아보게 만드는 기사였습니다.

먼저 장애아를 키우는 것이 우리 사회에서 얼마나 힘든 일인가 생각하게 됩니다. 사회 문화적으로 장애인을 키우는 것이 자연스러운 일이어야 하는데 아직도 갈 길이 멉니다. 그리고 장애아를 돌보기 위해서 부모와 가정이 지는 짐이 너무 큽니다. 이런 상황이 보육 교사 어머니에게 장애 아이를 버리는 선택을 강요했던 것이라고 생각합니다. 강요된 유기일지도 모른다는 것입니다. 우리의 천박한 현실이 강제한 것일 겁니다.

다음으로 '어머니'를 생각하게 됩니다. 감당할 수 없기에 비록 장애아 자식을 버렸지만, 어머니이기 때문에 평생을 괴로워하고 그리워하고 찾고 싶어 했다고 합니다.

어머니가 한국의 성차별적 조건 속에서 특정한 성역할과 성분업을 감당하는 '극복해야 할' 현실이 있기는 하지만, 그래도 저는 어머니라는 존재는 자

---

* "장애 딸 버리고 18년 고통 끝에 …", ≪동아일보≫, 2016.4.20
(http://news.donga.com/home/3/all/20160420/77677081/1).

식을 향한 무한한 헌신과 애정, 자기희생으로 인해 아름답다고 생각합니다.

사실 많은 가정이 여전히 어머니의 헌신과 애정, 희생으로 인해 그나마 평온과 따뜻함을 유지합니다. 자기 목숨을 버릴 정도로 어머니는 어머니 됨을 버릴 수 없다는 것을, 이번 사건에서 다시 확인하게 됩니다. 왜 그런 죽음을 택했나 하는 안타까움을 느끼면서도, 어머니라는 존재를 새삼 생각하게 됩니다.

'4·16 교육 체제'를 생각한다

세월호 사건의 사회적·정치적 의미를 되짚어보는 서울시교육청 토론회가 있었습니다.[*] 거리의 목회자 송경용 신부, 오준호 세월호 기록 작가, 최호선 영남대 교수와 함께 저도 패널로 참여했습니다.

저는 이 자리에서 다음과 같은 말씀을 드렸습니다.

극적 사건으로서의 세월호

세월호는 우리와 우리 사회를 변화시킨 '극적 사건'입니다. 사실 개인과 사회의 변화에서 '사건'은 특히 중요합니다. 사건은 그동안 잠재적으로 존재하던 문제와 모순, 인식 들을 극적으로 전면화합니다. 세월호라고 하는 극적 사건 역시 그러합니다. 인간의 목숨을 좌지우지하는 선박의 운영, 아니 우리 사회의 운영에 내재된 어두운 측면들, 위기의 시점에서 한국이라는 국가의 모습들, 우리가 직시하지 못했던 세월호 이후 여러 모습들…… 극적 사건을 계기로 한 개인이나 사회는 이전의 개인이나 사회와는 다른 존재로 변화합니다. 세

[*] "4·16 2주기…'학생·시민 주도, 안전사회 만들어야' 한 목소리", 《뉴시스》, 2016.4.15 (http://www.newsis.com/ar_detail/view.html?ar_id=NISX20160415_0014024523&cID=10201&pID=10200).

월호 이전의 우리 개인이나 우리 사회는 이후의 우리 개인이나 우리 사회와 다릅니다.

물론 사회마다 변화의 정도는 다를 수 있습니다. 사건의 전환적 의미를 성찰적으로 수용해서 많은 변화를 하는 개인·사회와 그렇지 못한 개인·사회가 있습니다. 아마도 성숙도의 차이일 것입니다.

세월호 사건에서 생각해보는 두 가지 시선

이러한 성숙을 위해, 저는 우리 모두 두 가지 시선을 함께 갖는 것이 중요하다고 생각합니다.

예컨대 세월호 희생자를 '내' 아이로 생각하는 시선과 동시에 '우리' 아이로 생각하는 시선을 갖는 것입니다. 우리는 이따금 '내' 자식과 '내' 아이의 문제로 사회적 문제들을 바라봅니다. 그런데 그 반대도 필요합니다. 하나의 사안에 대해 '내' 아이의 문제로 접근하는 시선만이 아니라, '우리' 아이의 문제로 접근하는 시선도 필요하다는 것입니다. 그럴 때 그 사안의 절박성과 절절함을 공감하게 됩니다. 세월호 사건을 두고 지나온 2년을 돌아볼 때 이러한 시선의 문제를 생각하게 됐습니다. 세월호 사건에 대한 '피로'를 이야기하는 부모님에게 어느 학생이 '아빠, 엄마, 세월호 사건으로 희생된 애가 나라고 해도 그렇게 말할 거야?'라고 물었다는 말을 들었을 때, 큰 깨달음을 얻었습니다.

세월호 사건 이후 우리 사회와 개인들은 성찰적으로 변화해야 합니다. 세월호 사건의 전환적 의미를 각자의 영역에서 다양한 방식으로 해석하고 수용하고 실현하려고 노력해야 합니다. 국가 안전을 책임지는 부서에서는 안전 시스템의 대대적 전환을 실현해야 할 것입니다. 저는 교육의 영역에 있기 때문에, 세월호 이전과 이후 교육의 변화를 생각합니다. 세월호를 계기로 한 교육의 변화를 '4·16 교육 체제'의 실현으로 표현하고 싶습니다.

한국 교육 체제의 역사적 변화

먼저 4·16 교육 체제를 한국 교육 체제의 역사적 변화라는 맥락에서 잠시 생각해봅니다. 4·16 교육 체제는 어떤 역사성을 가질까요. 먼저 1960~1970년대 초기 산업화 시기 우리 사회에는 국가 주도의 '추격 산업화' 교육 체제가 존재했습니다. 서양을 따라잡고 서양의 일등 인재와 경쟁할 수 있는 우리의 일등 인재를 양성하는 교육 체제였습니다. 엘리트 육성 중심적이고 국가주의적인 교육 체제, 후진국을 탈피하고 고도성장을 달성하기 위한 국가 주도의 교육 체제이지요.

이것이 한국 경제가 일정하게 성장하고 정치적 민주화가 본격화되면서 시장주의적 교육 체제로 전환되게 되었습니다. 1995년 문민정부 시기 5·31 교육개혁이 그 계기가 되었을 것입니다. 우리의 사회적·경제적 정책의 전환에 조응해, 교육에서도 기존의 국가주의적 체제를 시장주의적 체제로 전환하기 위한 실험이 시작되었습니다. 당시 세계화라는 국정 기조는 이러한 전환을 세계적인 흐름에 맞는 것으로 정당화했습니다. 시장적 개혁을 대학 운영이나 학교 운영에도 본격적으로 도입하게 되었습니다.

이런 의미에서 본다면, 4·16 이전의 교육 체제는 바로 1960~1970년대 초기 산업화 시기의 일등 인재 또는 엘리트 육성 지향적인 국가주의적 교육 체제와, 1990년대 이후 부각된 시장주의적 교육 체제가 혼합된 체제라고 할 수 있습니다. 우리가 4·16 '이후' 교육 체제를 생각한다면, 바로 이 두 가지 교육 체제와 그것이 혼합된 체제의 문제점을 넘어서는 것이어야 합니다.

4 ·16 교육 체제의 새로운 지향

현재 저는 4 ·16 교육 체제의 세 가지 다른 지향을 다음과 같이 생각해봅니다.

먼저 공동체적 인간을 육성하는 교육이어야 합니다. 내 이해, 내 권리, 내 안위만이 아니라, 타인의 이해, 권리, 안위, 내 행위가 공동체에 미칠 파장을 인식할 수 있는 인간을 육성하는 교육이어야 합니다.

다음으로 일등주의 교육이 아니라, 학생 한 사람 한 사람을 존중하는 '오직 한 사람 교육'이어야 합니다. 일등만이 의미를 갖는 엘리트주의적 교육을 넘어서야 합니다. 최근 대한체육회와 생활체육회가 통합되는 과정을 밟고 있는데, 저는 이러한 변화도 유의미하다고 봅니다. 체육 분야에서도 엘리트주의적 방침 아래 국가 주도적 메달 따기 경쟁이 이루어져왔기 때문입니다.

셋째로 학생들을 주체적인 인간으로 키우는 교육이어야 합니다. 단지 피교육자 또는 순응주의적 인간이기만 한 것이 아니라, 자기 주도적이고 자율적이며 자기 결정 능력과 자치 능력을 갖는 주체적인 인간을 만드는 교육이어야 합니다. 우리가 학생들을 '교복 입은 시민', 즉 권리를 향유해야 하는 시민, 자기 결정권과 자치 능력을 갖는 시민으로 대우하고, 또한 그렇게 교육해야 할 것입니다.

물론 이 4 ·16 교육 체제는 우리가 실현해가야 할 목표이며 그 내용은 현재로서는 마치 '빈 기표' 또는 화두 같은 것으로 존재하고 있습니다. 우리가 채워가야 할 미래입니다.

은화 엄마의 소원

어제 이재정 경기도교육감, 최교진 세종시교육감과 함께 팽목항을 찾았
습니다. 아직 아홉 분의 시신은 수습하지 못한 상태입니다. 네 명의 학생, 두
명의 선생님, 세 명의 일반인 미수습자가 있습니다.

　아직 시신을 수습하지 못한 조은화 학생의 어머님을 팽목항에서 만났습니다. 그 절절한 아픔의 이야기를 들으며 가슴이 먹먹해졌습니다. 은화를 다시 찾고, 마지막 가는 길에 수업을 받던 교실을 들르는 것이 소원이라고 하시더군요.

하늘나라 우체통에 보내는
두 번째 편지

자료면 · 하늘나라 우체통

세월호 2주기를 앞두고, 오늘 팽목항에 다녀왔습니다. 분향소를 찾아 희생자들께 분향하고, 하늘나라 우체통에 편지 한 통을 보내고 왔습니다. 2년이 흐른 팽목항은 여전히 그대로입니다.

반성하는 마음으로,
속죄하는 마음으로,

그날의 아픔을 간직하면서,
'진실에 기초한 교육', '사람이 먼저인 교육'을
만들어가겠습니다.

하늘나라 우체통에 보내는 두 번째 편지

봄날의 햇살은 따사롭고, 세월호를 기억하는 이들의 마음에 새겨진 노란 리본은 더욱 짙어져갑니다.

2014년 4월 16일의 2주기를 며칠 앞둔 오늘, 세상에서 가장 슬픈 팽목항의 하늘나라 우체통에 다시 왔습니다. 아버지로서의 마음과 교육감으로서의 다짐을 편지 한 장에 담아, 모든 잡다한 일들을 내려놓고 이곳에 왔습니다.

그날의 아픔은 2년이 흐른 오늘도 여전히 완성되지 못한 퍼즐 조각처럼 흩어져 있습니다. 300여 명의 꽃다운 학생들의 희생이 단지 우리 역사 속 안타까운 하나의 사건으로 남지 않도록 우리가 무엇을 해야 할 것인지 생각합니다.

꿈을 제대로 펼쳐보지 못하고 사라져간 어린 생명들을 마주하고 나서야 우리 어른들은 반성하고 깨달음을 얻었습니다. 세월호의 슬픔과 부끄러움은 이제 우리 교육에서 변화의 시작이자 반성의 기준이 되어야 합니다. 그런 면에서 저는 세월호 이후 달라져야 하는 우리 교육은 '모든 아이가 행복해지는 교육'이어야 하며, 그것이 실현되도록 하는 것이 교육감으로서 제 소임이라고 말해왔습니다. 희생된 아이들의 꿈이 다른 방식으로나마 살아 돌아올 수 있도록 1등만이 아니라 모든 아이들의 개성과 잠재력을 꽃피울 수 있는 교육, '살림의 교육'으로의 변화가 필요합니다.

세월호 2주기를 즈음하여 우리의 교육과 안전에 대한 감수성은 세월호 이전보다 얼마만큼 더 깨어났을까를 생각해봅니다. 그날, 기울어져가는 배 안에 그저 '가만히' 있어야 했던 아이들의 못다 한 외침을 좌표로 삼아 서울교육은 더욱 힘차게 나아가야 한다고 다시 한 번 다짐해봅니다.

다시는 세월호와 같은 일이 생기지 않도록 서울시교육청은 학생, 학부모, 교사, 시민과 함께 행동하고 변화해나갈 것입니다. 그리하여 희생된 아이들 한 명 한 명의 못 이룬 꿈이 세월호 이후 달라진 한국 교육에서 실현될 수 있기를 소망합니다. 그것을 저는 '4·16 교육 체제'라고 부르고 싶습니다. 반성하는 마음으로, 속죄하는 마음으로 새로운 교육을 향해서 나아가겠습니다. 지금의 깨달음이 '사람이 먼저인 교육', '안전한 교육'을 만드는 행동의 변화로 이어질 수 있도록 더욱 최선을 다하겠습니다.

팽목항 앞바다를 바라보고 있자니 마음이 너무 아파 가누기가 힘이 듭니다. 마치 때가 되었으니 의례적으로 찾아오는 손님처럼 보일까 걱정도 되고 부끄럽기도 합니다. 내년에는 조금은 더 떳떳한 마음으로 올 수 있게 되기를 빌어봅니다. 그만큼 서울로 돌아가면 할 일이 많을 것 같습니다. 오늘만 4월 16일이 아닌, 1년 365일 매일매일이 4월 16일이라는 마음으로 살아가려 합니다.

2016년 4월 14일
서울특별시교육감 조희연

20160408

체벌을 해서라도 성적을 끌어올려라?

영화 〈4등〉을 보고

오랜만에 좋은 교육영화를 보게 되었습니다.

정지우 감독이 만든 〈4등〉이라는 영화 시사회에 다녀왔습니다. 국가인권위원회가 기획한 영화인데요. 기존에는 짤막짤막한 옴니버스형 인권 영화를 제작했었는데, 그것들이 대체로 계몽적인 영화에 가까웠다면 이번에는 인권을 주제로 하면서도 본격적인 대중 영화를 제작한 것으로 보입니다.

이 영화는 언제나 4등만 하는 수영 꿈나무인 준호가, 준호를 때려서라도

1등으로 만들려는 '폭력적' 코치 광수를 만나면서 벌어지는 이야기를 흥미롭게 다루고 있습니다. 수영 꿈나무와 수영 코치 간의 관계를 주로 다루고 있기는 하지만, 더 나아가서 우리의 학교와 가정에서 폭력이라는 것이 어떻게 일상적 삶의 일부로 체현되어 재생산되고 있는가를 잘 보여주기 때문에, 학생들 모두에 대한 좋은 인권 영화가 될 것입니다.

학생에 대한 체벌이나 폭력이 나쁘다고 강조하는 '훈계형' 영화라기보는, 우리 삶 속에서 체벌이나 폭력이 어떻게 정당화되고 어떻게 일등주의 교육 속 유기적 일부가 되어 있는가를 담담하게 보여준다는 면에서 더욱 설득력을 갖습니다.

그런 점에서 이 영화의 두 가지 화두는 일등주의와 이를 위해 쉽게 정당화되는 체벌 또는 폭력이라고 할 수 있겠습니다.

일등주의와 체벌·폭력의 관계

스스로가 폭력의 피해자가 되는 것을 거부하고 선수촌을 이탈해 수영을 중단했지만 도리어 제자를 때리는 코치로 변신한 광수 박해준 분. 자녀가 일등하는 것을 자기 삶의 목표이자 가정의 목표로 설정하고 분투하면서, 이를 위해서는 자녀가 체벌을 당하는 것도 감수하겠다고 하는 어머니 정애 이항나 분. 두 배우의 연기가 매우 인상적이었습니다.

폭력의 피해자가 가해자가 되는 대단히 자연스러운 삶의 모습을 다양하게 그리고 있는 것도 인상적입니다. 코치인 광수뿐만 아니라, 폭력의 피해자인 준호가 코치의 폭력에 반항해 수영을 중단했으면서도 자신의 어린 동생에게 가해자적 폭력을 행사하게 되는 모습도 고통스러운 공감 속에서 지켜보았습니다.

이제는 학교 현장에서 직접 체벌이건 간접 체벌이건 위법적 행위로 인식

될 정도로 이전에 비해 인권 의식이 많이 발전했습니다. 그러나 여전히 일등주의적 교육 경쟁이 모두에게 불변의 목표가 되어 있고, 그로 인해 일상화·문화화된 폭력·체벌이 여전히 잔존합니다.

이 점을 생각해볼 때 이 영화가 많은 사람들에게 우리의 교육 현실을 되돌아보는 기회가 되면 좋겠습니다.

자기만의 언어로 전하는 자폐인들의 소리를 우리 모두가 들을 수 있기를

세계 자폐인의 날 기념식

오늘 오전에 여의도 이룸센터에서 열린 세계 자폐인의 날 기념식에서 축하의 말씀을 드리고 왔습니다. 행사장 입구의 벽면에 각자 성원을 담은 말을 써 붙이는데, 저는 자기만의 언어로 세상에 전하는 자폐인들의 소리를 우리 모두가 들을 수 있는 날이 오기를 소망한다고 썼습니다.

파란색이 자폐인들이 가장 좋아하는 색깔이며, 계몽을 상징한다고 하지

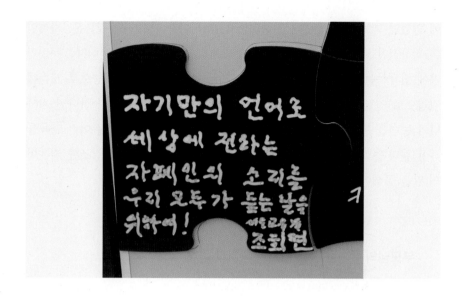

요? 매년 세계 자폐인의 날을 맞아 자폐인에 대한 관심과 이해를 상징하는 파란색 조명을 밝히는 글로벌 캠페인 '파란빛을 밝혀요 Light it up blue!'를 벌인다고 들었습니다. 한국에서는 2013년부터 서울N타워와 인천대교가 이 캠페인에 동참하고 있다지요. 저도 평소와는 달리 파란색 옷을 입고, 올해로 9회째를 맞는 세계 자폐인의 날 기념식에 왔습니다.

자폐인, 애정 어린 교육으로 이해하고 함께하기

사실 우리 모두는 일정하게 자폐성을 가지고 있지 않나 생각합니다. 학습장애, 정서장애, 소통장애를 모두가 일정하게 갖고 있습니다.

몇 년 전 『나는 그림으로 생각한다』라는 자폐에 관한 책 소개를 읽은 적이 있습니다. 지은이 템플 그랜딘 자폐를 '극복'하고 동물학 박사학위를 받은 뒤 콜로라도 주립대 조교수로 활약은 세 살 때 다른 의사소통 방법이 없어서 소리를 지를 수밖에 없었던 기억을 갖고 있다고 하더군요. 지은이가 암시하는 결론은 '자폐인은 정상적인 사람과 다른 방식으로 생각하고 느끼는 사람일 뿐이다', '무엇인가에 집착하는 자폐인의 성향은 막을 것이 아니라 확장해서 재능으로 개발해 직업으로 연결시킬 수 있다. 남들이 옆에 있는 것을 참아주기만 한다면 저마다의 능력을 발휘해 함께 살아갈 수 있다. 단, 일찍 발견해 애정 어린 교육을 해야 한다'는 것이었습니다. 결국 '애정 어린 교육'의 중요성을 강조한 지은이의 말을 곱씹어보며, 교육감으로서 막중한 책임감을 느낍니다.

부모님의 무거운 짐을 사회와 국가가 함께 껴안아야

자폐성 장애는 사회적 의사소통이 어려우며, 70퍼센트 이상이 행동 문제와 지적장애를 동반한다고 합니다. 무엇보다 스스로 의사 결정과 판단이 어려워 인권의 사각에 있는 심각한 발달장애입니다.

미국, 유럽의 자폐 아동 비율은 1퍼센트, 한국은 2.64퍼센트이고, 2015년 통계를 기준으로 보면 특수교육이 필요한 서울시교육청 전체 1만 3000여 명의 학생들 가운데 자폐성 장애는 지적장애에 이어 두 번째로 많은 약 1800명에 이르고 있습니다.

자폐성 장애는 민족·문화·경제·지리적 경계와 무관하게 발생하는 장애로서, 현재 전 세계적으로 자폐성 장애의 조기 발견과 치료, 예후 및 사회적인 대책 마련이 중요하다는 데 동의를 얻고 있습니다.

그럼에도 뒤늦게 장애 범주에 포함되다 보니 아직까지 자폐에 대한 공감이나 대책 마련이 미진한 상황이며, 이에 대한 책임도 온전히 가족의 몫이 되고 있는 측면이 있습니다.

지난 일주일 동안 교육청에서 장애인 농성이 있었습니다. 부모님들이 항의하기 위해 장애 아이들을 교육청에 보내셔서 저희가 돌보게 되었는데, 그

과정에서 교육청 직원들이 깨달은 바가 컸습니다. 장애 학생을 돌보느라 부모님들이 너무 힘든 시대적 짐을 지고 살아가는구나, 이 무거운 짐을 사회 공동체와 국가가 더욱 많이 함께 껴안아야겠구나 하는 것입니다.

교육청에서 해야 할 일

자폐아의 문제는 인권의 문제이기도 하고 교육 불평등의 관점에서 바라볼 수도 있다고 생각합니다. 우리 교육청이 오직 한 사람을 위한 온리 원 교육을 위해 노력하는 것처럼, 저는 모든 학생이 부당한 대우나 불평등으로 인한 부정적 영향에서 벗어나 저마다의 개성을 온전히 실현할 수 있도록 배려받아야 마땅하다고 생각합니다.

현재 진행 중인 것도 있고 앞으로 추진 예정인 것도 있습니다만, 자폐성 장애를 포함한 많은 발달장애인을 위한 직업능력개발센터, 특수학교 설립 등 장애 학생 관련 교육정책을 구상하고 실현하는 데 더 적극적인 노력을 기울이도록 하겠습니다.

20160119

신영복 교수 영면에 드리는
추도사

신영복이 없는 시대, 우리는 그가 남긴 아포리즘과 대화하며 씨과실의 싹을 틔울 것입니다. 오늘 자 한겨레신문에 신영복 선생님 영전에 드리는 제 추도문이 실렸습니다.

선생이 남기신 말씀 되새겨 '씨과실'의 싹 틔우겠습니다
신영복 선생 영전에 드리는 글

선생님께서 인생의 마지막 여행을 떠나신 지 벌써 사흘, 아직 실감이 나지 않는다. 지난 7일과 11일 댁으로 문병을 갔을 때만 해도 과거를 회상하며 많은 말씀을 나누었는데, 부음을 듣고도 믿어지지가 않는다.

스무 해를 감옥에서 보내셨지만, 그는 감옥 창살로 들어오는 신문지 크기만 한 햇살에서도 희망을 읽고, 삶과 세상에 대해 사색하셨다. "감옥이란 감옥 밖에 있는 사람들이 자신은 갇혀 있지 않다고 착각하게 만드는 공간"이라는 미셸 푸코의 통찰을, 우리는 그의 〈감옥으로부터의 사색〉을 읽으며 깨달았다.

성공회대에 교수가 네댓 명뿐이던 1989년부터 선생님은 정치경제학, 사회과학입문, 중국고전강독 등을 강의하셨다. 그의 강의는 성공회대뿐 아니라 우리 사회에 참신한 새바람을 가져왔다.

그가 성공회대에서 '교수축구회'를 이끌기도 했다는 사실을 사람들은 상상하기 어려울 것이다. 그가 운동장을 누비자 가수 안치환 등 외부인 축구광들까지 몰려들어 축구회는 성황을 이루었다. 심지어 정몽준 축구협회장이 이끄는 축구회까지 원정 경기를 올 정도였다.

그는 한쪽 경계 안에 머무는 데 만족하지 않는 이였다. 사람들은 장기수 출신의 그를 진보 인사로 여겼지만, 그의 메시지는 보수와 진보의 경계를 뛰어넘어 깊은 울림을 던졌다. 그에게는 제도권과 비제도권, 시민단체와 기업체를 가리지 않고 강의 요청이 들어왔다. 그는 이질적으로 보이는 서양 사회과학과 중국 고전의 경계를 넘어섰고, 한문 대신 한글로 자신의 독특한 서체를 빚어냈다.

그가 자신의 쇠귀체로 남긴 서화는 '더불어 숲', '처음처럼' 등 무수히 많다. 그의 사색은 우리 시대의 새로운 격언과 금언이 되었다. 그는 머리보다는 가슴이, 가슴보다는 발이 더 좋아야 한다고 믿었다.

"머리에서 가슴으로, 그리고 가슴에서 다시 발까지의 여행이 우리의 삶입니다. 머리 좋은 사람이 마음 좋은 사람만 못하고, 마음 좋은 사람이 발 좋은 사람만 못합니다." 발이 좋은 사람이란, '더불어 숲'을 만들기 위해 머리로 생각하고 가슴으로 느낀 것을 실천에 옮기는 이를 말한다.

그는 "석과불식碩果不食"이란 말씀을 자주 했다. "씨과실은 먹지 않습니다. 새로운 시작이고 희망입니다." '석과불식'은 〈주역〉 '박괘剝卦'에 나오는 말이다. '박괘'는 소인배들이 득세하여 군자들을 깎고 또 깎아내는 상황이지만, 마지막 장에 '석과불식'이라는 희망의 메시지가 남아 있다. 소인배가 비록 득세하더라도 큰 과일은 먹히지 않는다. 거기에 우리 시대의 희망이 있다는 말씀이다. 씨과실이 땅에 떨어져 썩지만 그것은 죽음이 아니다. 새로운 시작이고 희망이다.

돌이켜보니 선생님이야말로 석과불식의 씨과실이셨다. 하필이면 한파 속에 선생님은 먼 길을 떠나셨지만, 소중한 씨과실을 남기고 가셨다. 그는 "작가는 죽지만, 독자는 늘 새롭게 탄생한다"고 했다. 신영복이 없는 시대, 우리는 그가 남긴 아포리즘과 대화하며 씨과실을 부화시킬 것이다. "함께 비를 맞으면서" "더불어 숲"을 이루도록.

조희연 서울시교육감

≪한겨레≫, 2016.1.18(http://www.hani.co.kr/arti/society/obituary/726776.html).

못다 핀 청춘이 남기고 간 말의 무게
어느 서울대생의 유서

유서는 무게를 갖습니다. 한없는 무게를 갖습니다. 우울증을 앓았다는 한 학생의 너무도 '명징한' 유서를 보고 저는 혼란에 빠집니다.

이 자살 소식*을 접하면서 많은 분들이 놀라고 당황하고 '이럴 수가 있는가' 생각하셨을 것입니다. 일차적으로 우리 사회의 불평등에 대한 좌절감을 서울대생까지 느낀다는 것에 대한 놀라움과 의문일 테지요. 그리고 우울증을 앓았다는 이야기를 읽으면서는 '그러면 그렇지' 하는 안도감 다시 상식으로 돌아갈 수 있다는과, '이 심각한 말들을 또 우울증이라는 병력으로 마무리 짓는구나' 하는 또 다른 씁쓸함이 동시에 들지 않을까요.

우울증을 앓으면서 느낀 분노, 좌절, 스트레스의 말들이 과연 통상적인 언어들과 어떻게 다르며 어떻게 연관 지어야 하는지는 고민해볼 만합니다. 그러나 '금 金전두엽'이라는 말처럼 스스로 머리가 비상한 수재이면서도 요즘 논란이 되는 '수저 빛깔'에 대한 분노가 얼마나 가득 차 있는지, 또 그러한 분노가 우울증을 악화시키고 우리 사회 공동체를 위협하는 수준으로 가고 있는 것이 아닌지 우려가 됩니다.

그는 "먼저 태어난 자, 가진 자, 힘 있는 자의 논리에 굴복하는 것이 이 사

---

* "[유서 전문] '생존을 결정하는 건 수저 색깔' 서울대생, SNS에 유서 남기고 투신", 《국민일보》, 2015.12.18 (http://news.kmib.co.kr/article/view.asp?arcid=0010176594&code=61121111&cp=nv).

회의 합리"라는 말을 남기고 떠났습니다. 그 못다 핀 청춘의 외침이 너무나도 명징해서 한편으론 공허함과 허탈감이 느껴지기도 합니다. 이 학생의 죽음을 우울증이라는 정신의학적 병명 안에만 가둬두는 것은 적절하지 않습니다. 이미 오래전부터 한국 사회의 화두인 교육 불평등이라는 우리의 맨얼굴을 적나라하게 마주한 것만 같은 느낌이 듭니다. 이 열아홉 청춘이 한국 사회의 교육에 대해 그간 얼마나 많은 실망과 좌절을 반복했을까 생각하니, 지금 교육감이라는 자리에 서서 제가 외치는 "모두가 행복한 교육"이라는 말의 무게도 오늘따라 더욱 육중하게 느껴집니다.

장애인과 함께 사는 세상이
우리 아이들이 미래에 살아야 할 세상입니다
발달장애 학생 직업능력개발센터 설립 호소문

서울시교육청은 동대문구 제기동 성일중학교에 한국장애인고용공단과 함께 발달장애인 직업능력개발센터 설립을 시도하고 있습니다. 이 사업은 2013년부터 시작되었는데, 학생 수가 줄어드는 성일중의 한 건물에 이 센터를 설립하고자 하는 것입니다. 이에 대해 일부 주민들의 반대가 강하게 제기되었습니다. 교육감이 직접 나서서 주민들을 설득하는 작업을 했지만, 여전히 일부 주민들의 반대가 강하게 제기되고 있습니다. 이에 대해 간곡한 심정으로 저는 아래와 같은 호소문을 발표했습니다.

-- ✂

존경하는 제기동 주민 여러분!

최근 서울시교육청과 한국장애인고용공단이 발달장애 학생들을 위해 직업능력개발센터를 설치하기로 하자 일부 주민들께서는 이에 반대하고 계십니다. 물론 주민들 중 찬성하시는 분도 적지 않음을 알고 있습니다.

저는 지난 일요일 주민 대표들과 대화의 시간을 가졌습니다. 주민들께서는 직업능력개발센터 설립을 취소하거나 이전하는 방안 등에 대해서 제안하였고, 저는 주민 대표님들께 다시 한 번 생각해주시도록 요청드리며 대화를 마쳤습니다. 그런데 하루 후에 열린 주민설명회 또한 무산되는 바람에 지속적으로 대화를 이어가고자 하는 저의 소망은 좌절되었습니다. 그리하여 저는 그동안 주민께서 교육청에 전한 여러 가지 우려 섞인 의견들과 지난 일요일의 대화에서 전달된 의견 등에 대해서 깊은 고민을 해보았습니다. 그런 고민 속에서 주민 여러분께 호소문을 써야겠다는 생각을 했습니다.

직업능력개발센터의 설립에 따른 여러 가지 우려 사항들에 대해서 검토를 하면서, 무엇보다도 먼저 직업능력개발센터에 대해 일부 주민들께서 실제보다 너무 큰 우려를 하고 계신다는 생각이 들었습니다. 장애인과 함께 사는 사회를 만들어가야 한다는 우리 사회의 인권적 관점에 비추어, 직업능력개발센터에 대해서 주민 여러분들께서 한 번 더 열린 마음으로 접근해주시기를 청해야겠다는 결론에 이르게 되었습니다.

저는 서울 학생들의 교육을 책임지고 있는 교육감으로서 간곡히 호소드립니다.
장애 학생들이 생존에 필요한 직업훈련을 받을 수 있도록 도와주십시오.
장애 학생들과 지역이 함께 발전할 수 있도록 힘을 실어주십시오.

직업능력개발센터에 대해서 과도한 우려를 가지실 필요가 없습니다. 또한 그 우려를 보완할 방법을 같이 찾아가도록 합시다.

반대하시는 주민들께서는 직업능력개발센터가 들어설 경우 많은 문제점이 있다고 지적하십니다. "성인 발달장애인들이 옴으로써 일반 학생들에게 위협이 될 수 있다", "가뜩이나 어려운 지역 여건이 더욱 열악하게 된다", "성일중학교가 마치 장애인중학교처럼 됨으로써 학교의 장래가 불안해질 수 있다", "학교 교육 환경이 열악해진다", "성일중 학생들의 교육 시설이 협소해진다", "센터에 인접한 빌라 등에 큰 해를 미친다" 등등 다양한 반대 의견을 들었습니다.

이것은 직업능력개발센터에 대한 과도한 우려라고 생각합니다. 그리고 그 바탕에는 발달장애인에 대한 부정적인 인식이 자리하고 있는 것으로 느껴집니다. 며칠 전 JTBC에서는 심층적인 조사를 통해서 장애인 시설이나 특수학교가 들어서더라도 인근 아파트나 거주 지역에 결코 악영향을 끼치지 않는다 심지어 아파트 가격이 상승하며 하락의 추세가 없다는 점 등을 보도한 바가 있습니다. 저희는 주민들의 우려가 전혀 근거가 없다고 이야기하지는 않겠습니다. 그러나 머리를 맞대고 보완 방안을 찾으면 극복할 수 있다고 생각합니다.

또 일부 주민들께선 "글로컬타워로 장소를 옮겨서 들어가면 좋지 않은가" 하고 반문합니다. 저희도 검토를 해보았습니다마는, 저희는 고등학교 발달장애 학생들을 위한 연장 교육으로서 이 센터를 설립하고자 한 것이며, 그곳은 이러한 목적에 부합하지 않습니다. 또한 매년 2억 6000만 원에 이르는 임대료를 교육청이 감당하기도 어렵습니다. 그리고 글로컬타워 입점을 희망하는 동대문구 장애인단체가 직업능력개발센터의 글로컬타워 이주에 대해 반대하는 공문을 보내온 상태입니다. 설령 글로컬타워로 이주할 수 있다고 하더라도 성일중학교보다 글로컬타워의 접근성이 떨어져 장애 학생은 더 먼 거리를 오랜 시간 걸어야 하는 어려움이 있습니다.

저희가 실무적으로 이를 검토한 결과 실현에 많은 어려움이 있고 애초의 목적과도 멀어진다는 점을 말씀드리지 않을 수 없습니다.

일부 주민들의 주장 중 한 가지는 특히 마음에 걸립니다. "왜 하필이면 어려운 지역이라고 할 수 있는 제기동인가" 하는 부분입니다. 저희 교육청이 특별히 어느 지역을 염두에 두고 진행한 것이 아닙니다. 직업능력개발센터는 혐오 시설이 아니며, 서울시교육청에 여유 교육 공간이 그리 많은 것도 아니기 때문에 여건이 되는 곳이면 서울 시내 어느 지역이든 설치될 수 있다고 봅니다.

서울시교육감으로서 가장 크게 역점을 두는 정책 방향을 이야기하라면, 저는 단연코 '교육 불평등의 해소'라고 이야기할 것입니다. 저는 '태어난 집은 달라도 배우는 교육은 같아야 한다'는 일념으로 여러 가지 정책들을 구상하고 시행하고 있습니다. 어떤 의미에서 제기동과 같이 어려운 지역의 교육 환경을 개선하고 그런 지역의 학교들에 더 많은 공교육적 지원을 하려고 고민하고 노력하는 교육감이라고 감히 자부하고 싶습니다.

특수학교나 장애 학생 직업능력개발센터는 혐오 시설이 결코 아닙니다. 오히려 우리 아이들이 장애를 가진 아이들과 함께 사는 '협동 능력', '함께 사는 능력'을 배우는 좋은 교육 공간이 될 수도 있습니다.

우리가 장애인을 포함하여 다종다양한 약자들과 함께 사는 세상을 만들어가고자 한다고 할 때, 조금만 마음을 열면 그런 우려들은 '감내할 수 있는 불편함'으로 충분히 수용해주실 수 있다고 생각합니다.

다시 한 번 간절히 호소드립니다. 장애 학생 직업능력개발센터에 대해서 한 번 더 찬찬히 열린 마음으로 생각해주시기를 읍소하는 마음으로 부탁드립니다.

"능력에 따라 직업을 선택하여 경제활동을 하고 응당한 보수를 받을 권리가 있으며"

이것은 '장애인 인권헌장'에 나오는 말입니다. '장애인 등에 대한 특수교육법'에도 특수교육대상자에 대해 '직업재활훈련 등 자립생활훈련을 실시'하도록 명시하고 있습니다.

장애인이 인간다운 삶을 영위할 수 있으려면 적절한 직업을 가지고 '자립'할 수 있는 것이 가장 핵심입니다. 실제로 장애인들이 사회에서 받는 차별과 소외의 대표적인 예가 고용에서의 차별입니다. 사회적으로 가장 약자에 속하는 장애인이 스스로 일할 수 있고 생활을 유지할 수 있도록 온 사회가 지원을 해야 합니다.

우리나라에는 전체 인구의 약 10%에 해당하는 450만 명의 장애인이 있으며 이들의 60%가 학교를 다니지 못하거나 초등학교만 다닌 것으로 알려져 있습니다. 장애인의 열악한 교육 환경은 취업에도 이어져 장애인의 취업률은 30% 정도에 불과합니다. 이런 이유로 장애인들이 자립의 기회를 잃어버린다면, 비장애인들이 그들을 부양해야 하는 사회적 비용은 더 높아질 수밖에 없고 결국 장애인뿐 아니라 모두가 힘겨운 사회가 될 것입니다.

우리나라 처음으로 장애 학생도 직업훈련을 받을 수 있게 됩니다

사회적응력이 부족한 발달장애 학생들이 직업 생활에 필요한 지식과 기능을 실생활 환경에서 익히고 직업에 대한 바른 태도를 함양할 수 있는 시설은 매우 중요합니다.

비장애 학생들은 25개 자치구마다 설치된 진로직업체험센터 등에서 다양한 진로 체험을 할 수 있습니다. 또한 자유학기제 과정에서 진로·직업교육도 이루어지고 있습니다. 그러나 우리나라에 장애 성인을 위한 직업훈련 기관은 부족하나마 소수 있지만, 장애 학생들을 위한 상설 직업훈련 기관은 아직 하나도 없습니다.

서울시교육청은 장애 학생의 직업훈련의 중요성을 깊이 인식하고 이를 지원하기 위해 노력하고 있습니다. 그 일환으로 고등학교 1, 2학년 학생과 전공과 학생에게 직업훈련을 제공하기 위해 성일중학교에 '커리어월드'(가칭) 설립을 추진하고 있는 것입니다. 이 시설에는 여러 기업들이 참여해서 실제 직업 현장과 똑같은 시설을 갖춘 14개의 직업 체험실을 만들어주기로 했습니다. 교육청과 정부, 기업까지 힘을 합쳐 시도하는 전국 최초의 장애 학생 직업훈련 시설입니다. 이것은 작은 첫걸음에 불과합니다.

교육청이 주민 여러분들의 염려를 해소할 수 있도록 최선을 다하겠습니다

아직 우리나라는 장애인과 일상생활에서 접촉할 기회가 많지 않습니다. 장애 학생과 처음으로 접하게 되면 당황스러울 수도 있습니다. 그러나 이들은 우리와 똑같은 인권을 가진 사회적 약자로서 도움과 배려가 필요한 사람들이라는 점을 이해해주시기 부탁드립니다.

그럼에도 불구하고 서울시교육청은 주민들의 염려를 해소할 수 있도록 만전을 기하겠습니다. 등·하교 시간에 안전 요원을 배치하고, 횡단보도를 추가 설치하는 등 안전에 최선을 다하겠습니다. 성일중학교와 별도의 시설로 운영되어 커리어월드 이용자가 성일중학교로 들어가지 않도록 별도의 출입로를 확보하겠습니다.

또한 장애 학생 직업훈련 시설이 주민들의 편의를 높이고, 주민들이 즐겨 찾는 공간이 될 수 있도록 열린 카페, 제과점, 도서관, 음악회, 장터, 복사·팩스·출력 등 사무 서비스를 제공하려고 합니다. 지역 주민과 장애·비장애 학생들이 함께 참여 프로그램을 설계해서 운영할 수 있도록 계속 지원을 할 것입니다.

그리고 직업능력개발센터의 입주로 성일중학교에 부정적인 영향이 있을 것이라고 생각하는 분들의 우려가 단지 기우에 그칠 수 있도록, 성일중학교가 더 좋은 학교로 발전해갈 수 있도록 다양한 대책을 마련하겠습니다. 저희 교육청이 준비하는 정책 외에도 학부모님들과 더 많은 지원 방안을 모색하기 위하여 머리를 맞댈 준비가 되어 있음을 말씀드립니다.

아이들이 '꼴찌 없는 세상'에서 함께 성장하도록 힘을 더해주십시오

얼마 전 한 초등학교의 운동회 사진이 전 국민들의 감동을 불러일으켰습니다. '꼴찌 없는 달리기'라는 제목의 이 사진에는 학교 운동회에서 '연골무형성증'을 앓는 친구의 손을 잡고 함께 걸어 들어오는 초등학교 6학년 아이들의 모습이 담겨 있었습니다. 우리 아이들이 모두가 일등인 경기를 만들어낸 것입니다.

우리 아이들 모두가 이런 모습으로 자랄 수 있도록 도와주십시오

앞으로 우리 아이들이 살아갈 시대는 혼자서만 잘하는 시대가 아니라 서로 소통하고 공감하며 협력할 수 있는 삶의 태도가 중시되는 시대입니다. 따라서 사회적 약자를 포용할 수 있는 민주적 소통 능력과 공동체성을 강조하는 교육이 되어야 합니다. 아이들이 서로 소통하는 가운데 협력하고 배려하며 미래 사회에 필요한 역량을 기르게 하는 것이 교육의 목표입니다.

존경하는 주민 여러분!

커리어월드는 전국 최초의 발달장애 학생 직업훈련 기관입니다. 발달장애 학생들이 이곳에서의 직업훈련을 통해 꿈을 발견하고 꿈을 키우고 꿈을 만들어가는 기회의 장소가 될 수 있도록 도와주시기를 간곡히 부탁드립니다. 또한 성일중학교의 사례를 본받아 발달장애 학생 직업훈련 기관이 전국적으로 확산되는 단초가 되기를 소망합니다. 서울시교육청은 성일중학교와 커리어월드가 장애 학생의 진로·직업 교육의 명소로, 약자를 배려하고 더불어 살아가는 인성 교육의 요람으로, 나아가 주민 복합 편의 시설이 될 수 있도록 노력하겠습니다. 감사합니다.

2015년 11월 6일
서울특별시교육감 조희연

총알 세 발을 맞고
"오늘이 내 아들 생일"이라고 말한 아버지

나이가 들고 부모가 되면 눈가가 촉촉이 젖는 때가 많아지나 봅니다. 아침 신문에서 미국 오리건 주 총기 난사 사건을 접했습니다. 매번 이러한 사건으로 학생들이 희생되는데도 총기 규제를 하지 못하는 미국 사회의 '후진성'에 분노하고, 총알을 일곱 발 맞으면서 더 이상의 희생을 막아낸 한 남자의 용감성과 희생정신에 탄복했습니다. 그러나 저는 무엇보다 총알을 세 발 맞았을 때 남자가 총기 난사범을 올려다보며 말했다는, "오늘이 내 아들 생일이오"라는 한마디에 큰 감동을 받았습니다.

- ✂

총알 7발 맞으며 총격범 육탄 저지 … '불사신 영웅' 크리스 민츠

미국 오리건 주 총기 난사 사건에서 총알 7발을 맞으며 총격범을 육탄 저지한 30대 남성이 '불사신 영웅'으로 떠올랐다.

미국 오리건 주 로즈버그의 엄프콰 커뮤니티 칼리지 UCC 에서 1일 오전 10시 30분께 현지 시간 총격 소리가 잇따라 들렸을 때 이 학교 학생 크리스 민츠(30)가 떠올린 첫 생각은 '다른 사람들을 보호해야겠다'는 것이었다.

그리고 그는 여섯 살 난 자신의 아들 타이릭을 떠올렸다.

육군 복무 경력이 있는 민츠는 도서관으로 뛰어가서 경보를 울렸으며, 사람들을 붙잡고 빨리 피신하라고 알린 후 총격이 발생한 건물로 다시 달려갔다.

총격범 크리스 하퍼 머서(26)가 한 강의실에서 10여 명을 쏘고 나서 그 옆 강의실로 들어가려는 것을 본 민츠는 강의실 문을 닫고 머서가 들어가지 못하도록 막았다.

그러나 머서는 자신의 앞을 가로막는 민츠를 세 차례 총으로 쐈다.

바닥에 쓰러진 민츠는 머서를 올려다보면서 "오늘이 내 아들 생일"이라고 말했으나 머서는 무자비하게 그를 네 차례 더 쐈다.

민츠는 현장에 도착한 경찰이 머서를 사살한 후 병원으로 옮겨져 장장 6시간 반 동안 수술을 받았다. 몸에 박힌 총알 일곱 발을 제거하고 부러진 두 다리를 접합하는 대수술이었다.

그는 병원에 입원한 후에도 "사람들이 죽었다"며 울음을 터뜨리는 등 다른 이들의 안위를 생각했다고 그와 전화 통화를 한 가족과 친척들은 전했다.

사건 다음 날인 2일 아침 ABC방송과의 통화에서 입원 중인 민츠는 "다른 사람이 모두 괜찮았으면 좋겠네요. 걱정이 됩니다"라고 말했다.

민츠는 윗등, 복부 등에 중상을 입었으나 다행히 치명적 부위에는 총을 맞지 않았다. 다만 오랜 기간에 걸쳐 치료와 재활훈련을 받아야만 다시 걸을 수 있을 전망이다.

추가 인명 피해를 막은 민츠를 미국 언론 매체들과 네티즌들은 '미국의 영웅'으로 칭송하고 있다.

민츠의 페이스북에는 그의 용감한 행동에 찬사를 보내며 빠른 쾌유를 비는 글들이 넘쳐나고 있다.

이종선 기자 remember @ kmib.co.kr

《국민일보》, 2015.10.4 (http://news.kmib.co.kr/article/view.asp?arcid=0009922557&code=61131111&cp=nv).

청소년 알바 문제,
"십 대 밑바닥 노동"을 고민하다

청소년들, 특히 학업 중에 있는 학생들을 알바생으로 고용하는 과정에서 혹독한 저임금을 주고, 심지어 체불 등 부당노동행위를 자행하는 사례가 많습니다. 이런 사례를 접하면서, '청소년 노동 인권' 문제에 대해 우리 사회와 교육기관이 더 많은 관심을 기울여야겠다는 생각을 합니다. 저는 젊은 세대 미래 세대를 '초과 착취'하면서 유지되는 사회와 경제는 지속 가능하지 않다고 생각합니다. 이미 중·고등학생도 알바 시장에 대단히 노출되어 있습니다.

3장 | 함께 이해하고 함께 아파하는 교육의 무게

오늘 아침『십 대 밑바닥 노동: 야/너로 불리는 이들의 수상한 노동 세계』
이라는 책을 접했습니다. 공교롭게도 지난 금요일에 관람한 영화 〈카트〉에서
는 주인공 선희_{염정아} 분의 아들 태영_{도경수} 분이 편의점에서 알바를 하고, 그
임금을 떼어먹는 악덕 편의점 주인이 등장합니다.

중고생뿐 아니라 대학생들도 학업과 생활을 위해 엄청나게 알바에 시달
려야 하는 현실을 우리는 잘 알고 있습니다.『십 대 밑바닥 노동』이라는 책을
접하는 심정이 안타깝습니다. 우리 사회도 청소년 알바를 포함해 십 대_{이십 대}
대학생까지 밑바닥 노동에 대해 새로운 공적 기준을 만들어야 할 것 같습니다.
대학생들은 방학 중 알바를 하면 학기 중 생활비와 등록금을 충당할 수 있고,
중고생들은 알바를 해야 하는 상황이 공적으로 해결되어서 알바를 하지 않아
도 되는 사회를 꿈꾸어봅니다. 특히 중고생의 알바 문제에 대해 올해에는 더
심각하고 구체적인 고민을 해야겠다고 다짐합니다.

"왜 자사고 문제를 임기 초반에 다뤄서
힘을 빼지요?"

어제 대학교 교수 시절의 제자들이 찾아와서 식사를 같이했습니다. 이야기 중에 "왜 자사고 문제를 임기 초반에 다뤄서 그렇게 힘을 빼지요?"라는 질문이 나왔습니다. 저는 내심 놀랐습니다. 저에게 애정을 가지고 제 뉴스를 찾아보는 제자들인데도 정보 공유가 안 되었구나 싶었습니다. 올해 8월 말까지, 5년 만에 한 번 돌아오는 평가를 하지 않으면 안 되었기 때문에 불가피했다는 내용으로 대답을 했습니다.

저도 임기 초반에 여러 개혁정책들을 펼치고 내년이나 내후년에 자사고 문제를 다룰 수 있었다면 얼마나 좋았을까 생각합니다. 저에게는 일종의 불운이지요. 하지만 이 문제는 그렇게 미룰 수 없이 심각한 문제입니다.

이명박 정부 시절 2010년에 자사고 정책을 추진해서 서울에 14개가 설립되고 2011년에 11개가 설립되어 총 25개가 있고, 전국적으로는 49개가 있습니다. 다른 시도市道는 한두 개밖에 없어서 '고교 생태계'의 교란 요인으로 작용하지 않습니다. 서울에만 25개, 2만 6000명 정도가 재학하는 것입니다.

자사고는 출범 당시부터 교육부 내에서도 논란이 있을 정도로 문제가 됐습니다. 너무 수가 많다는 점에는 거의 모든 교육 관료들이 동의했다고 합니다. 오죽하면 '교육계의 4대강 사업'이라고 비판하는 분들도 있으니 얼마나 심각한 사안인지 알 수 있지요. 교육 불평등에 대한 문제 제기도 있었기 때문에, '사회적 배려 대상자'라는 이름으로 어려운 학생들을 의무적으로 받게 하는 조치도 만들어진 것이고요.

그러한 자사고 문제를 저라고 군이 임기 초반에 다뤄서 힘을 빼고자 했을까요? 이제는 많은 분들이 알고 계시겠지만, 사실 법적으로 자사고는 한번 지정하면 5년마다 평가해서 재지정 여부를 결정하게 되어 있습니다. 법으로 정해진 평가를 정해진 때에 안 할 수가 없는 것이지요. 마침 제가 취임한 해가 첫 자사고 평가를 해야 할 5년 차였고, 저는 저에게 주어진 그 법적 책무를 완수하지 않을 수 없었던 것입니다. 그리고 기왕 하는 것이라면 법의 취지대로 엄격하게 해야만 했던 것이고요.

물론 그냥 눈 딱 감고 적당히 넘어갈 수 있었을지도 모릅니다. 하지만 앞서 말씀드린 것처럼 이미 너무나 문제가 많은 것으로 확인된 자사고에 대해 '봐주기 평가'를 한다는 것은 교육감의 책임을 방기하는 셈입니다.

이번 '자사고 소란'은 그렇게 지난 정부에서 잘못 탄생한 자사고 제도와 저에게 주어진 법적 의무의 결합으로 빚어진 일이었습니다.

20141002

교사와 학생이
'서로 포기 모드'에 돌입?
어느 선생님의 '교실 붕괴'에 대한 고백

오늘 공립 고교에 근무하시는 한 여자 선생님이 교육청 사무실을 방문했습니다. '교실 붕괴'의 현실을 인식하고 여러 대책을 저도 고민하고 있습니다마는, 아주 놀랍고 리얼한 이야기를 들을 수 있었습니다. 사실 믿기지 않을 정도이고, 또 모든 학교가 그러지 않으리라고 생각할 수도 있지만, 우리가 우리의 교육 현실을 심각한 상황으로 인식하고 대책을 강구하지 않으면 안 된다는 생각은 더욱 강해졌습니다. 저는 대학에 몸담았었기 때문에 이 정도로 심각한지 몰랐는데, 지난번 일반고 교장 선생님들도 유사한 이야기를 하셨습니다.

선생님이 들려주신 이야기를 제 방식으로 정리를 해보았습니다. 우리가 이런 이야기들을 함께 나누고 같이 고민해봤으면 합니다.

"지금 교실은 '서로 포기' 모드로 진입해 있다. 학교와 교실에서, 교사는 학생을 포기하고, 학생은 선생을 포기한 상태이다. 반절 이상의 학생이 잔다. 학생을 깨우려는 의지도 없다. 교실 복도를 지나가보면, '지금의 학교는 학교가 아니다'.

교사는 무기력 상태에 있다. 수업을 잘해서는 인정받지 못한다. 오히려 공문 처리 능력 또는 사무 능력으로 평가받는다. 학교라는 공간은 이미 '아침형 교사'가 성공하는 공간이 되어 있다. 학교는 일찍 온 선생님이 성공하는 곳이다. 교장 선생님과 대화를 많이 하는 사람이 성공하는 곳이다. 독창적인 수업을 하고 수업에 열의를 갖는 교사가 성공하는 공간이 아니다.

여자 교사들의 경우 학생들에게서 막말을 수십 번 듣는다. '오늘 사표 써도 너를 사람으로 만들겠다'고 덤비는 교사는 없다. 학생들을 포기하지 않고 싸움을 해서라도 올바로 만들겠다는 교사는 없다. 어떤 의미에서 교사 사이에도 왕따 현상이 있다. '그냥 적당히 눈감고 넘어가지 왜 쓸데없이 시끄럽게 하는가'라고 말한다. 시끄러운 것을 싫어한다. 점점 더 모두가 포기해가게 된다.

때로는 여자 교사들이 압도적으로 많은 학교 현실이 야속하다. 학생들을 훈육하는 데는 남자 교사들이 필요한 경우도 있다. 그래서 여자 교사이지만 남자 교사 수가 늘어야 한다는 생각도 한다. 학생들에게는 여자 교사들이 만만해서 도저히 통솔이 안 되기 때문이다.

아이들을 포기하고 눈감지 않으면 교사들 사이에서도 힐난을 받는 현실을 어떻게 극복할까 생각해봐도 답이 없다. 학생들에 대한 생활지도를 학교와 교사가 포기하면 우리 사회의 어느 곳도 할 수가 없다."

저는 이 이야기를 들으면서 우리가 특단의 대책을 세우지 않는다면 교실 붕괴는 사회 붕괴로 이어지지 않을까 생각했습니다.

자는 중학생 깨우는 방법

교육개혁과 관련하여, 초등학교·중학교·고등학교 각 수준별로 교육 혁신 의제들이 있어야 할 것입니다. 주지하다시피 고등학교에 대해서는 자사고 정책 전환과 일반고 살리기 정책을 통해서 혁신을 추진하고 있습니다. 그렇다면 중학교 혁신의 의제는 과연 무엇일까요? 가설적으로 생각하고 있는 것은 어떻게 '잠자는 학생을 깨워서' 중학교 교육을 정상화할 것인가 하는 것입니다.

이런 고민을 하던 차에, 흥미로운 연구 논문을 접했습니다. 바로 「'수업 시간에 자는 중학생' 연구」경희대학교 성열관·이형빈, 《한국교육사회학연구》, 24권 1호 (2014년)입니다. 이 연구에서는, 자는 학생을 세 가지로 유형화해봤습니다.

① 대놓고 자는 학생들: 수업 질서를 따르지 않으면서도 수업을 방해하지 않는 선에서 교사와 암묵적으로 타협 "방해 안 할 테니 건드리지 말라"하고, 그 타협 행위로서 엎드려 자는 학생들. ② 눈 감고 있는 학생들: 겉으로는 잠든 것 같지만 귀는 열려 있으며, 수업 시간의 지루함을 견디고 신체를 이완시키는 방편으로 턱을 괴고 있는 등 느슨하게 자는 학생들. ③ 눈 뜨고 자는 학생들: 대놓고 잘 배짱이 없으면서도 수업에 참여할 의사도 없어, 눈은 뜨고 있지만 머릿속에는 딴 생각을 가득 채우는 학생들.

그렇다면 자는 원인을 어떻게 분석했을까요? "연구 결과 수업 외적 원인으로는 중학생들의 발달단계상의 특징과 교육과정상의 간극을, 수업 내적 원인으로는 강의 일변도의 지루한 수업이나 협력과 소통이 없는 수업을, 심리적

원인으로는 학습동기가 낮은 가운데 수업의 의미를 찾지 못하는 모습을" 제시했습니다. "학생들은 수업 시간에 멍하고 있으며 자다 깨다를 반복하거나, 아예 대놓고 자며 수업에서 탈주하거나, 일부 수업에만 선택적으로 참여하는 등 사회적 대응 전략을 취하고 있다"라고 합니다. 그리고 "높은 난도와 빠른 진도를 특징으로 하는 일방적인 수업이 이 현상을 강화"하는 것으로 봅니다. "그 결과 학생들은 '지는 게임의 남은 시간'의 지루함을 버티는 전략으로 참여를 기피하거나, 자책과 만회의 악순환 과정에서 자신의 정체성을 형성하고 있는 것"으로 나타났고, "일부 협력과 상호작용이 보장되는 수업에는 이러한 학생들도 소극적이나마 참여를 하는 모습을 보이는 것"으로 조사됐습니다.

그렇다면 이런 조건 위에서 어떤 대책을 세우면 좋을까요? 이 연구는 "'자는 학생들'은 매우 일관적으로 상호작용이 있는 수업, 모둠 활동이나 토론이 있는 수업, 실험하는 수업, 창작하는 수업—남자 중학생들이 가장 좋아하는 체육은 말할 것도 없이—등 교사와 학생, 학생과 학생 사이에 의사소통이 활발한 수업 시간에 지루하지 않다고 느끼고 있다"는 점을 발견했습니다. 이런 점을 전제로 한다면, "학생들이 수업이 자신의 성장에 의미가 있다는 것을 느끼게 하는 것, 모든 학생들이 성취감을 느낄 수 있도록 교육과정과 수업을 새롭게 바꾸는 것…… 그러기 위해서는 협력과 상호작용이 이루어지는 수업 전략을 활용하고, 모든 학생들이 각자 잘할 수 있는 영역에서 성취감을 느낄 수 있도록 교육 경험을 다양화"하는 대책이 필요하다고 합니다. "엎드려 있다고 하여 아예 잠들어 있는 것은 아니"기 때문에, 서울시교육청이 수업 혁신, 학교 혁신을 통해 '잠자지 않는 중학교 교실'을 만들기 위한 새로운 노력을 해야 한다는 것입니다.

수능 영어 절대평가는
옳은 방향이다!

황우여 교육부 장관이 '수능 영어 절대평가' 방침을 발표했고, 이에 대한 논란이 진행되고 있습니다. * 저는 사실 오래전 교수 시절부터 이런 아이디어를 주위에 이야기하고 찬성해온 입장이라, 이는 기본적으로 올바르다고 생각합니다. 한때 영어가 과잉평가될 때는 외고의 시험에서 수학 문제나 국어 문제의 지문을 영어로 출제하기까지 했던 적이 있습니다 그해에 들어온 학생들이 우수하지 못하다는 것을 뒤늦게 깨닫고, 또 사회적 비판도 있어서 폐지되었지요. 저는 언제나 '미국의 홈리스도 영어를 잘한다'고 이야기합니다. 영어가 지식의 '도구'이지 지식의 수준을 평가하는 잣대가 되지는 못한다고 생각합니다.

불행하게도 우리 사회에서는 지금, 영어 격차 English Divide가 사회적·경제적 불평등과 교육 불평등을 재생산하는 중요한 기제가 되고 있습니다. 지식수준의 올바른 판단 기준이 아닌 영어를 수단으로 불평등이 유지·재생산되는 방향으로 가고 있다는 것입니다.

이런 점에서 수능 영어 절대평가에 대해 기본적으로 찬성합니다. 물론 영어 절대평가의 부작용이나 문제점을 우려하는 목소리도 높습니다. 저는 언제나 '100퍼센트 완전한 정책'은 없다고 생각합니다. 어느 것이 시대적인 흐름에

---

* "수능 영어 現 中3부터 절대평가로", 《동아일보》, 2014.8.28
  (http://news.donga.com/3/all/20140828/66056167/1).

     3장 | 함께 이해하고 함께 아파하는 교육의 무게

맞고 아이들을 위하는 방향에서 올바른가를 따질 뿐입니다. 저는 이 점에서 영어 절대평가를 찬성하는 것이고요.

그러나 방향성이 옳다고 부작용이나 문제가 없는 것은 아니지요. 이른바 '풍선 효과'로 인해서 다른 부작용이 출현할 수도 있습니다. 수능의 다른 과목은 다 상대평가인데 영어만 절대평가함으로써 나타나는 '미스매치mismatch' 문제도 있을 수 있고요.

그럼에도 저는 영어 절대평가를 기본 방향으로 설정하면서 그 시행에 따른 부작용을 보완할 정책을 결합하는 노력이 필요하다고 생각합니다.

적절한 쉼 - 놂 - 잠 위에서 이루어지는
교육을 위하여

우리 사회를 진단하는 다양한 '무슨무슨 사회' 열풍을 다룬 기사[*]를 보았습니다.

저도 인터뷰 등을 할 때 '만성피로 사회', '벼랑 끝 사회', '반공 규율 사회' 등의 개념을 사용하는데, 이 개념들은 현 단계 한국 사회의 위기 양상과 문제 상황 들을 드러내고자 하는 것입니다.

이 점은 교육 영역에도 적용된다고 봅니다. 예컨대 저는 이렇게 이야기합니다. 30~40년 전의 초기 산업화 단계 '추격 산업화'에서는 서양을 따라잡기 위해서 '쉬지 않고 놀지 않고 가능한 한 잠자지 않고' 열심히 공부서양의 발전된 지식 암기해왔습니다. 그것이 성과를 거두어 현재 세계적 경제 대국에 근접해가고 있습니다.

그러나 이제는 '적절히 쉬고 적절히 놀고 적절히 잠자면서' 해야 창의적인 교육이 가능한 단계에 와 있습니다. 과로 사회, 피로 사회를 교육적인 견지에서 저는 이렇게 이해합니다. 그러나 우리는 이전의 '후진적' 방식에 익숙해 있습니다. 적절한 쉼 - 놂 - 잠 위에서 이루어지는 교육이 가능하도록 우리 사회를 바꾸어야 할 것입니다.

---

[*] "'○○사회' 열풍 … 지적 유희인가 시대 진단인가", ≪한겨레≫, 2014.8.3
(http://www.hani.co.kr/arti/culture/religion/649596.html).

저는 선거 과정에서 "아이들에게 저녁이 있는 삶을", "아이들에게 방과 후와 주말이 있는 삶을!"과 같은 구호들을 외친 바 있습니다. 이것이 가능해지기 위해서는 교육 자체의 변화도 필요하지만, 험악한 격차 사회, 잉여 사회, 절벽 사회, 팔꿈치 사회, 승자 독식 사회를 인간적으로 바꾸려는 노력이 병행되어야 합니다.

팽목항 하늘나라 우체통에 보낸 편지

온유에게

그날, 2014년 4월 16일,

참사가 벌어진 날,

다친 동료를 버려두고 어른들이 속옷 바람으로 도망쳐 나올 때,

시시각각 가라앉는 배 주변에서 어른들이 허둥대고만 있을 때,

온유야,

넌 친구들의 만류도 뿌리친 채 "살려달라"는 비명 소리를 따라 객실 안으로 내려갔지. 닷새 뒤에 넌 차가운 시신으로 우리 앞에 돌아왔구나.

바보같이 순백한 네 영정 앞에서, 우리는 부끄러워서 눈을 감고 울었단다.

경쟁에서 이기는 법만 가르쳐온 선생들이라서,

욕심을 위해서는 타인의 생명도 유린하는 어른들이라서,

의로운 길보다는 평탄한 길만 찾아 요리조리 살아온 늙은이들이라서,

팽목항, 안산, 서울, 전국 곳곳에 노란 리본을 달면서 수없이 되뇌었단다.

"미안해, 잊지 않을게."

오늘, 2014년 7월 24일,

대참사 100일,

우리의 눈물은 어느새 흔적 없이 말랐고, 희망의 리본은 진작부터 변색되기 시작했단다. 부끄러움도 아픔도 씻은 듯 사라지고, 0416은 달력 속에 하나의 사건으로 앙상하게 남아 있는 것 같구나. 이젠 분향소 때문에 장사가 안 된다고 불평하는 사람들도 나오고, "유족이 무슨 감투냐"라고 비아냥대기도 하는구나. 진상 규명과 근본적인 대책 마련 쪽으로는 아직 한 걸음도 나아가지 못하고 있는 형편이란다.

　　온유야,
　　그저 또 "미안하다"는 말밖에 할 수가 없나 보다. 하지만 슬퍼하지만 말자, 이제 시작이니까. 너희들의 희생을 목도하면서 자성하는 어른들도 많아졌으니까. '사람이 먼저인 교육'을 만들어가자고 학교 안팎에서 뜻을 모으고 있어. 고등학교 간 격차 해소와 '상향 평준화'를 위해서 제도를 개혁하기 시작했고, '경쟁'보다는 '협동'을 가르치는 학교로 바꾸려는 중이야. 특히 제대로 된 세월호특별법을 제정해야 한다고 전국에서 목소리를 높이고 있어.

　　온유야,
　　물론 아무것도 이루어진 것은 없단다. 많은 우여곡절이 있을 테고 갈등과 대립으로 혼돈이 몰아치겠지만 그럴 때마다 우리 가슴속에서 별이 되어 지혜와 용기를 주려무나. 아니, 우리가 게으르고 나약해질 때마다, 또다시 우리가 평탄한 길로 가려는 유혹에 빠질 때마다 꾸짖어다오. '슬퍼하지도 말고, 겁내지도 말라'고 가르쳤던 것처럼 세월호 삼백네 분의 넋으로 언제든 곁에서 우리를 다잡아다오. 이젠 네가 우리의 스승이니까.

양온유 님을 기리면서
2014년 7월 24일
서울시교육감 조희연

4

'즐기는' 아이들이 행복하다

아이들이 좋아하고
즐길 수 있는 교육을 만들자

...

서울교육에서 가장 중요한 곳은 교육감실도 본청 회의실도 대강당도 아니다. 가장 중요한 곳은 1300여 곳에 이르는 학교 현장이며, 더 구체적으로 말하면 각급 학교의 교실이다. 이곳에서 우리 아이들이 청소년 시절의 절반 이상의 시간을 보내고 있기 때문이다.

우리 아이들의 인생에 가장 깊은 영향을 남기는 선생님을 만나는 곳도 교실이며, 아이들이 감옥처럼 여기고 절망하거나 탈옥을 꿈꾸는 곳도 교실이다. 그래서 학교가 달라진다는 것은 교실이 달라진다는 것이며, 교육을 혁신한다는 것은 교실을 혁신한다는 것과 같은 말이다.

나는 교육감이 된 뒤 매주 목요일을 학교 현장 방문의 날로 정해, 유·초·중등학교를 꾸준히 방문해서 학생, 교사, 학부모 들과 대화하는 시간을 가져왔다. 목요일은 이제 가장 소중한 날이 되었고, 가장 가슴 설레는 날이 되었다. 매주 새로운 학교, 새로운 교실, 새로운 학생·교사·학부모를 만나기 때문이다.

학생들과 만나면 우선 교육감이 어떤 사람인지 설명해야 한다. 중·고등학생들에게는 설명이 비교적 쉬운데, 초등학생들에게는 교육감이 뭐 하는 사람인지 설명하기가 쉽지 않다. 명색이 20여 년 대학 강단에서 강의를 해온 교수 출신임에도, 초등학생들 앞에 서서 교육감이 뭐 하는 사람인지 설명할 때는 진땀이 흐른다. "너네 교장보다 높은 사람"이라

...

고 권위적으로 설명하기도 싫고, "교사 위에 교장, 교장 위에 교육장, 교육장 위에 교육감", 이런 식으로 관료 위계질서를 내세우기도 싫기 때문이다. 그래서 나는 이렇게 설명한다.

> 나: 너희들을 보살펴주시고 도와주시고 가르쳐주시는 분이 누구지?
> 아이들: 선생님요~
> 나: 그 선생님들을 돕기 위해 있는 분이 누군지 아니?
> 아이들: 몰라요~
> 나: 교장 선생님이 그런 분이야~
> 아이들: 아~
> 나: 그런 교장 선생님들을 돕기 위해 있는 사람이 누군지 아니?
> 아이들: 몰라요~
> 나: 바로 나야, 나, 교육감.

다른 학교에 가서는 또 약간 다른 버전으로 설명을 시도해본다.

> 나: 여러분이 좋은 교육을 받도록 하기 위해서 여러분이 다니는 학교의 살림을 꾸리는 사람이 누구지요?
> 아이들: 교장 선생님요~
> 나: 그럼 서울에는 교장 선생님이 몇 분이나 될까요?
> 아이들: 한 30분? 한 100분? 몰라요~
> 나: 서울에는 학교가 1300개 있고 교장 샘도 1300분이 있단다~
> 아이들: 아~
> 나: 그런 교장 선생님들을 돕기 위해 있는 사람이 누군지 아니?
> 아이들: 몰라요~
> 나: 바로 나야, 나, 교육감. 교장 샘이 여러분들 다니는 학교의 살림을 잘 꾸리도록 지원

···

　　해드리는 역할을 하는 것이 바로 교육감이야!

　대충 이 정도로 설명하고 넘어가기로 하자. 학부모님들도 교육장과 교육감이 뭐 하는 사람인지 잘 모르시기도 한다는데, 초등학생들에게 어찌 이 모든 것을 다 설명하랴.

　나는 사실 고등학생보다는 중학생, 중학생보다는 초등학생에게 무엇을 설명하고 소통하기가 더 어렵다. 아마도 내가 대학교에서 대학생하고 소통하는 체질이 굳어진 탓이겠다. 그래도 요즘은 '하이파이브'도 하고, "사랑해요" 하며 하트 모양을 그려 보이기도 하고, 포옹도 하면서 소통하는 데 많이 익숙해진 셈이다.

　학부모님들도 장학사는 교육정책을 책임지는 '높은 분'이라고 알고 있지만, '교육장'이나 '교육감'은 잘 모르는 경우가 적지 않다고 한다. 그래서 한번은 학부모님들이 어떤 일로 교육지원청에 항의 방문을 오셨는데, 교육장이 나와 이분들을 만나 "제가 교육장입니다"라고 했더니, 학부모님들이 이구동성으로 "교육장 필요 없어, 빨리 장학사 나오라고 해!"라고 하셨다고 한다.

　학교 현장을 방문했을 때, 또렷또렷하게 발표하는 아이들, 교육 현장을 조금이라도 더 개선하기 위해 꼼꼼히 건의하는 교사들, 귀한 시간을 쪼개어 학교 행사에 적극 참여하는 학부모들을 만나는 건 기쁘고 즐거운 일이다. 그러나 가장 큰 즐거움은 운동장에서 뛰어노는 아이들을 만날 때이다. 하루아침에 다 이룰 수는 없겠지만, 나는 학교를 아이들에게 행복을 주는 공간으로 바꾸는 변화를 이뤄내고 싶다.

　서울시교육청 '공간정책자문관'인 김승회 서울대 교수에 따르면, 도시 공간의 건축물들은 그 시대의 텍스트라고 한다. 우리는 불국사와 분황사에서 신라 사람들의 생각을 읽어낼 수 있으며, 종묘와 사직단과 규장각에서 조선 시대 사람들의 사유를 읽어낼 수 있다.

　건축물은 텍스트이다. 그렇다면 학교 건물은 우리 시대 우리의 교육 철학을 읽을 수 있는 텍스트가 되어야 한다. 그런 생각으로 학교 공간과 학교 건축에 접근해야 한다. 학교를 감옥에 비유하는 건 오래된 은유이다. 일제강점기는 말할 것도 없고, 1960~1980년대 산업화 시대에 지어진 학교 건축물들에는 학생들을 통제의 대상으로 여기고 학교를 규율과 복종이 지배하는 공간으로 만들겠다는 생각이 반영되어 있다. 민주화 시대에도 학교 건축물에 획기적인 변화를 주지는 못했다.

이제는 학교 공간이라는 텍스트가 바뀌어야 할 때이다. 학교란 학생들에게 행복한 성장을 주는 공간이 되어야 한다는 철학이 학교 건축물에서 읽히도록 만들어야 한다. 앞으로 서울에 새로 짓는 학교에는 이런 공간 철학이 반영되도록 최선을 다할 것이다. 일부 공간은 마을과 공유해서 도서관, 놀이방, 카페도 만들 수 있다. 학교 내부와 외부의 쌍방향 잠금 시설을 통해 학교의 안전을 확보하면서 마을과 공유하는 공간을 얼마든지 확보할 수 있다. 무엇보다 아이들이 학교를 '재미'와 '즐거움'이 넘치는 공간으로 인식하도록 획기적인 발상의 전환을 할 필요가 있다.

이런 점에서 나는 2018년이면 전혀 새로운 학교의 건축 모습을 선보일 수 있을 것 같은 기쁨 어린 기대를 가지고 있다. 다섯 군데 정도의 신설 학교에 새로운 설계와 MP(마스터 플래너)가 붙어서, 과거의 수용소나 감옥과 같은 학교의 박스형 건물, 주위 환경은 아랑곳하지 않고 규격화된 모양으로 서 있는 건물, 주위의 마을과 소통하지 않는 학교 건축 양식을 뛰어넘어 새로운 학교 건축을 시도하고 있다. 이 프로젝트가 성공적으로 이루어지면 앞으로 서울의 많은 학교 건축은 물론, 전국의 학교 건축에 긍정적인 영향을 미칠 것이라는 즐거운 상상을 하고 있다.

나는 행복하게 땀 뻘뻘 흘리며 뛰어노는 아이들의 모습을 보는 것을 가장 좋아한다. 행복한 아이들은 관대하다. 행복하게 자라는 아이들은 마음을 잘 연다. 뛰어놀던 아이들은 내가 누군지 잘 모를 텐데, 하이파이브를 하자고 하면 응해주고 축구에도 끼워준다. 이 순간에는 진심으로 넥타이 풀고 양복 벗어던지고 초등학생 시절로 돌아가고 싶어진다.

공자는 "아는 것은 좋아하는 것만 못하고, 좋아하는 것은 즐기는 것만 못하다(知之者不如好之者, 好之者不如樂之者)"라고 했다. 우리도 이제 앎을 머릿속에 채우는 걸 교육이라고 여기는 관점을 탈피해야 한다. 아는 것도 중요하지만 좋아할 줄 알아야 하고, 더 나아가 좋

...

아하는 걸 넘어서서 즐길 줄 알아야 한다. 예체능만 즐기는 게 아니라 인문·사회·자연과
학도 즐길 수 있다. 아이들이 즐기도록 만드는 교육이야말로 아이들을 행복하게 만들 수
있는 교육이 아닐까 생각한다.

사실 이런 변화야말로, 우리 시대에 요구되는 교육개혁의 방향이라고 생각한다. 지금까
지 우리는 아이들에게 공부를 즐기거나 좋아하도록 하기보다는, 더 많이 알기 위한 인고
(忍苦)의 과정으로 만들어왔다. 고등학생에게는 "3년만 죽었다고 생각하고 참아라"라고 말
하고 있고, 중학생들에게는 "5~6년만 인내하면 좋은 세상이 기다리고 있다"라고 설득한
다. 내가 예전에 다니던 한 독서실에는 "죽어라 공부해도 죽지 않는다"라는 낙서가 적혀
있었다. 이 낙서를 보면서 한참 상념에 젖었던 적이 있다. 우리의 교육은 그렇게 진행되고
있다.

이제라도 새로운 변화가 나타나야 한다.

눌러 심은 모가 왜 되레 약해지는가
조정래 장편소설 『풀꽃도 꽃이다』를 읽으며

　　주변에서 조정래 선생님의 신간 『풀꽃도 꽃이다』의 일독을 권하기에 틈틈이 읽고 있습니다. 서울교육을 책임지는 사람으로서 일독할 필요가 있다는 권유였습니다.

　　매일 빼곡한 일정을 따라 이동하는 중에 틈틈이 읽고 있는데, '교육'이라는 말이 이토록 오염되고 상처 입었는가 하는 자탄 때문에 눈물이 핑 돌 때가 한두 번이 아니었습니다.

　　모내기철 봄방학 때의 이야기입니다. 모내기를 하고 마을로 돌아오는 길에 친구가 귓속말로 말했습니다. "야, 이건 비밀인데, 다른 집의 모는 설렁설렁 심고, 네 집의 모는 꼭! 꼭! 심었어. 잘했지?" 옆에서 엿들은 이장님이 말씀하셨습니다. "이놈아. 모는 얕게 심어야 되는 거야. 그래야 모가 스스로 뿌리를 내려 튼튼하게 자라지. 모를 꼭꼭 심으면, 당장 보기엔 좋아도 병충해에 약하고 장마에 물이라도 들이차면 그냥 쓰러지고 말아."

　　먹고살기 힘겨웠던 시절, 추격 산업화의 과정을 거치면서 앞선 선진국의 지식을 신속하게 암기하고 숙지하는 것만이 우리 교육의 방향이자 목표라고 믿었습니다. 국·영·수를 중심으로 죽어라 암기하는 것이 마치 우등생의 기준인 듯했고, 교실에서는 질문이 사라지기 시작했습니다.

　　책에도 묘사되듯이, 그 시절 교실 복도에 붙여진 모의고사 성적표는 거기에 적혀 있는 이름들의 꼬리표가 되어 평생을 따라다니는 듯했습니다. 앞서 간 꼬리표가 닦아놓은 길을 따라 우등생은 '장밋빛 미래'를, 대다수 열등생들은 '회색빛 미래'를 맞이하는 줄만 알았습니다.

작품에서는 다양한 아이들이 '교육'을 통해 성장하고 행복을 찾아가는 대신, 굴레로 변한 '교육'에 시달리고 고통받는 모습이 그려지고 있습니다.

작중 인물인 윤섭이는 자신이 하고 싶은 일과 장래희망을 일치시키려 부모님과 매번 갈등해야 했고, 동유는 만화가의 꿈을 저버리지 못하고 결국 집을 나와 길 위의 아이가 되었습니다.

동기는 알코올중독자 아버지를 둔 가난한 집 아이라는 배경 때문에 학교에서 외톨이로 남겨졌고, 학교 폭력의 피해자인 그가 가해자가 되어도 새삼스럽거나 이상한 일이 아니게 되었습니다.

'성적보다 인간의 가치를 더 소중하게 여기고 살아야 한다'는 강교민 선생님의 역설은 어느 종교 단체가 지하철 벽에 걸어놓은 액자 속 문구로 갇혀버렸고, 자기 자식을 학대 수준의 경쟁으로 내몰아 총력전이 벌어지는 한가운데에 놓는 것이 어머니의 지고지순한 사랑이라고 굳게 믿는 희경과 그런 엄마에게서 멀어질 수 있는 방법으로 자살을 생각하는 지원의 모습은 허구나 과장이 아닌 현실이었습니다.

이 작품은 우리 아이들이 연간 40조 원이 넘는 사교육 시장에서 타인에 의해 꼭꼭 눌러 심어진 모가 되어버렸다고 말합니다. 이 표현을 읽은 저는 OECD 국가 중 가장 낮은 학생들의 행복지수와 학교 밖 청소년들 이야기, 스스로 세상을 저버리는 아이들의 기사를 접할 때만큼이나 쓰라린 아픔과 무거운 책임을 통감했습니다.

조정래 작가는 이 책의 시작에서 이렇게 말합니다.

"사교육 시장의 병폐는 누구의 책임일까. 그건 우리 모두의 책임이다. 정부의 책임이고, 교육계의 책임이고, 사회의 책임이고, 학부모의 책임이다."

현재 서울시교육감의 자리에 있는 저는 교육이 희망이 아니라 절망이 되어가는 현실에 대한 책임을 다른 누구보다 저에게 먼저 묻습니다. 우리 아이들이 하고 싶은 일을 하면서도 행복하게 살 수 있는 사회, 그리고 그러한 사회를 구성하는 기초가 될 교육을 어떻게 만들어갈 것인가에 대해 끊임없이 고민하지 않을 수 없습니다.

기성세대들은 눈물겨운 헌신과 투쟁을 통해 경제성장과 민주주의를 꽃피웠습니다. 그러나 그 과정에서 편리함을 목적으로 수단과 방법을 가리지 않고 경쟁을 부추기는 사회 분위기, 혐오와 갈등, 배척과 같은 불행이 우리 삶에 함께 자리 잡았습니다.

우리는 300명에 가까운 꽃다운 아이들을 잃은 세월호 사건을 겪으며, 새로운 교육에 대한 열망의 불씨를 다시금 살려냈습니다. 민주주의를 뜨겁게 열망했던 그 시절의 물결이 이제 우리 교육과 교실에서 이어져야 합니다.

이 책에 나오는 문병란 시인의 「민주주의는 교실에서부터」라는 시에 이런 구절이 있습니다.

"민주주의는 교실에서부터 시작되어야 한다. …… 자유로이 묻고, 자유로이 대답하고, 의문 속에서 창조되는 진리…… 교실은 너와 내가 하나 되는 공동체, 각기 다른 빛깔로 피는 꽃밭이어야 한다."

제 손에 든 판도라의 상자에는 희망이라는 것이 남아 있습니다. 태어난 집이 달라도 배움은 같은 교육. 아이 한 명 한 명의 생각을 존중하고, 단 한 명도 포기하지 않는 오직 한 사람을 위한 교육. 논이 물에 잠기는 역경도 튼튼하고 건강하게 이겨내는 법을 기르는 교육.

『풀꽃도 꽃이다』에 나오는 모든 인물들처럼 하루하루를 살아가는 우리의 이웃들, 우리의 아이들이 교육에서 절망이 아닌 희망을 찾을 수 있도록, 저는 오늘도 더디지만 한결같은 걸음을 걸어가고자 마음을 다잡습니다.

작가는 말했습니다.

"우리는 모두 풀꽃 같은 존재다."

저는 답합니다.

"은하수가 아름다운 것은 누구랄 것 없이 자기 빛을 발하는 수많은 별들이 있기 때문입니다."

작가는 퀴즈를 냈습니다.

"소설 속에 나오는 강교민이라는 이름은 어떤 말의 준말일까?"

저는 답합니다.

"아직 답을 찾지 못했습니다. 그러나 그 답은 내가, 우리가 걸어가는 길에서 반드시 찾을 수 있을 것입니다."

세계시민교육·이중언어교육의
한 단계 도약을 위한 방안을 고민하며

오늘 강서에 있는 은정초등학교에 다녀왔습니다. 은정초등학교는 작년 9월부터 '한중 이중언어교실'을 모범적으로 운영하고 있는 학교인데, 특별히 음악과 체육처럼 아이들이 흥미를 가질 수 있는 교과를 이중언어교실에서 다루고 있습니다. 오늘은 중국어 이중언어 강사가 담임선생님과 함께 한국어·중국어로 진행하는 체육 수업이 있어서 참관했습니다. 1년차 서울형 혁신학교이기도 한 은정초등학교는 올해 학생이 '감소하던' 학교에서 학생이 '증가하는' 학교로 반전됐다고 합니다. 그런 가운데 장옥화 교장 선생님, 김기홍 교감 선생님을 비롯한 여러 선생님들이 합심해 이중언어교실을 은정초만의 특색 있는 프로그램으로 발전시키고 있어서 큰 감명을 받았습니다.

앞으로 이중언어교육은 어떻게 발전해야 할까

앞으로 중국계 다문화 학생들이 많은 학교가 '한국어·중국어 이중언어 국제학교' 같은 의미로 운영되는 날을 꿈꾸어봅니다. 다음과 같은 점을 더욱 발전시켜보면 좋겠다는 생각을 합니다.

　1. 체육, 음악 수업을 넘어 더 많은 과목이 이중언어교실에서 운영되면 좋겠습니다. 그리고 이 학교를 졸업한 학생이 졸업 시에 모두 '한중 이중언어 인재'가 되면 좋겠습니다.

　2. 중국계 다문화 학생은 한국말을 잘 못할 뿐 아니라 중국어도 서툰 경우가 있습니다. 이 학생들이 한국어와 중국어 모두에 능통한 학생이 되면 좋겠습니다. 그리고 중국계 다문화 학생뿐 아니라 이 학교에 다니는 학생 모두가 중국어에 능통한 학생, 중국 문화와 국가에 큰 관심을 갖는 학생이 되면 좋겠습니다.

　3. 현재 은정초는 한국어로 진행하는 과목과 한중 이중언어로 진행하는 과목이 있습니다. 앞으로는 중국어로 진행하는 과목도 많이 만들어지면 좋겠습니다. 아무래도 아이들이 중국어 언어 환경에 푹 빠지게 되면, 배움이 쉽게 일어날 수 있습니다.

　4. 중국의 언어와 문화를 배우는 과정이 정규 학습 과정에서, 그리고 방과후 학교에서도 폭넓게 이루어지면 좋겠습니다. 이미 은정초에서는 학생들이

　　　　　4장 | '즐기는' 아이들이 행복하다

중국어에 관심이 많아져 많은 방과후 수업에 참여한다고 합니다. 특히 '무료' 방과후 학교를 운영하고 있어서, 저소득층 학생이 많은 해당 지역에 큰 혜택이 되고 있었습니다.

5. 정규 교육과정이나 방과후 학교 선생님들이 하는 이중언어교육만이 아니라, 중국계 다문화 학부모들이 훌륭한 이중언어교육자가 되어 자원봉사 형식으로 참여했으면 좋겠습니다. 중국어를 더 배우고자 하는 학생들이 있다면, 동아리 형태로 교육이 이루어질 수도 있겠습니다.

6. 교사들의 중국어 학습 동아리가 만들어져 운영되고 있는데, 선생님들이 중국 언어와 문화에 관심을 갖고 함께하는 방향으로 학습 동아리가 더욱 확대되면 좋겠습니다.

7. 학부모 차원에서도 '중국어 및 중국 문화 알기 동아리'와 같은 것이 만들어져, 한국계 학부모와 중국계 다문화 학부모가 교류하는 활동들이 생겨나면 좋겠습니다. 중국에 대한 공부를 하면서, 더 적극적으로 나아가 중국 곳곳을 함께 여행하거나 중국의 학교에 봉사활동을 가는 계기가 만들어지면 좋겠습니다.

중국계 다문화 가정과 한국계 가정의 아이들이 상대방의 가정에서 2~3주 또는 1~2개월씩 머물며 생활해보는 것도 좋은 경험이 될 것 같습니다. 예컨대 한국계 학생이 중국계 가정에 머물면서, 중국 언어와 문화, 음식 등을 체험해보는 것이지요. 비싼 돈을 내고 외국에 가서 홈스테이를 하는 마당에, 외국에 나가지 않으면서도 호혜적인 방향으로 서로의 문화와 언어를 교류해볼 수 있겠습니다.

8. '한중 이중언어 학교' 중에 여건이 맞는 곳이 있다면, '중국 문화교실'을 하나 만들어본다면 어떨까 싶습니다. 중국의 다채로운 생활 문화를 보여주는 전시 공간을 학부모님들이 주도해서 만들어볼 수도 있을 것입니다.

9. 서울시와 함께 '다문화 글로벌 문화학교'를 운영하는데 대사나 기타 관련 전문가 초청 프로그램 및 각종 문화 행사 등도 합니다, 중국의 대사관이나 문화관과 함께

'한중 이중언어학교'가 중국 문화체험학교, 중국 친구 학교가 되도록 하면 좋겠습니다. 교육청이 나서서 적극적인 협력 프로그램을 마련하면 좋겠습니다.

10. 이중언어학교나 이중언어교실이 단지 언어만을 도구적으로 배우는 곳이 아니라, 우리 아이들이 20~30년 후 미래에 지구촌의 다양한 민족, 인종과 친구처럼 살아갈 수 있는 '공생적인 세계시민 윤리'를 배우고 생활화하는 곳이 되면 좋겠습니다. 교육청 수준에서 세계시민교육이 발전하게 되면 '열린 세계시민 윤리'와 같은 교재가 만들어지면 좋겠습니다.

11. 한중 이중언어교육의 체험장을 마련하기 위해 연변이나 중국 모처에 서울시교육청 부설 '거점 교육 체류 시설'을 만들면 좋겠습니다. 우리 아이들이 중국 현지 방학 캠프에 참여하고, 필요하면 부모님과 함께 6개월간 머물면서 현지 학교를 다니는 기회도 마련할 수 있을 것입니다. 중국 교육 당국과 이런 협력의 기반을 만들어가면 좋겠습니다.

현재의 다문화학교는 중도 입국 학생이나 다문화 2세들에게 한국어를 가르치는 데에 초점이 맞춰져 있습니다. 그런 조건에서, 한국계 학생들 중에는 다문화 학생을 '한국말조차 제대로 못하는 친구'로 생각하는 경우가 있습니다. '한중 이중언어학교'가 자리를 잘 잡게 된다면, 한국계 학생들이 중국계 다문화 학생을 '중국어를 가르쳐주는 친절한 친구'로 생각하는 인식의 전환이 이뤄질 수 있을 것입니다. 은정초의 음악·체육 교과의 이중언어교실을 참관하면서 보니, 실제 아이들 사이에 이러한 긍정적인 태도 변화가 나타나고 있다고 해서 아주 흐뭇했습니다.

이러한 한중 이중언어교육 모델은 단지 중국어에만 한정되지 않고, 앞으로 한국·베트남 이중언어교육, 한국·인도네시아 이중언어교실 등으로 확장될 수 있을 것입니다.

위로부터의 좋은 정책이 아닌,
학교가 원하는 것을 지원하도록

전국 교육청 최초 '공모사업선택제' 전면 시행

내년부터 교육청의 정책 사업을 '교육청 주도에서 학교가 원하는 것을 지원하는 방식으로' 변경해 추진할 계획입니다. 이것은 학교의 자발성과 자율성을 전제로 학교의 역량에 따라 희망하는 교육 혁신 계획을 교육청이 적극 지원하는 방식으로의 전환을 의미하며, 그동안 획일적이고 강제적인 공모 방식이나 성과주의를 배제하고 학교 스스로를 학교 역량에 맞는 교육 혁신의 주체로 인정하는 교육행정의 대혁신을 의미합니다.

전국 최초, 교육청 모든 공모 사업을 학교 선택 사업으로 전환

올해는 학교가 자율적으로 선택할 수 있는 공모사업선택제의 대상이 11개 필수 3개, 선택 8개에 불과했습니다. 그러나 2017년에는 '학교가 원하는 것을 모두 지원한다'는 원칙하에 교육청의 모든 공모 사업을 집대성해 학교가 선택할 수 있는 사업 대상으로 만들려고 합니다. 교육청의 공모 사업 일체가 학교의 선택 사업이 되는 것입니다. 모든 공모 사업을 대상으로 하는 사업선택제의 시대가 열리게 됩니다. 이는 전국의 모든 교육청을 통틀어 최초의 대전환이 될 것입니다. 2016년에 공모사업선택제를 통해 학교가 약 500만 원 규모의 자율성을 가지고 있었다고 한다면, 2017년에는 학교 기본 경비 외에 학교당 추가로 대략 4000여 만 원 정도의 '사업 자율성'을 갖게 될 것입니다.

궁극적으로 교육이 일어나는 현장은 학교입니다. 서울시교육청의 혁신 교육정책의 큰 방향성은 '위로부터의 좋은 정책'이 아니라 학교 그 자체가 새로운 교육을 향한 역동적인 현장이 되는 것입니다. 그렇게 될 수 있도록 최선을 다하겠습니다.

---✂

조희연 교육감 "학교 자율권 확대 … 공모사업선택제 전면 시행"

조희연 서울시교육감은 학교 자율권을 확대하기 위해 교육청 주도의 모든 공모 사업을 학교의 선택 사업으로 전환하기로 했다.

조 교육감은 29일 시교육청에서 취임 2주년 기자회견을 열고 "학교가 원하는 것을 모두 지원한다는 원칙하에 교육청의 모든 공모 사업을 집대성해 학교가 선택할 수 있는 사업 대상으로 만들려고 한다"고 밝혔다.

시교육청에 따르면 올해 학교가 자율적으로 선택할 수 있는 공모 사업은 11개였다. 내년부터는 공모사업선택제를 전면적으로 시행하겠다는 것이다.

그동안 시교육청이 정한 공모 사업에 통과한 학교에만 예산이 주어지다 보니 학교가 수동적이고 '빈익빈 부익부' 현상이 심해진다는 지적이 제기돼왔다.

조 교육감은 "공모사업선택제는 전국의 모든 교육청 가운데 최초로 시도되는 제도"라며 "1년 단위로 학교 자율성을 평가해 추가로 자율 예산을 지원하는 등 인센티브를 부여할 것"이라고 설명했다.

시교육청은 공모사업선택제 시행에 따라 개별 학교가 가진 약 500만 원 규모의 자율성이 2017년에는 약 4000여 만 원 규모의 추가적인 사업 자율성을 갖게 될 것이라고 내다봤다.

교직원들의 잡무도 줄이겠다는 방침이다. 이를 위해 학교 공문서와 각종 요구 자료 축소, 정책 정비 사업, 교무행정전담팀 구성을 추진하기로 했다. 또 교원들의 전문성 신장을 지원하기 위해 교원학습동아리를 전면적으로 지원하기로 했다.

시교육청은 또 민간의 전문성을 정책에 접목하기 위해 민간전문가제도를 새롭게 도입하기로 했다.

조 교육감은 "올해는 우선 서울교육공간(건축), 교육 공무직 등 몇몇 분야의 민간 전문가를 위촉해 그들의 전문성을 우리 교육청의 정책에 접목시킬 예정"이라고 말했다.

이어 "역량 있는 퇴직 교직원들의 교육 전문성과 개인적 역량을 열정으로 버무려 교육의 빈틈을 채울 수 있도록 추진할 계획"이라고 설명했다.

향후 교육 방향에 대해서는 알파고 시대에 대비한 미래 지향적 교육과정 혁신을 꼽았다. 문·이과 통합으로 창의·융합형 인재를 육성하고 연차적으로 다양한 교육감 승인 교과목을 신설하겠다는 의미다.

조 교육감은 "낡은 산업사회적 패러다임을 넘어서는 미래 지향적 교육을 요구하고 있다"며 "4차 산업 시대의 교육은 많은 지식 자체보다 지식의 종합 능력, 활용 능력, 지식의 기반으로서의 상상력을 촉발하는 교육이 돼야 할 것"이라고 목소리를 높였다.

조 교육감은 사학 비리 척결에 대한 의지도 드러냈다.

조 교육감은 "서울교육을 옥죄고 있는 법 제도와 부조리한 시스템이 있다면 과감하게 묻고 비판해 해결해나갈 것"이라며 "일부 비리 사학의 반反공공적 운영에 대해서는 적극적인 선도를 위해 노력할 것"이라고 강조했다.

박영주 기자 gogogirl@newsis.com / 김지현 인턴 기자 bemate1024@newsis.com
《뉴시스》, 2016.6.29
(http://www.newsis.com/ar_detail/view.html?ar_id=NISX20160629_0014184698&cID=10201&pID=10200).

20160608

학생 스스로 기획하고 참여하는
봉사 동아리가 활성화된다면

오늘 오후 양천구에 위치한 신목중학교에 다녀왔습니다. '나라사랑 선도 학교'를 운영 중인 신목중학교는 동북아 역사 탐방, 나라 사랑 독서 캠프, 에 티오피아 급식 지원 기부 바자회 등 다양한 활동을 펼치고 있는데요. 오늘 "'힘내라, 대한민국' 우리가 지킨다"를 주제로 6·25 전쟁 UN 참전국인 에티 오피아의 한국 마을 '아디스버한' 학교에 급식 지원금을 전달하기 위한 바자 회가 열린다고 해서 저도 격려의 말씀을 전하고 왔습니다.

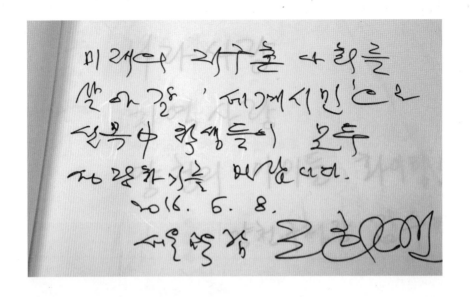

미래의 지구촌 사회를
쌓아갈 '세계시민'으로
신목中 학생들이 모두
자랑차기를 바랍니다.
2016. 6. 8.
서울특별 ～ 조희연

지구촌 공동체의 세계시민으로 성장할 수 있도록

　신목중학교의 '에티오피아 기부 행사'는 학생 스스로 참여하기에 더욱 의미가 깊습니다. 학생들이 바자회의 각종 행사를 직접 진행해 기부금을 모아 에티오피아에 사는 친구들의 급식 지원금으로 보내는 행사입니다.

　저는 학생들을 '교복 입은 시민'이라고 부릅니다. 학생들은 단지 교복을 입고 있을 뿐 자기 스스로의 문제에 대해 고민하고 결정할 수 있는 권리와 책임을 가진 존재이고, 또 그렇게 성장해야 하기 때문입니다. 우리 교육청에서도 '학생 자치 활성화'라는 정책 아래 학생들의 자기 결정권을 보장하고, 동시에 세계시민교육을 통해 학생들이 세계시민으로서의 감수성, 배려심 등 전인적 성장의 기회를 끊임없이 접할 수 있도록 노력하고 있습니다. 그런 점에서 오늘 행사도 학생들이 세계시민으로서, 주체성과 책임감을 가진 교복 입은 시민으로서 한 뼘 더 성장할 수 있는 계기가 되었을 것이라 생각합니다.

　요즘 '4차 산업혁명'이라는 말이 회자되곤 합니다. 예상컨대 우리 아이들이 살아갈 미래 사회에는 공동체에 대한 책임감이 더욱 크게 필요하리라 생각됩니다. 사람은 베풂을 통해 만족과 행복감을 느낀다는 것을 저 역시 25년 동안 수업에서 학생들에게 강조해왔습니다. 부모님이나 학교에서 마련해준 봉사 활동뿐 아니라 오늘의 기부 행사처럼, 형편이 어려운 다른 나라 사람들에게 운동화를 보낸다든가 하는 다양한 기부 봉사 활동을 스스로 기획하고 참여하는 봉사 동아리가 활성화되었으면 좋겠다는 생각을 해봅니다.

거꾸로 전국체전,
뒤바뀐 금·은·동메달

지난해 10월 26일, 서울시교육청 체육건강과에서 전국체전 순위 결과와 관련해 특이한 보도자료를 낸 일이 있습니다. 사실 늘 경기나 서울이 전국체전의 득점과 메달 순위에서 고정적으로 1등과 2등을 하는 상황인데, 다른 척도를 도입해 전국체전의 통계를 새롭게 '비틀어'보니 서울이 하위권에 드는 결과가 나왔습니다.

다양한 평가 기준으로 '줄 세우기' 시각 넘어서기

전국체전이나 소년체전을 현장에서 체감해보면, 금메달을 획득한 선수에게 많은 시선이 집중되고, 순위권에 들지 못하거나 하물며 2~3등이라는 순위에 올라도 1등이 아니라서 주목받지 못하는 경우가 있습니다. 페어플레이 정신과 호연지기를 배우는 장이 되어야 하는 전국체전에서도, 국·영·수 과목에서 나타나는 '줄 세우기' 경쟁이나 일등만을 최고로 여기는 '일등주의'의 시각으로 메달 순위를 바라보는 것이 안타까웠습니다.

그래서 학교 수, 학생 수, 도별 1인당 GDP, 재정자립도 등 다양한 지표로 지난 전국체전의 결과에 대해 새롭게 통계를 내본 것인데, 하위 순위에 있던 강원도 등이 오히려 2~3등으로 껑충 뛰어오르는 놀라운 분석이 나왔습니다.

저는 우리 교육에서 하나의 척도가 아니라 다양한 척도에 따라 평가가 이루어지면 좋겠다고 생각합니다. 이것이 진정한 의미에서의 다원 사회이기도 합니다. '하나의 척도에서의 일등'이 꼴등이 될 수도 있고, 꼴등이 일등이 될 수도 있는 사회라면, 그래도 인간다운 사회가 아닐까 싶습니다.

마침 올해 전국체전이 열리는 강원도에 가면서 칼럼으로 싣게 된 글을 함께 나눕니다. 「성숙한 소년체전의 의미」라는 칼럼의 제목처럼, 학생 선수들과 선생님, 경기를 응원하는 많은 분들이 메달의 순위와 경기의 승패를 떠나 그간 선수들이 흘린 땀방울의 의미를 다시 한 번 생각해볼 수 있다면 좋겠습니다.

--✂

[강원포럼] 성숙한 소년체전의 의미

조희연 _ 서울특별시 교육감

소년체전과 전국체전 시기가 오면 교육감들은 바빠진다. 우선 각 시도별로 치른 예선을 통해 자랑스러운 시도 대표선수가 된 학생들과 함께 '결단식'을 치른다. 본선이 시작되면 체전이 열리는 지역으로 달려가 선수들을 격려한다. 지난 28일부터 31일까지 강릉, 원주, 속초, 춘천 등 강원도 일대에서 열리는 이번 소년체전에도 전국의 모든 시도 교육감들이 몰려들어 각종 경기장에서 선수들과 함께 박수 치고 환호하며, 함께 기뻐하고 슬퍼할 것이다.

서울 대표 선수들과 결단식을 하면서 나는 다음과 같이 말했다. "여러분은 그동안 흘린 눈물과 땀에 힘입어 자랑스럽게 이 자리에 섰습니다. 소체에서 승리의 기쁨을 누리기 위해 최선을 다해주십시오. 그러나 실패하더라도 너무 상심하지는 마십시오. 실패는 자신을 돌아보는 기회이고, 그 성찰을 통해 더 큰 승리를 위한 도약의 출발점이기도 하기 때문입니다. 우리의 인생은 승리만의 연속일 수는 없습니다. 실패를 통해 오히려 더 많은 배움이 있을 수도 있습니다."

체전은 우리 학생들이 스포츠를 통해 기량을 겨루면서 페어플레이 정신과 호연지기를 배우는 장이다. 기량이 뛰어난 선수들에게 주어지는 금·은·동메달의 영예는 값지고 충분히 축하할 일이다. 그러나 나는 체전 경기장에 달려갈 때마다 늘, 예전에 읽었던 작가 박완서의 수필 「꼴찌에게 보내는 갈채」가 떠오른다. 우리 사회가 금·은·동에 환호하는 데 그치지 않고, 끝까지 선전한 모두에게 갈채를 보내고, 실패의 가치도 인정해주는 성숙한 사회가 되면 좋겠다는 생각 때문이다.

꼴찌에게 갈채를 보내지는 못하더라도, 메달 집계를 통한 이른바 '종합 순위'라는 것도 다양한 시각에서 접근해보면 좋겠다. 학생 수의 면에서나 경제력의 면에서나 다른 시도에 비해 유리한 위치에 있는 서울이나 경기 등 대도시 지역이 메달 집계 '종합 순위'에서 1, 2위를 다툴 것은 당연지사다. 그러나 여기에 좀 더 다양한 분석 도구를 더하면 결과가 달라진다.

실제로 서울시교육청은 지난해 10월 강원도에서 열린 전국체육대회 결과를 두고, 고등부를 대상으로 다양한 각도에서 통계 결과를 분석해 발표하기도 했다. 메달 순위에서는 경기도가 1위, 서울이 2위였으나, 학생 수에 대비해 메달 획득 수를 비교할 경우 서울·경기 등에 크게 앞서 강원이 1위로 나타났다. 또 학교 수로 비교할 경우에는 충북이 1위, 강원이 2위로 나타났다. 재정자립도 대비 메달 수를 비교할 경우에는 다시 강원이 1위, 서울은 9위에 머물렀다. 이런 통계 분석은 강원도가 학생과 학교 수가 적고 재정 자립도도 낮지만, 전국체전에서 거둔 성적은 상대적으로 매우 값진 것임을 알려준다.

서울시교육청이 이런 분석을 시도한 것은, 하나의 현상에 대해 다양한 분석 도구를 활용할 수 있으며, 그에 따라 다양한 시각이 존재할 수 있음을 학생들에게 보여주기 위한 것이었다. 다양한 시각을 인정할 때 우리 사회는 메달리스트에게 환호하면서도, 다른 한편으로 '4등' 혹은 꼴찌에게도 갈채를 보낼 수 있는 성숙함을 얻을 수 있을 것이다. 그들은 더욱 어려운 조건에서 선전했을 수 있기 때문이다. 모든 시도의 대표 선수들이 최선의 기량을 발휘하길 빌며, 이 체육 축전이 모두에게 성숙의 시간이 되길 바라본다.

≪강원일보≫, 2016.5.30 (http://kwnews.co.kr/nview.asp?AID=216052900173&nv=1).

밥값을 한 김기식 의원!

그의 재등판을 기대하며

김기식 의원은 성실한 의정 활동과 시민사회 활동가 시절의 초심을 지키면서 자신의 주특기인 재벌 감시, 경제개혁 등에 제대로 목소리를 낸 국회의원입니다.

얼마 전 「김기식의 밥값」이라는 칼럼*도 실렸던 적이 있습니다. 국회의원 월급을 받은 만큼 제대로 일을 했다는 의미였지요. 그 칼럼에서는 19대 비례대표 의원인 그에 대해, "4년 꼬박 정무위원회에 있었는데 탁월한 전문성과 집요함으로 모든 피감기관을 긴장시켜서 정무위 저승사자로 불렸다"며 "공적 영역에서 제대로 밥값을 한 사람"이라고 평가하고 있습니다. 김기식 의원은 국회의원이 온 국민의 '술안주감'이 되는 이 정치 불신의 시대에 후한 평가를 받는 은수미 의원, 박원석 의원, 김광진 의원 등 손꼽히는 몇몇 의원들 가운데 한 명입니다.

사실 제가 이렇게 평가하는 것도 '팔이 안으로 굽는' 말일지 모르겠습니다. 왜냐하면 김기식 의원과 제가 시민단체에서 함께 활동한 경험이 있기 때문입니다.

사실 박원순 변호사 등 인권법학 그룹, 저를 포함해서 많은 비판적 사회

---

* "[이명수의 사람그물] 김기식의 밥값", 《한겨레》, 2016.5.16
(http://www.hani.co.kr/arti/opinion/column/744058.html).

과학 그룹, 김기식 등 학생운동 출신 사회운동가 그룹이 모여서 참여연대를 창립했고 이후 활동을 쭉 같이했습니다.

김기식 의원은 다양한 경제적 이슈에 대해 경제학자들보다 더 명확히 자신의 입장을 천명하고 심도 있게 경제개혁 문제에 천착했습니다 경제개혁에 대해서는 다양한 입장들이 존재하는 것을 전제하더라도 말입니다.

그러나 그를 20대 국회에서는 다시 못 보게 되었습니다. 개인적인 아쉬움도 크지만, 그와 같은 '밥값하는' 국회의원을 다시 갖지 못하는 건 우리 모두의 손실이자 정치의 퇴보라고 생각합니다. 나는 그가 '재선 의지'를 강하게 가지고 언젠가 다시 등판하기를 바랍니다.

20160526

인문학의 가슴 울림으로 세상을 바꾸다
엄마 인문학 아카데미

오늘 '2016 서울 학부모 엄마 인문학 아카데미' 강의가 있다고 해서 저도 잠시 들러 인사를 드리고 왔습니다. "역사는 무엇을 보라 하는가?"를 주제로 2회 차 강좌가 열리는 날이었습니다.

서울시교육청이 하고 있는 많은 사업 중에서 학부모님들의 지속적인 관심을 끄는 것이 몇 가지 있는데, 그중 하나가 '엄마 인문학'입니다. 오늘 열린 강좌도 서울 초·중·고 학부모님들을 대상으로 총 6회에 걸쳐 진행되는 인문

학 강좌입니다. 현대사회에서 인문학은 점점 쇠퇴하고 설 자리마저 위협받고 있다고 하는데 왜 6회나 계속 나와야 하는 이 힘든 인문학 강좌에 오시기 위해 새벽 일찍 일어나 신청을 하고, 이곳까지 오셨을까요.

우리는 주변에서 엄청난 부와 권력을 가지고도 삶의 공허함이 채워지지 않아 '행복하지 않다'고 말하는 사람들을 마주할 때가 있습니다. 지나친 경쟁과 물질 위주의 삶 속에서 진정한 행복을 찾지 못해 방황하는 우리에게 인문학책 한 권이 주는 깨달음의 감동은 생각보다 더 크게 다가옵니다. 그래서 많은 분들이 관심을 갖고 인문학 강좌를 찾으시는 것이 아닐까 싶습니다.

오늘 강좌에 오시지 못한 분들 중에서도 인문학에 관심이 있으신 분들이 있다면, 꼭 한번 인문학 강좌를 들으며 인간의 삶과 진정한 행복에 대해 상상하고, 고민하고, 발견하는 기쁨을 누려보시길 바랍니다.

20160524

더 화사하고 더 맛있는 학교생활?

학교 앞 교문에 가지런히 늘어선 화사한 꽃들이 아이들의 등굣길을 반겨줍니다. 교실뿐 아니라 교실 밖, 학교 운동장, 화단이 아이들을 위한 배움의 공간으로 확장되고 있습니다.

서울시교육청이 실시하는 '2016 서울 학생, 꽃과 친구가 되다' 사업과 '전통음식문화 계승 선도학교' 사업의 학교 현장 사례가 오늘 자 한겨레신문에 자세히 소개되었습니다.

'서울 학생, 꽃과 친구가 되다' 사업은 학교 구성원과 지역 주민, 분야별 전문가가 함께 참여해 꽃을 활용한 자연 친화적인 학교 환경을 조성하는 사업입니다. 올해 초 서울시교육청과 서울시가 20대 교육 협력 사업 중 하나로 발표한 사업으로, 교육 활동 공간은 물론 지역 주민을 위한 휴식처로 활용할 수 있고, 나아가 아이들을 위한 감성·인성 교육까지 기대됩니다. 올해는 31개교로 시작해 2018년까지 90개교 확대를 추진하고 있습니다.

올해 12월까지 운영하는 '전통음식문화 계승 선도학교' 사업도 현재 서울 17개 학교에서 아이들의 다양한 전통 음식 문화 체험을 진행 중입니다. 패스트푸드가 익숙한 우리 아이들에게 우리 전통 음식의 맛과 매력을 느껴볼 수 있는 기회를 제공하는 것인데요. 올바른 식생활 실천과 우리 전통 식품에 대한 공감대 형성으로, 넓게는 아이들의 감성을 깨우고자 하는 서울시교육청의 특색 사업 중 하나입니다. 교과 수업에만 치중돼 있는 아이들의 학교생활

이 꽃과 우리 전통 음식으로 더 화사해지고 더 맛있어지기를 기대해봅니다. 변화하는 학교의 모습이 앞으로 더 자주 소개되었으면 좋겠습니다.

--- ✂

삭막했던 학교가 꽃향기·전통 음식으로 향기나는 변신
생태·먹거리 체험하는 학교들

지난 16일 아침 서울 관악구에 위치한 인헌중. 발걸음을 재촉하며 등교하는 학생들 틈에 끼어 교문에 들어서자 화사한 꽃들이 눈에 띈다. 몇몇 학생들은 교정을 돌아다니며 나무와 꽃 사진을 열심히 찍고 있다. 낯선 풍경이다. 보통 아침 시간이면 책상에 엎드려 부족한 잠을 자거나 친구와 수다 떠느라 바쁜 아이들 모습과는 달랐다.

사진을 찍는 이들은 식물 이름 적기 대회를 준비하는 꽃사랑 동아리 학생들이었다. 교무실에서도 꽃 사진과 특징이 적힌 종이를 코팅하는 다른 친구들의 손길이 분주했다. 교내 화단에 있는 식물과 꽃의 이름표를 만드는 작업을 위해 식물도감을 일일이 찾아 정확한 이름을 확인했다.

동아리를 이끄는 이선희 교사는 "지난해 학교에 발령받아 왔는데 건물만 덩그러니 있어서 삭막한 공장 같았다. 아이들이 간식을 사 먹느라 넘어 다니는 담벼락 아래쪽도 흙만 쌓인 채 방치돼 있었다"고 했다. 이 교사는 학교 환경을 바꿔보자 마음먹고 학생들과 '꽃사랑 동아리'를 만들어 생태 정원 가꾸기에 나섰다.

학생들은 각자 팀을 꾸려 세밀화 그리기 대회나 교내 식물 사진 공모전, 식물 이름 쓰기 대회 등 다양한 행사를 직접 기획했다. 환경 퀴즈대회를 준비하는 팀은 점심시간에 등나무 아래 벤치에서 퀴즈를 열기로 했다. 상품도 준비했다. 인터넷을 뒤져 마거리트, 버베나 등 학교에 있는 꽃의 압화를 구매해 직접 꽃배지를 만들어줄 생각이다. 단순히 동아리 부원만 관심을 갖는 게 아니라 다른 친구들의 참여를 이끌어내기 위해서다.

학생들뿐 아니라 교사도 나섰다. 미술 교사는 학교 정문 앞 전봇대나 동네 버려진 공간에 '게릴라 가드닝'남의 땅이지만 비어 있는 상태로 방치된 곳을 깨끗이 치우고 정원으로 꾸미는 행위를 뜻함 계획을 세우고 있다. 아이들과 함께 자료조사를 해서 적당한 위치를 정했고 화단을 만드는 데 필요한 재료를 구매했다.

동아리 부원인 3학년 조인영 양은 "세밀화 그리기 대회를 준비하면서 꽃의 생김새를 자세히 들여다보게 됐다. 평소 미술에 관심이 많아서 기존 세밀화를 찾아서 어떻게 그리는지 보고 학교에 있는 꽃을 관찰해 직접 그려봤다"고 했다.

숭례초 등 전체 학급에 씨앗 트레이와 화분 있어

도시 아이들은 자연과 접할 기회가 드물다. 요즘에는 아파트가 아니라도 화단이나 장독대가 있는 집도 드물다. 최근 들어 감성 교육, 인성 교육을 강조하지만 학교 현장에서는 여전히 교과 학습 위주로 수업을 진행한다.

이런 삭막한 환경에서 자라는 아이들을 위해 교육청 차원에서 발벗고 나섰다. 서울시교육청은 올해부터 '2016 서울 학생, 꽃과 친구가 되다'라는 주제로 '학교생태정원 가꾸기' 31곳, '꽃사랑 동아리' 220곳을 지정했다. 또 '전통음식문화 계승 선도학교'도 17곳을 선정해 운영 중이다. 각각 꽃사랑 동아리를 꾸려 생태 정원을 만드는 활동을 지원하고, 명인에게 직접 전통 음식을 만드는 법을 배울 수 있게 하는 내용이다. 식물을 기르며 아이들의 감성을 깨우고 우리 전통 식문화를 알리기 위한 특색사업인 셈이다.

인헌중의 다양한 활동도 교육청의 지원을 받아 진행할 수 있었다. 이 교사는 아이들이 꽃과 식물 이름을 많이 아는 것보다 주체적으로 활동을 계획하고 실행하는 데 방점을 찍었다. "처음 동아리에 모인 학생들이 식물에 관심은 있었지만 구체적으로 뭘 해야 할지 몰라서 나만 멀뚱멀뚱 쳐다봤다. 나는 '물 주라는 말도 안 할 거고, 식물이 시들어도 너희 몫이다. 뭔가 하고 싶은 일이 있으면 지원해주겠다'고만 얘기했다."

이 교사는 학생들이 기획한 활동에 필요한 예산을 배분하고 구매하는 데만 도움을 줬다. 조 양은 "무엇을 할지 우리가 직접 회의를 해서 결정했다. 또 자기가 직접 심은 식물은 스스로 돌봐야 한다. 식물이 죽어가도 선생님이 따로 물 주지 않기 때문에 잘 키워야 한다는 책임감도 생겼다. 관리를 잘해서 학교 곳곳에 봄꽃이 화려하게 색색깔로 펼쳐진 걸 보니 기분이 좋다"고 했다.

이 사업을 단순히 동아리 차원이 아니라 전교생 대상으로 확대한 경우도 있다. 인성을 교실에서 책으로 가르치기보다 직접 활동하며 깨우치게 하기 위해서다.

숭례초 ^{서울 성북구}는 모든 학급에 씨앗 트레이와 화분이 있다. 학생들은 콩·상추·쑥갓·

치커리·케일 등을 기르고 있다. 씨앗을 심는 과정부터 싹을 틔우고 어느 정도 자라면 화분에 옮겨 심는 작업까지 학생들이 직접 체험해본다.

조부모가 시골에 사는 소수의 아이들을 빼고는 이전까지 직접 씨앗을 길러본 경험이 없었다. 서로 앞다퉈 물조리개를 들고 화단에 물을 주던 학생들은 "씨앗이나 모종이 자라서 꽃이 피고 잎이 나는 걸 보면 신기하다"고 했다. 이 활동을 하면서 알게 된 꽃을 묻자 "마가렛 마거리트·바위취·종이꽃·사루비아 샐비어·패랭이·베고니아" 등 생소한 꽃 이름이 아이들 입에서 술술 나왔다.

배혜경 교장은 "학교가 도로변에 있어서 번잡한 분위기에 낙엽만 잔뜩 쌓여 있었다. 교내 화단에 야생화를 심고 미니 연못을 만들자 학교가 예뻐졌다며 나한테 고맙다고 인사하는 학생도 있었다. 학부모들도 야생화나 수중식물을 심어놓은 걸 보고 아이들과 사진을 찍으며 좋아한다"고 했다.

김영자 교사는 "학생들이 변화된 학교의 모습에 관심을 갖고 식물을 아끼는 마음을 기르기 위해 '학교사랑 사진공모전'을 준비 중"이라며 "학생들이 각자 식물 관찰 일지를 쓰는데 친구들과 함께 꽃을 관찰하면서 우정도 쌓고, 식물을 접하는 아이들 표정이 전보다 밝아졌다"고 했다.

송곡여중, 장 담그며 전통 음식 접할 기회 줘

같은 날 중랑구에 위치한 송곡여중에서는 귀여운 앞치마를 두르고 요리사 모자를 쓴 1학년 학생 20명이 가사실에 모였다. 학생들 앞에는 쌀조청·메줏가루·고추장용 고춧가루·소금 등이 놓여 있었다. 서울시농업기술센터의 '찾아가는 전통음식체험' 프로그램을 통해 '뚝딱 고추장'을 만들기로 한 날이었다. 이 학교는 '전통음식문화 계승 선도학교'로 선정돼 전통장을 초청해 음식을 직접 배우고 식문화를 개선하는 활동을 하고 있다.

수업을 진행한 김찬희 우리장 연구가는 "예전에 비해 먹거리 종류는 늘어났지만 오염되고 건강을 해치는 음식도 많다. 지금은 세계적으로 슬로푸드가 유행이다. 한국의 전통음식 대부분이 슬로푸드인 '장'들로 양념해 만든 음식"이라고 말했다. 그러면서 고추장의 역사와 전통 찹쌀고추장 만드는 방법을 설명했다.

전통 방식으로 고추장을 담그려면 찹쌀을 씻어 불리고, 엿기름을 만들고 찹쌀풀을 내서 재료를 섞고 발효시키는 등 최소 이틀이 걸린다. 이 때문에 수업에서는 쌀조청을 이용해 간단 고추장을 담가 떡꼬치용 소스를 만들고 떡꼬치와 함께 먹기로 했다. 실제 예전에 할머니들도 몸이 힘들었을 때 갱엿을 이용해 간편하게 고추장을 만들어 먹었던 것에서 착안한 것이다.

이 고추장은 시중에 파는 고추장에 비해 염도가 10%밖에 안 되고 다른 식품 첨가물이 들어가지 않았다. 아이들 몸에 좋은 식품을 만들기 위해 재료도 국내산 고춧가루를 빼고 전부 유기농을 썼다. 학생들은 메줏가루를 손으로 찍어 맛보며 "발 냄새가 난다"고 말하거나 재료를 골고루 섞다가 양념이 담긴 큰 대야에 수저를 빠뜨리기도 했다. 평소 요리를 해보지 않은 탓에 서툴렀지만 고추장을 만들고 떡을 굽는 내내 웃음소리가 끊이지 않았다.

실습이 끝나고 학생들은 자신이 만든 고추장을 500㎖ 용기에 나눠 담았다. 집에 가져가 한달간 숙성시킨 뒤 가족들과 직접 요리를 해 먹기 위해서다. 차현 양은 "여태껏 고추장 만드는 걸 본 적이 없다. 처음으로 직접 만들어 보니 신기했다. 학교 앞에서 사 먹는 떡꼬치의 고추장 소스와 맛이 완전 달랐다. 집에 가서 아빠한테 이 고추장으로 떡볶이 만들어달라고 해야겠다"고 했다.

이정현 교사는 "맞벌이 가정이나 한부모 가정이 많아 아이들이 끼니 자체를 제대로 챙겨 먹지 못한다. 지난해 중랑구청 조사 결과 비만도가 다른 학교보다 상대적으로 높아서 보건과에서 운동도 시키고 관리할 정도"라고 말했다.

"아이들이 집밥을 먹을 여건이 안 돼서 편의점이나 패스트푸드점을 자주 이용하고 돈을 모아 먹고 싶은 것을 사 먹는 경우가 많다. 고추장 만들 때도 엿기름이 '엿을 끓여서 만든 기름'이라고 잘못 말하거나 자신들이 좋아하는 식혜에 들어간다는 사실도 모르는 친구가 많았다. 아이들을 보며 전통 음식에 대해 알 수 있는 동시에 바른 먹거리를 접할 수 있는 기회를 주고 싶었다." 학생들은 앞으로 식습관을 개선하는 캠페인도 벌일 생각이다. 이 교사는 "전통 식문화를 알리는 광고와 포스터를 만들고 전통 식문화 요리 경연 대회도 열 계획이다. 아이들이 직접 만들고 먹어봐야 몸에 좋은 게 어떤 건지 느낄 수 있다"고 말했다.

글·사진 최화진 〈함께하는 교육〉 기자 lotus57@hanedui.com
《한겨레》, 2016.5.23 (http://www.hani.co.kr/arti/society/schooling/745130.html).

학부모가 학부모에게 전하는 '리얼' 경험, '학부모책'

자녀 교육 경험이 없어 아이를 키우는 데 시행착오를 겪으시는 학부모님들이 많으실 텐데요. 학부모 자신이 하나의 사람책 Human Library이 되어, 자녀를 키우며 겪은 경험이나 노하우를 다른 학부모에게 나눠 주는, 이름하여 서울시교육청 '학부모책 Parents Book' 사업이라는 것이 있습니다.

'학부모책'은 일방적인 강의가 아니라 작은 테이블에 모여 앉아 소규모 릴레이 강연회 방식으로 진행이 되고 있습니다. 학교가 초빙하고 싶은 학부모책을 정해 교육청에 신청하면 해당 학부모님이 학교를 찾아와 이야기를 들려주고, 그 자리에서 대화를 통해 서로의 궁금증과 지혜를 나누게 됩니다.

최근에 2016년 학부모책 모집 공고가 진행되었고, 오늘이 발표 예정일입니다. 올해는 또 어떤 자녀 교육 사연과 고충, 지혜들을 담은 '학부모책'이 등장?할지 기대가 됩니다. 마침 서울신문에서 작년의 사례들을 잘 정리한 기사*를 냈는데, 이 기사만으로도 자녀를 키우고 계신 분들께 조금이나마 도움이 되지 않을까 싶네요.

---

* "성적 닦달은 역효과… 스스로 공부하게 도우세요", 《서울신문》, 2016.5.16
  (http://www.seoul.co.kr/news/newsView.php?id=20160517024001).

'더불어숲' 창립 맞아
신영복 샘의 『담론』을 다시 펼치며

지난 일요일 오후, 남산 국악당에서 열린 사단법인 '더불어숲'의 창립 대회에 다녀왔습니다. 창립 선언문은 "1988년 우이 신영복 선생께서 간난신고의 20년 감옥 생활을 끝내고 출소하시자, 옥중서신 『감옥으로부터의 사색』에 감명받은 많은 이들이 하나둘 모이기 시작했고, 그것이 '더불어숲'의 모태"가 되었으며, 2016년 1월 타계한 지금, "신영복 선생의 뜻과 정신을 더 깊게, 더 넓게, 더 오래도록 이어가고자" 사단법인을 만든다고 쓰고 있습니다.

그동안에도 신영복 저서 읽기 모임 '마중물'이나 신영복 연구 모임 '언약' 등이 있었는데, 이제 사단법인은 본격적으로 '선생의 사상의 소개 및 공유'를 위해 더불어숲 교실을 운영하며, '선생의 글씨를 통해 만나는 지역의 역사와 문화 이해'를 위해 '변방 기행'을 계획하고 있습니다 선생님의 『변방을 찾아서』라는 책도 있지요. '신영복 아카이브'도 만들고, 그의 호를 따라 '우이학당'을 만들 계획도 세우고 있습니다. '더불어숲'의 활발한 활동을 기대해봅니다.

신영복 선생이 1989년부터 타계할 때까지 재직한 성공회대에서 선생을 가장 사랑하고 존경하며 선생이 가장 신뢰하기도 했던 '더숲트리오' 교수 중 창단 선생들 김창남 이사장, 김진업, 박경태 에 비해서, 저는 한참 '눈 밖'에 나 있었고 선생이 지도하는 서예반에서 붓글씨를 가장 '못 그리는' 사람이었지만, 어쨌든 25년여 동안 선생 곁에서 지켜볼 수 있었고 가르침을 받을 수 있었습니다.

그는 20년 20일이라는 긴 시간 동안 감옥 생활을 하다가 1988년 특별가석방으로 출소한 이후, 1989년부터 성공회대에서 강의를 시작했고, 2006년 정년퇴임한 이후에는 석좌교수로 재직했습니다. 마지막 무렵에는 학부 강의 하나, 대학원 강의 하나를 맡았지요. 『담론』은 그의 마지막 강의인 2014년 가을 마지막 수업 녹취를 재정리한 것입니다.

그의 빛나는 강의는 그가 이야기하듯 '세계 인식과 인간에 대한 이해'에 깊은 지혜를 전해주기 때문에, 그가 강의를 끝낸다고 했을 때 모든 교수들이 지속해줄 것을 간곡히 요청했지요. 그러나 그의 강의는 지속되지 않았고, 2016년 1월 15일 우리는 그를 먼 세상으로 떠나보냈습니다. 그 부재로 인한 공백을 이 책의 출판으로 달래지 않을 수 없네요.*

사색과 강의 그리고 담론

선생은 수많은 책을 냈지만, 핵심 저작은 『감옥으로부터의 사색』과 『강의: 나의 동양 고전 독본』이라고 생각됩니다. 그의 마지막 저작이기도 한 『담론』은 '생의 마지막 지점'에서의 종합이라고 할 수 있겠습니다. 한편 『감옥으로부터의 사색』은 감옥 안에서 쓰인 것인데, 『담론』에서 『감옥으로부터의 사색』의 이야기들이 재론되지만, 출옥한 뒤에 매일 대면하며 살아가는 현재적·사회적 삶과의 대비 속에서 다시 빚어진 지혜로 제시되고 있다는 점에서 다르다고 할 수 있습니다.

『담론』에서 우리는 단지 일상생활의 사색만이 아니라, 동양 고전 텍스트에 대한 깊은 이해가 결합되면서 신영복만의 독특한 철학 사상이 형성되어가는 것을 발견하게 됩니다.

---

* "[나의 애독서] 사색·성찰의 일생 … 세계와 인간을 깨우는 지혜", ≪세계일보≫, 2016.5.16
(http://segye.com/view/20160516003277).

감옥과 신영복 사상의 관계

그는 자신이 오랜 기간 감옥에 있지 않았다면 다양한 동양 고전을 읽지 않았을 것이라고 말합니다. 또한 오랜 기간 사색과 같은 사고를 할 수 없었을 것이라고 말합니다. 『강의』와 『감옥으로부터의 사색』에 서술된 것과 같은 동양 고전 독해가 탄생할 수 있었던 것은, 그가 감옥을 사회학 교실이자 역사학 교실, 인간학 교실로 살아냈기 때문일 것입니다.

그에게 감옥은 바깥에 있었더라면 결코 만날 수 없었을 수많은 사람들을 만나는 사회 현장이었습니다. 또한 근현대사의 격변의 역사를 몸으로 살아내고 그 다양한 역사적 기억들을 담지하고 있는 사람들의 이야기를 듣는 현장이기도 했습니다.

사람과 사람이 모여서 관계를 맺고 살아가는 '축소판' 사회, 이 독특한 미시 사회에서 그는 인간관계의 지혜와 철학을 만들었습니다. 그것이 『감옥으로부터의 사색』이지요. 굳이 푸코의 논의를 빌리지 않더라도, 사회는 감옥처럼 작동한다는 점에서 그가 감옥을 미시 사회, 미시 인간 공동체로 살아내고 사회 세계에 대한 통찰과 인간 이해에 대한 깊은 지혜를 끌어낸 것은 어떤 의미에서 자연스러울지도 모르겠습니다.

작업, 식사, 세면 등 협소한 공간에서 몸을 부대끼며 살아야 하는 열악한 환경 속에서, 때로 반목과 불신, 언쟁과 주먹다짐에 이르기까지 하루가 팔만대장경인 복잡한 미시 세계 속에서, 그는 사회와 세계를 만났고 인간을 만났습니다. 그에게 감옥은 천의 얼굴에 복잡한 내면을 가진 다종다양한 사람들을 만나는 장이었습니다. 그의 책의 위대함은 바로 감옥이라는 '미시 세계' 속에서 세계와 인간에 대한 깊은 통찰을 길어 올린 데 있었습니다.

우리는 그의 책에 등장하는 노랑머리 창녀, 목수, 떡 신자, 목사, 노인, 양심의 가책을 느끼는 매혈 청년 등 무수한 삶의 군상을 만나게 됩니다. 그런 삶과의 대면 속에서 그가 우리에게 전달하는 인간에 대한 깊은 이해를 마주하게 됩니다.

감옥에서 마주한 세계와 인간에 대한 그의 통찰 중에서 저에게 가장 감동적으로 다가왔던 이야기는, "옆 사람과 살을 맞대고 붙어서 잔다는 것이 고역이자 형벌로 느껴지는 여름 감방"의 풍경에 대한 묘사였습니다. 그럼 당연히 옆 사람이 미워지는데, 그보다 더욱 절망적인 것은 자기 행위 때문이 아니라 자기 자신의 존재 그 자체 때문에 증오를 받고 있음을 느끼는 것이었습니다. 그래서 혹독한 추위와 싸워야 하는 겨울이 그래도 "가장 가까운 옆 사람을 증오하지 않고 따뜻하게 만날 수 있음으로, 최대의 은혜로 느껴진다"라는 것이지요. 이러한 예를 읽으면서 저는 전율 같은 것을 느꼈습니다. 인간과 구조, 구조와 인간의 관계, 구조 속 인간의 삶에 대해 이처럼 깊은 여운을 주는 사색을 할 수 있구나 싶었지요.

그의 관계론과 변방론 그리고 사회적 약자의 시선

저는 그의 동양 고전 독해나 인간 이해와 자기 성찰이 세 가지 측면에서 이루어지고 있다고 생각합니다.

첫째는 관계론적 인식론입니다. 다음으로는 공간적 위치 설정이라는 점에서 '변방의 시좌'이며, 셋째는 사회적 약자의 시선입니다. 이 세 가지 인식론, 시좌, 시선이 만나서 신영복만의 지혜가 출현했다고 생각합니다.

그에 따르면 "'나'의 정체성이란 내가 만난 사람, 내가 겪은 일들의 집합"입니다. "만난 사람과 겪은 일들이 내 속에 들어와서 나를 구성하는 것"이지요. 그래서 "나는 관계다"라고 주장합니다. 주역에서 그는 존재론적 철학을 발견합니다.

나아가 변방은 중심에서 발화되지 않는 창조적 상상력의 공간입니다. 기존의 틀 속에 갇히지 않고, 지배 이데올로기에서 상대적으로 자유로운 공간으로 중심부 콤플렉스를 벗어던져야 합니다. 그는 언제나 권력과 패권의 공간에서 사회적 약자의 시선으로 세상을 재해석합니다. 그가 감옥에서 만난 많은 인간 군상, 그리고 그들의 남루함과 허세와 비루함 속에서, 그가 살아온 배경과 조건을 봅니다. 갖가지 인간상을 그는 사색과 애정을 기초로 바라보고 묘사하고 있습니다. 단지 타자로서 애정을 갖는 것이 아니라, 그들의 시좌에서 세상을 보고자 합니다.

이론은 좌경적으로, 실천은 우경적으로

그의 책에 담긴 헤아릴 수 없이 많은 지혜 중에서 몇 가지만 옮겨보겠습니다. 선생이 우리에게 제시하는 삶과 운동의 전략적 지침이 무엇일까 생각할 때, 저는 그가 '장기수 할아버지의 입을 통해 말한 것'이 그의 권면이 아닐까 싶습니다. 그는 20~30년 복역한 장기수 할아버지가 굴원만큼이나 비타협적인 분이었으나 출소를 앞두고 '이론은 좌경적으로 하고, 실천은 우경적으로 하라'고 조언하는 삽화를 책 속에서 보여주고 있습니다. 그는 그러면서 실천을 '우경적'으로 해야 하는 이유가 여러 사람과 더불어 일해야 하기 때문이며, 나아가 전통과 주어진 현실의 조건 속에서 실천해야 하기 때문이라고 말합니다. 이 시대에 여전히 변화의 희망을 잃지 않고 있는 사람들에게 던지는 실천 방략이 아닐까 생각해봅니다.

동양 고전에 대한 강의에서는 신영복만의 독특한 독해가 이루어집니다. 그가 맹자를 '관계 없는 자본주의'에 대한 반성으로 읽는 것은, 그만의 독특한 시선이 있었기 때문에 가능했다고 생각합니다. 그는 맹자의 「곡속장 穀觫章」이라는 예화를, 본다는 것은 만나고 대면하는 것이고 서로를 아는 것이며 그 관계가 인간과 인간, 인간과 동물의 관계를 다르게 만든다고 읽어냅니다. 전국시대 제나라의 선왕이 제물로 끌려가는 소를 보고, 그 소가 불쌍해서 양으로 바꾸라고 하는 일화를 들고 있습니다. 이는 소를 대면하고 보았기 때문입니다. 즉, 대면적으로 관계하고 있기 때문이지요. 소나 양이나 같은 가축이지만 그런 '관계'가 우리의 태도를 변화하게 만듭니다.

또한 그는 『한비자』를 읽으면서, 전국시대 법가의 한 원칙, 즉 계급에 관계없이 모든 사람을 동일하게 형刑으로 다스려야 함에도 현실에서는 사대부 이상은 예로, 서민들은 형벌로 처벌하는 것이 관례였다고 말합니다. 이 점은 오늘날도 동일할 것입니다. 정치·경제사범은 불법행위자로 그의 행위만을 문제 삼는 반면에, 절도나 강도 같은 일반 사범은 범죄인으로, 그 인간 자체를 범죄로 간주하는 것처럼 말입니다.

겨울 독방의 작은 '햇볕'에서 삶의 희망을 발견하듯이

또 다른 감동적인 대목으로 '남한산성'의 경험을 들고 싶습니다. 그는 사형에 의한 죽음의 공포로 뒤덮여 있는 남한산성 감옥에서, 길어야 두 시간에 불과한 '신문지 크기만 한 햇볕'을 무릎 위에 받고 있을 때의 따스함이 살아 있음의 어떤 절정이었다고 고백하고 있습니다. 겨울 독방의 작은 햇볕이, 자살하지 않고 살아가는 이유이자 생명 그 자체였다는 것입니다.

저는 이 이야기를 읽으면서 숙연한 마음이 들었습니다. 그가 감옥의 햇볕에서 자살을 넘어서는 끈기 있는 삶의 희망을 발견했다면, '헬조선'이라고 하는 깊은 좌절의 상황에 직면한 우리가 어찌 처연한 희망을 가지지 않을 수 있을까요. 그가 끝도 없고 기약도 없는 긴 터널과 같은 감옥에서 생명의 환희와 희망을 잃지 않았다고 한다면, 우리가 못할 것이 무엇인가요. 그가 그 긴 터널 속에서도 인간의 존엄을 잃지 않고, 역사를 배우고 사회를 배우고 인간을 배우고, 새로운 삶의 지혜를 빚어냈다면 우리에게도 그러한 책무가 있지 않을까요.

책의 말미에 그는 이렇게 씁니다. "내가 자살하지 않은 이유가 햇볕이라고 한다면, 내가 살아가는 이유는 하루하루의 깨달음과 공부였습니다. 햇볕이 '죽지 않은' 이유였다면, 깨달음과 공부는 '살아가는' 이유였습니다. 여러분의 여정에 햇볕과 함께 끊임없는 성찰이 함께하기를 빕니다."

그가 저 하늘에서 매일매일 깨달음과 공부를 살아가는 이유로 삼는 삶을 우리에게 권면하고 있지 않을까 생각해봅니다.

지식인의 한계에 대한 고뇌

마지막으로, 가끔 저는 그의 내면에 고뇌와 파장을 일으켰던 사안이 무엇일까 생각하곤 합니다. 아마도 그는 이론과 실천의 거리, 먹물 지식인과 민중의 긴장과 거리를 언제나 마음에 두고 그것을 메우고자 했던 것 같습니다. 그리고 그것을 고뇌의 소재로 간직하고 있었던 것 같습니다.

그가 감옥에서 만난 한 목수에 대해 주춧돌부터 그리는 사람이라고 하며, 지붕부터 그리는 자신을 책망하는 것, '이론은 좌경적으로 하되 실천은 우경적으로 하라'는 장기수 할아버지의 출옥 조언을 가슴 깊이 새기는 것, 생의 말미에 '하방연대'를 이야기한 것, '머리에서 가슴으로의 여행' 그리고 다시 '가슴에서 발로의 여행'이 가장 길다고 한 것 들을 보면, 그는 민중과 분리되어 있는 지식인의 존재, 인간다운 대안적 사회로 가는 도정에서의 지식인의 역할에 대해 깊은 고민과 딜레마를 부단히 인식하고 있었던 것 같습니다.

앞으로 더불어숲이 많은 활동을 하게 되면, 우리가 신영복의 삶과 사상에 대해 더욱 다양한 이해와 지혜를 얻을 수 있지 않을까 기대합니다.

내면의 아픔을 치유하는 사진의 힘
5·18 '기억의 회복전'

국가폭력 희생자들의 트라우마를 치유하고 보듬는 전국 유일의 기관인 광주트라우마센터가 5·18 민주화운동 36주년을 기념한 사진전을 서울에서 개최했습니다. 5월 16일부터 23일까지 서울 시민청 갤러리에서 '기억의 회복'을 주제로 열리는데, 저도 초대를 받아 어제 둘러보고 왔습니다.

초국경적 '광주트라우마센터'에 대한 기대

한국 민주주의의 상징이라고 감히 부를 수 있는 광주는 제게 각별한 의미
가 있습니다. 그리고 그 광주에는, 국가폭력 희생자들을 치유하고 보듬기 위해
설립된 지 벌써 4년이 되어가는 광주트라우마센터가 있습니다. 저는 광주트라
우마센터가 단지 광주의 희생자들만이 아니라, 이 순간에도 세계 전역에서 나
타나고 있는 국가폭력 희생자들을 따뜻하게 보듬고, 증언과 치유와 지원 그리
고 기록을 돕는 초국경적 트라우마 센터가 되기를 바랍니다.

광주는 이미 아시아의 많은 인권 활동가, 사회 활동가 들에게 민주주의와
사회 진보의 상징적인 도시가 되어 있으니, 그 가능성이 더욱 크고 의미가 있
다고 생각합니다.

사진이 가진 치유의 힘

저 개인적으로도 사진에 관심이 있는 편이라, 이번 사진전을 흥미롭게 둘러보았습니다. 사진은 '찍는' 것은 물론이고 '바라보는' 것에도 인간 내면의 아픔을 치유하는 강한 힘이 있다고 생각합니다. 내가 직접 찍은 사진이 아니더라도, 함께 공유하면서 감정을 나눠 가질 수 있는 것이지요. 그런 점에서 이번 사진전은 국가폭력의 희생자들의 마음에 쉼과 힐링을 주고 있는 광주트라우마센터의 성격과 참으로 닮지 않았는가 하는 생각을 하게 됩니다.

이번 사진전에서는 광주트라우마센터의 사진 치유 프로그램에 참가한 5·18 유공자 7인이 직접 촬영한 사진 100여 점이 공개됐습니다. 광주항쟁 피해자들이 아픔의 현장과 기억을 바라보는 독특한 시선이 느껴졌고, 순수하게 사진 자체의 관점에서도 흥미롭고 의미 있는 사진들이 많았습니다. 소장하고 싶을 정도로 마음에 드는 사진들도 있었고요.

서울시청의 지하 서울 시민청 갤러리에서 23일까지 열린다고 하니, 시내 가시는 분들은 들르셔도 좋을 것 같습니다.

20160516

학생들을 위한 학생들의 '의회'
서울학생참여위원회 발단식

지난 9일 서울보건진흥원에서 서울학생참여위원회 발단식이 있었습니다. 학생자치활성화 정책과 관련해 서울시교육청의 매우 중요한 행사라서 이렇게 공유합니다.

이번 학생참여위원회 출범과 함께, 학생회 대표들의 자문 기구 성격이었던 기존의 학생참여위원회를 예산 심의 권한을 갖는 '학생의회'로 한 단계 업그레이드하게 되었습니다. 저는 이것이 학생을 단순히 피교육자로 인식해 발언권이나 심의권을 인정하지 않던 기존 교육의 패러다임을 바꾸는 굉장히 중요한 작업의 한 부분이라고 생각하고 있습니다.

그리고 그러한 시도의 첫 단추를 꿰는 자리인 서울학생참여위원회 발단식에서 저는 다음과 같은 말씀을 드렸습니다.

발언권과 심의권을 갖는 학생 '대표'

현재 서울 1300개 학교의 학생회장은 1300명이며, 이들이 11개 교육지원청의 학생참여위원회의 위원입니다. 그리고 그중 50여 명의 대표가 우리 교육청 학생참여위원회의 구성원이 됩니다.

편제상으로만 보면, 학생 대표들이 교육청이라고 하는 학생 교육정책의 행정기구에 대해서 '대표권'을 갖고 있는 형식입니다. 그러나 이 상태만으로는 단순 자문 기구에 불과할 뿐입니다.

사실 학생들은 투표권도 없습니다. 일반 서울시민들이 시의원을 선출함으로써 '대표자'를 통해 자신의 요구를 제기하고 감시하는 역할을 하는 반면에, 학생들은 자신들의 삶과 교육에 결정적인 영향을 미치는 교육청에 대해서 대표권과 발언권이 없는 셈입니다. 학생들의 '부모'가 교육감을 뽑고 부모에 의해 선출된 교육감이 자신들의 교육에 영향을 미치는 정책을 결정하고 집행할 뿐, 학생들을 위한 학생들의 '의회'는 없는 것이지요.

그러나 저는 이런 조건을 전제하면서도, 일정한 범위 안에서는 학생들 스스로 대표자라는 인식을 갖고, 학생 대표로서 할 말을 하고 책임 있는 행동을 하도록 노력할 수 있는 기회가 필요하다고 생각합니다. 그런 의미에서 저는 학생들이 학생 대표로서 서울시교육청을 감시하는 역할을 하고, 학생 자치와 관련해 요구할 것이 있다면 당당하게 요구하는 역할을 해낼 수 있어야 한다고 생각합니다.

학생 자치 직접 관련 예산을 학생이 '심의하다'

앞서 말씀드렸다시피 이러한 교육 패러다임적 전환의 인식 위에서, 학생 참여위원회를 '학생 의회'로 설정하고 그것을 실질화하기 위한 작은 노력을 이제 시작하는 것입니다.

그러한 작은 노력의 일환으로, 학생들과 직접적으로 관련된 예산 학생회나 동아리 지원, 학생 공모 사업 등 을 모아 학생 의회에서 심의하도록 하려 합니다. 저는 학생 대표 여러분에게 학생 관련 정책에서만큼은 직접 발언하고 심의할 수 있는 권한을 드리려고 합니다. 여러분과 직접 관련된 약 5억 원의 예산에 대해 여러분이 직접 심의를 거치는 것입니다. 또한 이러한 권한에 대한 책임감도 느껴보기를 바랍니다.

제가 자주 쓰는 표현 중에 하나가 학생들을 '교복 입은 시민'으로 대우하자는 것인데요. 학교라는 울타리 안에서 여러분들이 단순히 교복을 입은 피교육자로 존재하는 것이 아니라, 자기 일에 대한 권한과 책임을 동시에 갖는 훈련을 해볼 수 있기를 바랍니다.

그런 의미에서 '학생 의회'라는 이름이 갖는 무게 또는 책임감을 학생 대표 여러분이 느낄 수 있었으면 좋겠습니다. 이번 출범식과 함께 발표한 학생참여위원회 활성화 계획의 자세한 내용은 다음과 같습니다.

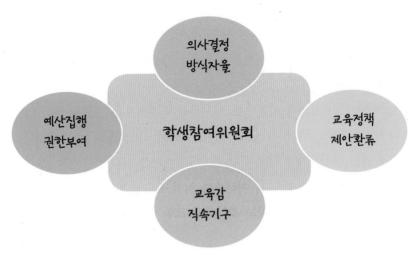

서울시교육청 자료

1. 서울학생참여위원회 체제 변화
교육감 직속 독립기구로 설치·운영

- 교육정책 제안, 예산 심의·집행, 의사결정 방식 등의 권한 부여
- 행정·입법 기능의 '학생 의회 및 상임위원회분과' 역할 부가
- 상임위원회 구성: 교육지원청 학생참여위원회에서 선출된 학생 대표 5명 이내의 희망에 의해 가입
- 상임위원회 위원장: 상임위원회별로 구성원들의 직접 선거를 통해 선출
- 교육감 제안 사업 및 학생참여위원회의 의결 사항에 대한 결정 방식은 학생 의회에서 자율적으로 결정
- 각 교육지원청의 학생참여위원회는 본청 학생참여위원회의 조직 체계를 유지하여 연계성을 강화

2. 서울학생참여위원회의 역할 강화

학생참여위원회 네트워크 체제 강화

- 학생참여위원회 총회를 통한 학교와 교육청 간의 학생 대표 선출 시기 단일화
- 학생 리더십 교육, 학생 자치 캠프, 토론·토의 역량 증진 등에 중점
- 학생참여위원회 네트워크 지도 교사 위촉 및 지도 수당 지급

학생 의회를 통한 학생 참여 활동의 자율권 보장

- 학생 생활 관련 예산 심의·운영 학생참여예산제 3억 원, 학생참여위원회 운영 2억 원 규모
- 서울교육정책 제안·발언
- 학교 생활 규정 검토 및 의견 제시
- 학생 참여를 이끄는 사업 제안 및 집행 자체 구상+지자체와 협력 사업

교육감 제안 사업에 대한 추진 여부 결정

3. '학생참여단'과의 명칭 혼선 개선

학생인권센터의 '학생참여단'을 '학생인권참여단'으로 명칭 변경

- 학생인권 증진을 위한 교육정책 제안 등의 역할 수행을 강조

20160504

만년 꼴등의 기적
새 역사를 쓴 레스터시티의 우승

창단 132년 만이라고 합니다. 지난 시즌 꼴찌 팀으로 탈락 위기에 있던 레스터시티가 프리미어리그에서 첫 우승을 차지했습니다.* 레스터시티의 팬들은 하나의 역사적 사건을 마주한 듯 기뻐하고 있습니다. 기적과도 같은 이번 우승을 보며, 꼴등을 탈피해 '1등'이 된 것만 기억하는 것이 아니라, 지금의 '1등'이 상대적이라는 것, 다시 1등의 자리를 내어놓을 수도 있다는 것을 기억했으면 합니다. 1등과 꼴등의 서열화를 다시 돌아보는 계기가 된다면 더 좋겠고요.

1등과 꼴등의 편견을 깨부순 레스터시티의 우승에 저도 축하를 보냅니다. 자본과 승패를 떠나 꿈을 가진 사람들의 동화 같은 우승에 찬사를 보내고 싶습니다. 몸값이 높은 유명 선수와 전통 명문 구단을 제치고, 상대적으로 무명(?)인 선수들이 일궈낸 우승은 우리가 알게 모르게 가지고 있던 편견을 깨뜨리는 드라마였습니다.

---

* "[카드뉴스] 0.02%의 기적… '흙수저' 레스터 시티의 동화 같은 반란", ≪중앙일보≫, 2016.5.3
(http://news.joins.com/article/19977881).

근대적 민족종교에서 세계종교로

원불교 100주년 기념 대회

어제 상암동 월드컵경기장에서 열린 '원불교 100주년 기념 대회'에 다녀왔습니다. 1916년 일제강점기에 소태산 대종사가 원불교를 창립한 이후 한국의 4대 종교로 발전한 원불교로서는 '100년 이후 시대'를 열어가는 큰 행사를 치른 셈입니다.

4장 | '즐기는' 아이들이 행복하다

원불교 인사들과의 인연

개인적으로 원불교와 인연의 끈이 짧지 않은 편입니다. 원불교 인사 가운데 교유해온 친구들이 있습니다. 참여연대에 몸담고 있던 시절에는 원불교의 대표적인 사회참여 교무인 이선종 선생이 공동대표로 계셨기 때문에 이래저래 원불교 인사들과 만날 기회가 있었지요. 원불교 인사나 청년 들을 대상으로 한 특강에도 몇 번 초대받아 이야기할 기회를 얻기도 했습니다.

2000년대 초반에 『박정희와 개발독재 시대』를 쓸 적에는, 소태산 대종사가 탄생한 전남 영광에 있는 영산선학대학교의 황영규 총장이 기회를 주셔서 한 3주 정도 그곳에서 먹고 자고 생활하면서 교수님들과 교유했던 적도 있습니다. 그뿐 아닙니다. 제가 재직했던 성공회대에서 시민사회 활동가를 위해 개설한 NGO 대학원에는 목사, 신부는 물론 원불교 교무들도 적지 않았습니다.

혁신으로 민족종교의 근대화 달성

저는 종교인은 아니지만 원불교에 대해서는 대단히 흥미롭게 생각해왔습니다. 제가 이해하는 바에 따르면, 원불교는 일제 식민지 지배하에서 이른바 '전근대적인 불교'를 근대적 민족종교로 재정립하는 과정에서 탄생했습니다. 식민지 시기의 암울한 상황에서 다양한 개혁 운동이 민족 독립운동, 사회주의 운동, 안창호 등의 교육 운동 등으로 표현되었다고 한다면, 원불교는 '종교적 삶의 근대화'라고 하는 큰 역사적 노력이었다고 생각됩니다.

어떤 의미에서 원불교는 민족종교의 '근대화'를 주체적으로 달성한 셈인데, 과거 종교에서 전근대적 허례허식과 기복적 성격을 떨쳐내고, 과감하게 남녀평등을 실현해내고, 근대적인 대의 체계로 종교 행정을 운영하는 등 당시로서는 대단히 혁신적이었지요. 현재 1500명의 교무 중에 남녀 비율이 거의 반반이라고 합니다. 근대 초기에 성직자 수준에서 남녀평등을 실현했다는 것은 참으로 놀라운 사실입니다.

　이런 혁신의 역사보다 제게 더 경이로운 것은, 해방 이후 우리 사회가 미국의 강력한 영향력하에 있었고 개신교와 가톨릭의 교세가 사회를 압도하는 분위기 속에서도 원불교가 명맥을 유지해온 것은 물론, 신도 100만여 명에 이르는 한국 4대 종교로 자리매김했으며 나아가 해외까지 교당이 확산되어왔다는 사실입니다. 해방 이후 한국에서 교회를 다니는 것은 '자연스러운' 일로 여겨지고, 절에 다닌다고 하면 '특이한' 일로 받아들여지며, 게다가 '원'불교를 믿는다고 하면 매우 '범상치 않은 일'에 속하게 되는 상황이었는데도 원불교가 이런 눈부신 종교적 발전을 이룩한 것입니다. 크리스마스가 1949년에 공휴일로 지정되고, 석가탄신일은 1975년에야 공휴일로 지정되었다는 사실이 상징하는 바를 생각해보면, 우리 사회의 분위기를 가늠해볼 수 있을 것입니다.

10개국 언어로 번역된 경전

　원불교와 조우하면서 제가 특히 흥미롭게 지켜보고 있는 것은, 민족종교가 어떻게 세계종교로 변화해갈 수 있을 것인가 하는 점입니다. 원불교는 현재 해외 각지에 약 50여 개의 교당이 있다고 합니다. 100주년 기념 대회에서 가장 중요한 프로그램도 10개국 언어로 번역을 완료한 경전교서를 봉정하는 행사였습니다. 영어, 일본어, 러시아어, 아랍어, 프랑스어, 독일어, 스페인어, 포르투갈어는 물론 에스페란토로도 번역이 되었다고 합니다. 반면 기독교는 그리스어, 희랍어, 영어로 된 경전이 여러 외국어로 번역되고 한국어로도 번역되었습니다. 원불교의 경우는 한국어에서 세계 각국어로, 정반대의 경로를 밟고 있는 셈이지요.

　　　　　　　　　　　　　　　4장 | '즐기는' 아이들이 행복하다

세계종교의 보편성을 어떻게 확보할 것인가

저는 단지 해외 교당을 만든다는 의미를 넘어서서, 혹은 경전을 여러 해외 언어로 번역한다는 차원을 넘어서서, 어떻게 원불교가 세계종교적 보편성을 창출할 것인가, 어떻게 원불교 윤리를 세계종교 윤리로 재구성할 것인가 하는 점이 중요하겠다는 생각을 합니다. 이 점은 한류가 한국의 문화 상품일 뿐만 아니라 세계인이 즐기는 문화 상품이 되려면 그 내용에서 보편성을 가져야 한다는 사실과 마찬가지입니다. 앞으로 한류의 확산도 그런 과제를 안고 있습니다.

「원불교 100주년 서울 선언문」에서 밝힌 것처럼, "오늘날 인류 사회는 국가와 인종, 종교와 사상에 따른 독선과 오만, 욕심과 갈등으로 인한 전쟁과 테러, 질병과 기아, 환경 파괴와 인간의 존엄을 잃어가는 시대에 직면해 있다"라고 할 때, 이러한 현시대를 뛰어넘는 종교적 내용과 메시지를 어떻게 창조해낼 것인가 하는 점이 관건입니다.

종교란 창시자와 창시자가 남긴 언어와 메시지가 있기 때문에, 이러한 창조는 '재해석'을 통해서 이루어진다고 해야 할 것이고, 그런 점에서 저는 근대 민족종교로서의 원불교가 세계화 시대에 보편성을 갖는 세계종교로 확장되었으면 하는 바람을 가지고 있습니다. 그렇게 되기 위해서는 심지어 한국 '민족' 종교라는 것도 넘어서야 할 것입니다. 국가와 민족, 인종, 종교의 차이까지 뛰어넘는 어떤 '보편성'을 내장해가야겠지요. 어떤 의미에서 유대교가 기독교로 재정립되는 과정과 유사한 과정이 필요하지 않을까 싶습니다.

국민을 넘어 세계시민으로

저는 '들은풍월'로, 원불교의 메시지 가운데 '공도심 公道心'이라는 말을 특히 좋아합니다. 요즘처럼 사익과 자기중심주의적 경향과 '선사후공先私後公'이 지배하는 시대에, 공도심은 아무리 강조해도 지나침이 없지 않을까 싶습니다. 세계시민 윤리에도 국경을 넘는 공도심의 실현이라는 지향이 들어가면 좋겠다고 생각합니다.

100주년 대회를 기해 경산 종법사가 하신 설법 중에 "국민을 넘어 세계시민 됨이 필요하다"라는 표현이 있었습니다. 평소 세계시민교육을 강조해온 제 입장에서는 귀가 번쩍 트이는 대목이었습니다. 아마도 원불교가 민족종교에서 세계종교로 승화해가는 과정은, 신자의 입장에서는 '국민 신자'에서 '세계시민 신자'로 변화해가는 과정이 될 것입니다.

인공지능 시대의 정신개벽?

소태산 박중빈 대종사가 선포한 핵심적인 메시지는 "물질이 개벽되니 정신을 개벽하자"였습니다. 인류 사회는 물질적·기술적 변화 발전을 끊임없이 이루어왔으며, 그에 상응해 정신적·윤리적 차원에서도 부단히 혁신을 이루어왔습니다.

알파고의 충격이 아직 가시지 않은 오늘날은 인공지능 시대, '제4차 산업혁명의 시대'를 맞고 있다고들 합니다. 어떤 사람들은 이러한 물질적·기술적·경제적 변화로 인해 머지않아 유토피아가 도래하기라도 할 것처럼 생각하는데, 사실은 전혀 그렇지 않습니다. 그 변화들은 이전보다 더 큰 권력과 부의 차원에서 더 큰 불평등과 사회관계의 왜곡을 동반할 수도 있습니다. 반드시 그렇게 된다는 것은 아니지만, 로봇과 인공지능이 가진 자들과 권력자들의 도구가 되어 서민들은 더 심한 '노예'가 될지도 모릅니다.

저는 '정신개벽'은 이런 차원에서도 이루어져야 한다고 생각합니다. 물론 정신개벽은 그러한 새로운 시대에 부응하는 신념, 문화, 행위 양식, 관계 양식,

인식과 태도, 윤리 등으로도 해석될 수 있을 것입니다. 그런 점에서 저는 「원불교 100주년 서울 선언문」에서 "우리는 물질을 선용하고 환경을 존중하는 상생의 세계를 만들어간다"라고 한 구절에 주목했습니다. 저는 이 구절이 단지 표현에 그치지 않고 원불교의 윤리와 문화, 행동 속에서 살아 움직였으면 하는 소망을 가져봅니다. 경산 종법사는 설법 중에 "인간은 능히 선할 수도 있고 능히 악할 수도 있다"라고 했습니다. 그의 말처럼, 정신개벽이 물질 개벽에 어떻게 대응하느냐에 따라 '선한 미래'가 열릴 수도 있을 것이고, '악한 미래'가 열릴 수도 있을 것입니다.

　이번 원불교 100주년 기념사업을 진행하느라 무척이나 고생했을 정상덕 교무 기념 대회 집행위원장은 성공회대 대학원 시절, 저에게 논문 지도를 받았던 학생이기도 합니다. 그래서 더욱 남다른 애정을 가지고 기념 대회를 지켜보았지요. 원불교 100주년을 다시 한 번 축하하며, 원불교가 보편적 메시지를 바탕으로 세계종교로 발돋움하는 대전환의 계기가 되기를 기원합니다.

20160502

숲, '생태'를 넘어
'인성 교육'의 장으로

'숲교육'이라는 말을 들어본 적 있으신가요?

지금까지 저는 숲교육을 주로 생태·환경 교육의 관점에서 바라보았습니다. 통상 숲교육이라고 하면, 숲을 '체험'하는 교육을 생각합니다. 그런데 지난 토요일 서울교육대에서 열린 한국아동숲교육학회 창립 학술 대회에 참석해, 숲교육을 '인성 교육'의 관점에서 바라보며 연구하고 토론하는 많은 분들을 만나 뵈었습니다. "자연과 숲, 인성과의 만남"이라는 주제로 열린 이번 학회

에서, 저는 숲교육에 대한 새로운 의미와 함께 저의 개인적인 추억 하나를 떠올렸습니다.

숲이라는 생태 환경에서 인성 교육이 이뤄진다?

얼마 전 우리나라 숲의 '공익적' 가치가 126조 원에 이른다는 뉴스를 보며, '숲'에 대한 고마움을 새삼스레 느꼈던 적이 있습니다. 숲에서 '톨레랑스'의 가치를 읽어낸 어느 시인의 인상적인 시도 떠오릅니다만, 숲이라는 말만큼 단지 생각하는 것만으로도 편안함과 다양한 영감을 주는 것도 없지 않을까 싶습니다.

보통은 숲을 교육의 관점에서 바라본다고 하면, 자연환경으로서의 숲에 대해 탐구하고 알아가는 교육을 생각하실 겁니다. 최근 우리나라에서도 많은 숲 해설가가 양성되고 각종 숲 체험 활동이 활발하게 이뤄지고 있습니다. 저는 숲이라는 깨끗하고 청량한 환경에서 숲의 향기를 온전히 느껴보는 경험들이 아이들의 인성 형성 과정에 긍정적으로 작용하며, 그것이 바로 아이들의 전인적 성장을 위한 숲교육이 아닐까 하는 생각을 해보았습니다. 그리고 이를 위한 숲교육의 이론적 근거와 체계적인 방안을 선도하는 작업에 한국아동숲교육학회가 나서주서서 감사한 마음이 큽니다.

우리 아이들이 풍부한 감수성과 협력적 인성을 지닌 창의적이고 주체적인 시민으로 성장하는 데 '숲교육'이 앞으로 어떠한 역할을 할 수 있을지 저도 이번 학회의 연구 성과를 바탕으로 더 깊이 있게 고민해보려고 합니다.

자연을 느낄 여유가 부족했던 밴쿠버 시절

학회에 참석하고 오는 길에, 10여 년 전 캐나다 밴쿠버에 교환교수로 있었던 시절 조금은 부끄러운 기억 하나가 떠올랐습니다. 2004~2005년 저는 밴쿠버에 있는 UBC대학에 1년간 교환교수로 가 있었습니다.

잘 알려져 있다시피, 캐나다는 대자연의 숲을 가진 나라입니다. 제가 살던 학교 근처의 아파트에서 100미터 정도만 걸어나가면 웅장하고 깊은 숲이 있었습니다. 그런데 그 당시 저는 그렇게 가까이에 있는 숲을 즐길 수 있는 삶의 여유를 미처 갖지 못했던 것 같습니다. 숲과 함께하지 못했고, 숲이 주는 마음의 여유를 느껴보지 못했습니다. 그 대신 도서관에서 수많은 자료들을 복사하고 정리했으며, 심지어 한 자라도 더 공부한다는 심정으로 강의를 한 열 개쯤 청강하기도 했습니다. 당시는 그만큼 마음의 여유가 없었구나 생각하게 됩니다.

밴쿠버에서 돌아온 지 벌써 여러 해가 지났지만 그때 복사했던 자료의 5퍼센트도 활용하지 못했으니, 어찌 보면 일종의 '부질없는' 짓을 했던 것은 아닌가라는 생각마저도 듭니다. 짧은 시간 동안 조금이라도 더 많은 지식을 쌓

아보겠노라 안절부절못하며, 가까이에 있는 자연을 바라보지 못한 '반反자연
적' 삶을 살았다는 반성을 해봅니다.

생각해보면 마음 하나의 차이로, 우리는 가까이 있는 소중한 것들을 미
처 보지 못하고 놓쳐버리는 경우가 많은 것 같습니다. 그래서 행복과 힐링의
기회도 가까이 왔다 지나가버리는 것은 아닌가라는 생각이 듭니다.

다시 또 월요일이 시작되었습니다. 어제는 노동의 날이기도 했습니다. 어
김없이 바쁜 하루가 되겠지만, 잠시나마 자연의 아름다움을 마음에 담아보시
기를 바랍니다.

교육감은 '맏며느리'?

일희일비하지 말고, 무소처럼 묵묵히 걸어가자

"서울시교육감은 '맏며느리'와 같아요."

얼마 전 어느 큰어른께서 제가 고생한다며, 이런 비유의 말씀을 해주셨습니다. 익숙하지 않은 비유라 무슨 말씀인가 했는데, 설명을 듣고 나니 이해가 되고 따뜻한 위로와 격려를 받았던 기억이 납니다.

"어떤 집안에서든 맏며느리는 가내 대소사를 도맡아 하는 중요한 자리에 있기 때문에 집안사람들이 거는 기대도 크고 또 말도 많습니다. 잘해도 티가 안 나고, 어쩌다 작은 실수라도 하면 '독박' 뒤집어쓰고 욕을 왕창 얻어먹습니다. 서울시교육감도 꼭 그런 위치에 있습니다. 모든 학생, 학부모, 선생님 들을 다 챙겨야 하는, 서울이라는 거대한 집안의 맏며느리와 같습니다. 책임과 역할이 커서 사람들은 자연스레 기대를 합니다. 문제없이 잘하는 것을 기본으로 생각하기 때문에, 칭찬할 일보다는 욕할 일이 더 많습니다. 조금만 못해도 문제 삼기 마련이니까요. 그게 교육감 일상이에요. 그러니 매사에 일희일비하지 말고 자기 발걸음을 유지하면서 꿋꿋하게 걸어가세요."

취임 초기에는 제 스스로 직무 수행도가 100점 만점에 55점쯤밖에 안 되겠다고 아프게 자평하곤 했습니다. 초·중등교육과 교육행정에 문외한이었던 제가 어느 날 갑자기 교육감이 되었으니 하루아침에 그 이상으로 잘한다는 게 오히려 이상하겠지요. 그래도 진정성과 노력의 자세만큼은 스스로 인정할 수 있겠다 싶어 감히 55점이라고 절반 넘게 점수를 매겨보았습니다. 그래도 요즘 주변분들에게 객관적으로 평가해달라고 해보면 70~80점은 주겠다고 하시는 분들이 적지 않아서 그것도 과분한 칭찬이겠습니다만 천만다행이라고 가슴을 쓸어내리곤 합니다.

큰어른의 말씀처럼 서울교육행정을 이끌어나가면서 작은 일에 일희일비하지 않기 위해 부단히 애쓰고 있습니다.

맏며느리라는 이름으로 여성에게 집안의 큰 짐을 지웠던 옛날 가부장적인 관행을 언급한 것이어서 비유가 적절한지 모르겠습니다. 우리의 가부장적인 인습을 개선해가야 한다는 점은 다른 논의 맥락에서 다들 공감하시는 것이니, 여기에서는 비유는 비유로 이해해주시면 좋겠습니다.

저는 그래도 이 말씀을 들으면서, 시대의 짐을 다 지고 가셨던 옛날 맏며느리 여성들의 묵묵한 뚝심을 떠올리며, 말씀에 담긴 격려의 뜻으로 인해 잠시 위로를 받은 것 같습니다.

일희일비하지 말고, 무소처럼 묵묵히 걸어가자고 다시 다짐해봅니다. 감사합니다.

20160428

역동성과 섬세함으로 학교 폭력을 다루다
비보이 뮤지컬 〈쿵 페스티벌〉

어제 홍대 비보이 전용 극장에 초대를 받아 비보이 뮤지컬 〈쿵 페스티벌〉을 관람했습니다. 비보이 공연은 그 자체만으로도 우리 청소년들이 정말 좋아할 만한 공연이지요. 비보이 댄스에 이야기를 담아 뮤지컬을 만들었으니 얼마나 더 재미있을까요.

〈쿵 페스티벌〉은 학교를 배경으로 한 뮤지컬입니다. 학교 폭력이라는 소재를 가해자와 피해자의 관점에서 바라보며, 결국 아이들이 현실을 깨우치고

화합하는 이야기를 담고 있습니다. 왕따와 학교 폭력이라는 무거운 주제를 다루었지만 전혀 무겁지 않고 재미있게 풀어냈습니다. 코믹하면서도 진지하고 공연이 역동적입니다. 대사가 거의 없이 음악과 춤으로만 표현하는데도, 그 역동성과 보는 재미에 어깨를 들썩이게 됐습니다. 역동적인 춤 속에서 느껴지는 섬세한 감정들 때문에 한순간도 눈을 떼지 못했달까요. 80분 동안 공연을 하는데 지루할 틈이 하나도 없었습니다. 모든 출연진이 얼마나 춤을 잘 추던지 놀라웠습니다.

저도 어제 〈쿵 페스티벌〉 공연 무대에 올라 선생님에게 혼나는 학생 역을 맡기도 했답니다. 학교에서 공연 팀을 초청하면 직접 찾아가는 이벤트도 하고 있는 것으로 압니다. 비보잉으로 관객들과 하나가 될 수 있고, 직접 소리 내어 호응할 수도 있는 공연인 만큼 아이들도 무척 좋아할 것 같습니다.

20160427

'정답 교재'가 아니라
토론을 통해 학생 스스로 답을 찾는 역사교육
2016 역사교육 기본 계획

어제 서울시교육청은 '2016 역사교육 기본 계획'을 발표했습니다. 서울시교육청은 지난 1월 대학교수, 교원, 시민 단체 등 각계의 역사교육 전문가들을 모시고 '민주 사회를 위한 역사교육위원회'를 구성한 바 있습니다. 이 위원회가 지난 석 달 동안 치열한 논의를 거쳐 올해의 '역사교육 기본 계획'을 세운 것입니다.

쟁점은 쟁점으로 가르친다

이번에 마련한 '역사교육 기본 계획'은 간단히 말해서 역사교육을 '토론'을 통해 진행하도록 한 것이 특징입니다. 역사만큼 토론이 필요한 과목도 없습니다. 역사학의 모든 용어는 해석자의 관점을 담고 있습니다. 예를 들어 우리가 '임진왜란'이라고 부르는 1592년 왜의 조선 침공을 일본에서는 '조선 정벌'이라고 부를 수 있습니다.

어느 한쪽의 시각을 무조건 강요하는 것은 의미가 없습니다. 어떤 해석이 정당성을 얻기 위해서는 반대편과 토론을 통해 상대를 설득할 수 있어야 합니다. 역사교육에서 토론이 중요한 것은 이 때문입니다.

역사교육위원회는 이를 "쟁점은 쟁점으로 가르친다"라고 표현했습니다.

역사 교과서 국정화에 대한 맞불?

저희가 '역사교육 기본 계획'을 발표하자 언론에서는 대체로 "교과서 국정화에 맞불"을 놓은 것이라고 보도했습니다. 정부가 국정 역사 교과서 발간을 추진하고 있는 상황에서 이렇게 비칠 수도 있음을 잘 알고 있습니다.

그러나 이번 '역사교육 기본 계획'의 핵심 내용은 '토론을 통해 역사교육을 하자'는 것이며, 그런 교육이 현장에서 가능하도록 보조 자료를 개발해서 보급하고, 역사 교사들에 대한 연수를 진행하며, 학생들의 역사 동아리 운영 등 탐구 활동을 지원하겠다는 것입니다.

토론을 돕기 위한 자료 발간

이번에 역사교육위원회에서 개발할 예정인 『동아시아 평화 교재』와 『질문이 있는 교실, 토론이 있는 역사 수업』 등의 자료들은 모두 토론을 통한 역사 수업이 가능하도록 하기 위한 교사용 보조 자료입니다.

『동아시아 평화 교재』는 국정교과서에 대한 대립물로 고안된 것이 아닙니다. 정부가 역사 교과서 국정화를 추진하기 훨씬 이전인 2014년 봄에 이미 '동아시아 평화 교과서 보급'을 제 공약 중 하나로 발표했습니다.

『동아시아 평화 교재』는 열린 세계시민교육의 관점에서 협소한 역사 인식을 뛰어넘어 세계화 시대에 부응하는 동아시아적 시각 또는 세계사적 시각에 학생들이 조금 더 개방적으로 접근하도록 돕는다는 취지입니다.

'정답 찾기' 교육은 교문 나서면 무너진다

『질문이 있는 교실, 토론이 있는 역사 수업』 자료 개발도 더 관심 있게 봐주시면 좋겠습니다. 지금 서울시교육청은 '토론이 있는 교직원 회의', '독서 토론 교육 강화', '토론이 있는 학생 자치' 등 '토론'을 중시하는 다양한 교육정책을 펴고 있습니다.

저는 역사교육의 진정한 목표가 우리 역사에 대한 쟁점과 역사적·현재적 의견 대립을 소재로 교실에서 다양한 토론과 논의가 이뤄지고, 이를 통해 학생들이 과거보다 더 폭넓은 역사 인식을 갖는 것이라고 생각하고 있습니다. 제가 국정교과서에 반대하는 이유도 '정답 찾기' 식으로 역사교육이 이뤄져서는 안 된다는 생각 때문입니다.

일방적인 '정답 찾기'로 학생들을 가르친다면, 교문 밖을 나서는 순간 학생들의 주장은 허물어집니다. 토론을 통해 단련된 자기 논리가 없기 때문입니다.

건강한 민주시민을 길러내기 위하여

저는 국정교과서에 대립하는 또 하나의 '정답 교재'가 만들어지는 것에 반대합니다. 그런 맥락에서 『질문이 있는 교실, 토론이 있는 역사 수업』의 발간 의미가 있는 것입니다.

여러 근현대사의 논란 쟁점에 대해 토론과 논의를 통해 학생들 스스로 정답을 찾아가도록 하는 역사교육이 이뤄져야만, 자신의 관점으로 세계와 사회를 바라보는 건강한 민주시민을 길러낼 수 있습니다.

사회적 경제를 배우게 될 아이들

서울시와 협력해 개발한 사회적 경제 교육 자료가 이달 중으로 서울 초등학교와 고등학교에 보급될 예정 중학교는 8월 말 입니다. 오늘은 교육청에서 '사회적 경제 고등학교 워크북 활용 연수'가 열리기도 했습니다.

공감과 협동, 공정성 등 공동체적 가치 속에서 이뤄지는 사회적 경제는 사회의 구성원들이 협력을 통해 어려운 일들을 해결해가는 경제 활동을 의미합니다. 사회적 경제는 우리의 학교와 지역, 넓게는 세계를 무대로 해서 다양한 형태와 조직으로 생겨나고 있습니다. 예를 들면, 협동조합이나 사회적 기업, 마을 기업과 공정무역 등입니다.

학교의 경우에는 학교 구성원인 학생, 학부모, 선생님이 직접 나서서 학교의 여러 가지 문제를 해결하기 위한 사업 형태로 협동조합을 운영하고 있습니다. 최근에는 학교 매점을 협동조합의 형태로 운영하며 학생들에게 더 좋은 친환경 먹거리를 제공하고, 판매 수익은 다시 학교의 발전을 위해 사용하는 사례들이 소개되고 있지요.

이번 사회적 경제 교육을 통해 학생들이 우리 사회의 경제 현상을 더 폭넓게 이해하고, 앞으로 미래 사회의 민주시민으로서 살아가기 위해 요구되는 공감 능력과 인성, 공동체에 대한 이해 능력을 기를 수 있기를 기대해봅니다.

다름과 차이를 일상으로 받아들이고
애정의 눈으로 바라볼 수 있도록
노들장애인야학 일일 강의

어제 오후 종로구의 노들장애인야학에서 일일 강의를 하고 왔습니다. 그 자리에서 저는 이런 말씀을 드렸습니다.

경제 선진국에 못 미치는 사회 문화적 후진국?

　우리나라는 세계가 부러워할 정도로 빠르게 '경제 선진국'이 되었습니다. 그러나 여전히 사회 문화적 선진국, 인식의 선진국, 윤리의 선진국이 되기에는 갈 길이 멉니다. 이 경제 선진국과 사회 문화적 후진국의 괴리를 좁히는 것이 우리가 해야 할 과제입니다. 저는 장애인 운동과 여러 소수자 운동은 무엇보다 스스로의 권리를 확장하고 찾기 위한 운동이지만, 결과적으로는 그러한 괴리를 좁혀서 우리 사회를 진정한 선진국으로 만들어가는 계기적 운동이라고 생각하고 있습니다.

　장애인에 대한 편견은 어찌 보면 일등주의, 일등을 최고로 하는 우리 사회의 인식에서 비롯된 측면이 있습니다. 그래서 저는 누구나 자기 나름의 독특한 개성, 꿈, 끼, 재능을 갖고 있으며, 그러한 다양한 재능들이 각자 다양한 꽃을 피우도록 하는 교육이 우리가 지향해야 하는 교육이라고 생각하고 있습니다. 장애인 교육의 활성화도 그 맥락 속에 있다고 봅니다. 장애인에 대한 우리 사회의 인식, 제도 등이 크게 변화하는 과정에 있지만, 그러한 일련의 과정에서 추진되는 국가 지원 정책들을 보면 아직 가야 할 길이 먼 것이 사실입니다. 그래도 이전보다 많이 변해오고 있으며, 이 과정에서 앞으로 특수학교도 더 많이 생겨야 합니다.

차별을 '다름'과 '차이'로 바라보도록 하는 교육

　저는 변화하는 서울교육을 위해 두 가지를 강조하고 있습니다.

　첫째, 인성 교육입니다. 작년 말에 인성교육진흥법이 만들어지기도 했는데, 저는 협력적 인성, 공존적 인성, 상생적 인성을 서울교육의 인성 교육으로 생각하고 있습니다. 남을 돕고 협력하는 인성을 가진다면, 장애인과 함께하는 인성은 당연히 따라올 것이기 때문입니다.

둘째, 세계시민교육입니다. 세계화 시대가 되면서 우리는 다양한 사람들을 마주하게 됩니다. 피부색이 다른, 인종이 다른, 민족이 다른, 국적이 다른, 종교가 다른 사람들을 만날 때 이를 '차별'이 아닌 '다름'과 '차이'로 바라보는 것이 필요합니다. 세계화 시대에는 다름과 차이를 일상으로 받아들이고, 차이가 있음에도 함께 손잡고 어깨동무하는 방법을 배우는 것이 중요할 것입니다. 서울시교육청에서 세계시민교육을 강조하는 것은 세계화 시대에 우리가 마주하는 다양한 차이와 다름을 존중하는 새로운 인간이 필요할 뿐 아니라, 국내적인 맥락에서 볼 때 그 다름과 차이는 장애인과 비장애인의 차이, 여성과 남성의 차이, 지역의 차이, 빈부의 차이 등도 다 포함하기 때문입니다.

최근 '자폐인의 날' 기념식에 참석해 염수정 추기경님과 여의도 한 바퀴를 도는 행사를 마지막까지 함께했습니다. 그 자리에서 저는 『나는 그림으로 생각한다』라는 책을 쓴 템플 그랜딘이 한 말을 소개했습니다. 그는 "자폐인은 '정상적인 사람'과 다른 방식으로 생각하고 느끼는 사람이다"라고 이야기했습니다. 그런 측면에서 앞으로의 교육은 애정의 눈을 가지고 다른 생각, 다른 느낌을 표출하고 개발할 수 있도록 하는 교육이어야 한다고 생각합니다.

장애를 갖고 살아가시는 분들이 어떤 마음일지 전부 알 수는 없지만 비장애인이 결코 못 보는 것을 여러분은 보고 있는 것일 수 있습니다. 그렇다면 저는 여러분 스스로 이러한 감수성을 갖고 있는 귀한 존재라고 여기며, 이를 때로는 음악으로, 문자로, 그림으로 다양하게 표출할 수 있으면 좋겠다고 생각합니다.

세상 위대한 모든 것들은 아픔을 갖고 있습니다

영국의 유명한 과학자 앨프리드 윌리스의 자서전에는 이런 이야기가 나옵니다. 그는 나비가 고치를 뚫고 나오려고 하는 것을 보고 고치에 구멍을 내 줬는데, 그렇게 해서 나온 나비가 몇 분 날다가 죽어버리고 마는 것을 보고 깨달음을 얻습니다. 나비가 나오기까지 고통과 아픔이 있어야 하고, 그 고통과 아픔 속에서 날아다닐 능력을 가진 나비가 탄생한다는 것입니다.

인간은 모두 아픔과 상처, 시련을 갖고 살아갑니다. 잘 알려진 도종환의 시 「흔들리며 피는 꽃」이 말하는 것처럼, 흔들림과 젖음을 지닌 채 말입니다. 문제는 그것을 승화해서 위대한 것으로 만들어낼 수 있는가입니다. 여기 계신 장애인분들이 갖고 계신 장애의 아픔도 더 위대한 것을 하기 위한 출발일 수 있습니다. 도종환 시인의 시를 읽으며 마무리합니다.

흔들리며 피는 꽃
도종환

흔들리지 않고 피는 꽃이 어디 있으랴
이 세상 그 어떤 아름다운 꽃들도
다 흔들리면서 피었나니
흔들리면서 줄기를 곧게 세웠나니
흔들리지 않고 가는 사랑이 어디 있으랴
젖지 않고 피는 꽃이 어디 있으랴
이 세상 그 어떤 빛나는 꽃들도
다 젖으며 젖으며 피었나니
바람과 비에 젖으며 꽃잎 따뜻하게 피웠나니
젖지 않고 가는 삶이 어디 있으랴

20160413

전국 256명의 교사가
자유휴직을 누리게 됩니다!

자유휴직제도로 인해 최종적으로 올해 256명의 전국 교사들이 1년 자율연수휴직을 하게 됩니다. 정말 좋습니다. 서울에서는 53명이 신청했네요. 더 많은 선생님들이 휴식의 시간을 가지면 좋겠습니다.

이 자유휴직제는 제 아이디어이자 공약이기 때문에 더욱 애정이 각별합니다. 앞으로 제가 더욱 개선해보고 싶은 것은 두 가지입니다. ① 제세 공과금을 내는 데 부담이 없도록 월급의 약 20퍼센트 정도를 자율연수지원금으로 제공하는 것, ② 사립학교 선생님들에게까지 혜택을 드릴 수 있도록 하는 것.

참고로 자유휴직제 추진 초기 상황은 다음과 같았습니다.

조희연 "교원 자유휴직제 추진"
서울교육감 취임 후 첫 기자 간담

조희연 서울시교육감이 월급의 10~20%만 받으면서 교사들이 6개월에서 1년 동안 휴직할 수 있는 '교원 자유휴직제'를 적극 추진하겠다고 밝혔다.

조 교육감은 7일 취임 후 처음 열린 기자 간담회에서 이같이 밝히고 관련안을 만들도록

시교육청에 지시했다고 말했다. 그는 "현재 교사들의 휴직은 질병에 따른 휴직이나 육아 휴직밖에 없다"면서 "월급의 10~20% 정도만 받고 6개월에서 1년 동안 쉴 수 있는 자유 휴직제의 구체적 안을 만들라고 인수위원회 태스크포스^{TF}에 주문했다"고 밝혔다. 교사들이 수업하지 않고 수업 연구 등을 하는 교사연구년제에 대해서도 "매년 20명 정도가 제도의 혜택을 받고 있는데 200명쯤으로 늘릴 예정"이라고 덧붙였다.

조 교육감의 이런 결정은 전국 시도교육청에서 명예퇴직 신청자가 급격히 늘었기 때문으로 풀이된다. 지난해 383명이었던 서울시교육청 명예퇴직 신청자는 정부의 연금법 개정 논의와 맞물려 올해 2400여 명으로 6배쯤 늘었다. 전국적으로도 이런 경향이 나타나 시도교육청별로 추가 예산 확보에 비상이 걸렸다. 다만 자유휴직제는 교육감의 권한을 넘는 것이어서 안전행정부 등과 논의가 필요할 것으로 보인다. 방학 때 몇 개월을 쉴 수 있는 교원들에게 자유휴직제까지 보장하면 다른 직종 근로자들의 반발을 살 가능성도 있다.

앞서 조 교육감은 이날 기자회견에서 일반고, 혁신학교, 교원 업무 등과 관련한 TF를 주력 과제로 꼽고 제도 개선에 노력하겠다고 말했다. 일반고에 대해서는 교육과정에 대한 편성의 자율권을 주고 진로 교육 프로그램의 내실화가 필요하다고 강조했다. 혁신학교에 대해서는 "올해 안에 혁신학교를 최대 10개까지 늘릴 수도 있다"며 "1개교에 1억 원 수준의 지원금을 고려하고 있다"고 설명했다.

법외노조 판결을 받은 전국교직원노동조합_{전교조}에 대해서는 "최종 판결이 날 때까지는 다른 시도교육감과 협의해 교육감 재량으로 최대한 돕겠다"는 입장을 분명히 했다. 교육부에 대해서는 "(교육부 때문에) 악순환이 반복되고 있다"며 "조퇴 투쟁을 한다고 바로 수업권 침해로 확대·과잉해석하고 있다. 조금 더 성숙한 모습을 보여달라"고 비판했다. 또 "보수 후보들이 이번 선거에서 '반反전교조 정서'에 편승한 감이 있다"며 "이번 선거에서 (진보 교육감이 당선돼) 우리 사회의 성숙함을 보여줬다"고 말했다.

김기중 기자 gjkim@seoul.co.kr
≪서울신문≫, 2014.7.8 (http://www.seoul.co.kr/news/newsView.php?id=20140708002021).

20160326

그 넓던 세상이 왜 이렇게 작아졌는지
어릴 적 살던 집과 초등학교 방문기

어제 전주에 특강하러 갔다가, 오후 틈새 시간에 어릴 적 살던 집과 모교 풍남초등학교에 들렀습니다. 감개무량하고 어린 시절의 아련한 기억들이 떠올라 기분 좋은 시간이었습니다.

어린 시절 살던 집이 아름다운 민박집으로

놀랍게도, 제가 살던 집이 '꽃잠'이라는 아름다운 이름을 가진 민박집으로 변해 있더군요. 전주 한옥마을의 끝자락 부근에서 아주 고풍스러우면서도 단아한 한옥집으로 운영되고 있었습니다. 어찌 보면 행운입니다. 어린 시절 살던 정겨운 집이 아름다운 민박집으로 변해, 언제든지 어린 시절 상념에 잠겨 하룻밤을 지낼 수 있다니 말입니다.

커다란 골목이 왜 이리 작아졌는지

많은 분들이 이런 느낌을 받으실 것 같습니다. 제 머릿속에서는 참 '큰 골목길'이었는데, 지금 가보니 '애개, 내가 놀던 골목이 이렇게 작았었나' 하는 생각이 드는 겁니다. 어린 시절에는 그 골목길, 초등학교까지 가는 300미터 정

도의 거리, 학교, 교회가 제 '크나큰 우주'였습니다. 세상의 전부였지요. 그 넓은 '세상'이 왜 이렇게 작아졌나 하는 생각을 잠시 했습니다. 신도심으로 도시 중심이 이동하면서 이제 이곳은 구도심 또는 원도심으로 쇠락해가고 있습니다. 다니던 초등학교도 이제는 학급이 2학급뿐인 '초미니' 학교가 되어 있더군요.

곤충채집에 웬 권총?

이제는 황량한 빈터로 변해버린 파출소가 어린 저에게는 퍽 '겁나는' 장소였습니다. 제가 초등학교 시절 좀 모자랐던지, 제 형들 지금은 '정직'을 설파하는 목사가 되어 있지요 이 학교에서 숙제로 낸 '곤충채집'을 하려면 '권총'이 필요하다고 당시 2학년이었던 저를 꼬드겨 파출소에서 권총을 빌려오라고 했습니다. 형들은 골목길에 숨어서 얼굴만 내놓고, 저는 파출소로 들어가서 '곤충채집을

위해 권총을 빌려달라'고 했지요. 경찰이 머리를 쓰다듬으며 웃는 얼굴로 저
를 내보내는 삽화 한 장이 머릿속에 아직 생생히 남아 있습니다.

초등학교 모교에서 즐거운 기억을 떠올리다

저는 1963년에서 1969년까지 초등학교를 다녔습니다. 그때는 국민학교
라고 했기 때문에 저는 아직도 국민학교라는 말이 더 입에 붙습니다. 한 반에
100명 내외의 학생이 있었으니, 지금 30명 내외인 학급을 생각하면 격세지감
입니다. 당시 왜 그랬는지는 기억나지 않는데, 우리 동기들은 앨범도 없었고,
반별로 찍은 '사진 한 장' 달랑 들고 졸업했습니다.

이번에 찾아가보니 마침 교실 한 칸을 '풍남초 역사관'으로 만들어놓았더
군요. 1960년대 중후반의 학교 풍경들을 보여주는 동영상도 볼 수 있었고요.
제복을 입은 어린 학생들이 학생 교통대로 활동하는 사진, 교육부 장관이 온

다고 모든 교사들이 도열해 있는 사진, 운동장에서 국민체조를 하는 사진 등 정겨운 추억을 상기시키는 사진도 볼 수 있었습니다. 더구나 지금 대표적인 혁신학교로 운영된다고 하니 더 정겹게 느껴지더군요.

체육관에서 기념사진을 찍고, 마침 후배들을 가르치는 선생님들과 함께 사진을 찍는 행운도 누렸습니다. 서울의 학교에서 파견 나온 선생님도 만날 수 있었고요. 어찌어찌 연락이 되어 어린 시절 동고동락한 두 친구와도 조우할 수 있었습니다. 지금 전북대 공대에서 학생들을 가르치는 윤종모, 바이올린 연주로 중학교 때 우리 모두의 부러움을 산 김은철이지요. 교정의 이모저모를 보면서 초등학교 시절의 아련한 기억들을 회상했습니다.

여러분도 한번 어린 시절 '국민학교'를 방문하는 즐거움을 누려보시면 어떨까요.

20160311

교육 현장에서 혁신을 배우다
목요 만만토론을 시작하며

이번 주부터 서울교육 만만토론을 시작합니다. 만만토론은 '만나서 만들어요'의 약자인데, 매주 목요일 학교 현장을 방문하게 됩니다. 학교 현장의 애로사항을 경청하고 교육행정과의 괴리를 줄이기 위해서인데, 이번 주에는 동구로초등학교와 영림중학교를 이어서 방문했습니다. 매번 느끼지만, 현장을 방문할 때마다 많은 것을 배우게 됩니다.

영림중의 수업 혁신

영림중은 학교협동조합, 혁신학교, 수업 혁신, 내부 공모형 교장 등으로 혁신교육의 상징적인 학교로 널리 알려져 있습니다. 특별히 선생님들이 '학생들이 협력하며 배우는 수업'을 지향하는 수업 혁신 노력을 열정적으로 하는 것이 인상적이었습니다.

1, 2학년을 수업 혁신 학년으로 정하고, 수업 방법 개선 학습 동아리를 운영하며, 매주 '수업 연구의 날'을 운영해 범교과 수업 모임에서 공동 수업을 설계하고 공개수업을 합니다. 그 이후에 이를 평가하고 상호 컨설팅을 통해 피드백하면서 수업을 업그레이드해가고 있었습니다. 예컨대 교과서에 나오는 '희소재'를 설명하기 위해서 만든 예시 교안, 모둠 토론 경험 등을 나누었는데 이역시 흥미로웠습니다.

'팝업창' 대학 교수 시절을 반성하며

이렇듯 선생님들이 창의적인 수업을 하고 학생들의 주체적·자기 주도적 학습 욕구와 역량을 높이기 위해 다양한 노력을 하는 모습을 보면, 저도 대학교에서 학생들을 가르칠 때 그런 노력과 경험을 더 많이 했어야 하는 것이 아닌지 반성을 해보곤 합니다. 대학원 수업이야 토론이 많으니 그나마 나은데, 학부 강의를 할 때는 세 시간 동안 큰 칠판에 빽빽하게 여기저기 판서를 하면서 '혼란'스럽게 강의를 했던 것 같습니다. 하도 '종횡무진' 이야기를 하니, 아이들이 '팝업창'이라는 별명을 붙여주기도 했습니다. 학생의 눈으로 '학생의 주체적이고 주도적인 배움의 과정에 가르치는 사람이 가장 지혜롭게 개입하는 방식은 무엇인가'를 생각하는 문제의식이 좀 부족했던 것 같기도 합니다.

그와 달리 초·중등학교의 선생님들이 다양한 방식의 수업 혁신을 위해 노력하고 있어서, 그래도 우리 교육에 희망이 있다는 생각을 해봅니다.

동구로초의 다문화 교육

동구로초에서는 다문화를 주제로 이야기를 많이 했습니다. 최근에 '한국' 학생들이 다문화 학생이 많은 학교를 기피해서 학생 수가 줄어드는 학교도 많습니다. 다문화 학생들이 익숙하지 않은 환경 속에서 아무런 차별도 받지 않고, 때로는 '적극적 평등실현조치'의 혜택과 충분한 교육을 받아 이 땅의 미래 인재로 성장할 수 있는가라는 고민을 함께 나누고 그 방법이 무엇일까 토론했습니다. 다문화 학생들의 언어 및 한국 문화 적응을 위해 대안학교 확대 및 수용 능력 제고가 필요하다는 의견, 다문화 학생 이름을 영문으로 기록하는 점이 간접적인 차별 효과를 만들어낼 수 있으니, 이를 정정하자는 의견도 나왔습니다.

4장 | '즐기는' 아이들이 행복하다

최근에는 세계시민교육이라는 이름으로, 중국계 다문화 2세가 많은 학교의 경우 '한중 이중언어교실' 등을 통해 '한국' 학생들도 중국어를 잘 배우도록 하는 정책적 변화를 시도하고 있습니다. '한국' 학생들에게 매력적인 일종의 '중국 국제학교'이자 '글로벌 문화학교' 같은 성격을 가져가면 좋겠다는 말씀을 드렸습니다.

　　더 좋은 정책적 변화를 만들어가기 위해 현장의 고민을 함께하며 오늘도 많이 배우고 갑니다!

20160311

화학비료 교육에서 퇴비형 교육으로?
이근엽 원로 선생님의 칼럼들을 읽고

며칠 전, 정독도서관에서 열린 삼락회 월례회에서 특강을 할 기회가 있었습니다. 많은 원로 선생님들이 참석해 경청까지 해주셔서 감사한 마음이었습니다.

거기서 이근엽 원로 선생님을 만났습니다. 선생님은 현재 한—베트남 사회인문과학연구원 원장으로 일하고 계시기도 합니다. 이 선생님이 이전에 쓰신 글들을 받았는데, 그중 ≪코리아 타임스≫에 쓰신 「한국교육 퇴비냐, 화학비료냐? Cultivation Manure or Fertilized?」라는 칼럼이 특히 인상적이었습니다. 이런 글들에서 선생님은 암기 위주의 경쟁 교육을 넘어서 더 폭넓은 교육, 그중에서도 미적 교육, 요즘 식으로 이야기하면 문화·예술 교육을 강조하고 있습니다.

흥미로운 지점은 우리 교육을 화학비료 사용 교육과 퇴비형 교육으로 나눈 것입니다. 젊은 분들에게는 퇴비냐 화학비료냐 하는 비유가 생소할 수 있지만, 현재의 사교육에 의존하는 경쟁 일변도의 암기 교육을 화학비료 사용 교육에 빗대어 비판하고, 그에 대비해 폭넓은 학문과 미적 감수성을 계발하는 교육을 퇴비형 교육으로 표현하고 있습니다. 우리가 추구하는 교육개혁의 방향 또한 바로 그 '퇴비형 교육'이 아닌가 싶습니다.

칼럼 서두에서 선생님은 "어린 아이들은 끝없는 경쟁의 장으로 쫓겨 나가

317   4장 | '즐기는' 아이들이 행복하다

고 있다. 그들은 자기중심적으로 의식화되었고, 그들의 영역에서 가장 고독한 자신들을 발견하게 된다. 그들에게는 한순간의 유유자적함도, 고전 한 권 읽을 시간도, 위대한 음악가들의 작품 하나 감상할 시간도 허용되어 있지 않다" 라고 지적합니다.

마지막에는 "나는 경쟁적, 암기 중심적, 학과 중심 교육을 농사에서 화학 비료를 사용하는 것에 비유한다. 그것은 즉각적인 소산을 가져올 것이다. 그러나 장기적으로 보면 이는 농지를 산성화하며 생산력을 잃게 할 것이다. 나는 또한 폭넓은 교육과 미적 감수성 계발 교육을 농사에서 퇴비를 사용하는 것에 비유한다. 그것은 시간이 걸릴 것이다. 얼핏 보기에는 패자같이 보이기도 할 것이다. 그러나 장기적으로 퇴비는 지력을 높이고 좋은 수확을 보장하며 역으로 지속 가능한 경쟁력을 높인다. 교육은 민족의 내일을 위한 믿을 만한 보장이라고들 한다. 퇴비를 통하여 낙원으로 갈 것인가, 화학비료를 사용하여 나락으로 떨어질 것인가. 어느 길로 갈 것인가. 한국에는 내일이 있는가?" 라고 묻습니다.

20160218

모두가 스승이자 제자라는 마음으로
서울시교육청 일반직 워크숍

어제부터 영종도에서 서울시교육청 일반직 워크숍을 진행 중입니다. 다양한 이야기와 아이디어를 나누고 있습니다. 행정조직에는 일과 예산, 업무가 구획되어 있지만 이제는 부서를 뛰어넘는 협력 체제를 만들어내는 일이 중요합니다. 이름하여 '칸막이 허물기'입니다. 서울시교육청이 그런 면에서 교육행정의 선도적인 혁신 모델을 만들어갈 수 있도록 함께 고민하자고 말씀드렸습니다.

사실 '부서 간 칸막이 허물기'는 지식·정보사회인 현 시기의 큰 추세에도 부응하는 것입니다. 지식·정보사회는 '폐쇄의 원리에서 개방의 원리로', '조직에서 네트워크로'라는 변화를 동반하고 있습니다. '폐쇄의 원리에서 개방의 원리로'라는 큰 변화는 지식과 정보, 지혜가 전문가들 또는 행정기관에 의해서만 독점되지 않는다는 전제, 그리고 국민이 단지 통치에 복종하는 순응적 존재가 아니라는 전제 위에 서 있습니다.

이러한 시대적 변화와 국민의 변화에 전향적으로 대응해, 독점되지 않는 지식·정보·지혜를 포섭하고 공유하기 위한 변화가 필요해지는 것입니다. 폐쇄적 행정이 개방적 행정으로 변화해야 하는 이유도 여기에 있겠고요.

'조직에서 네트워크로'의 변화도 이러한 시대적 변화에 대응하는 것입니다. 근대적 관료제는 특정한 과업을 담당하는 부서와 부서 간의 명확한 분업·분리, 경계 획정 위에 서 있습니다. 마찬가지로 근대 학문도 전공 영역, 분과학 discipline, 학과, 학문 간의 분리와 경계 획정 위에 서 있지요.

그러나 이제 근대적 경계 구분을 뛰어넘어 분과학 간의 상호 연결을 촉진하는 탈분과학적·초분과학적 post-disciplinary 흐름이 중요해지고 있습니다. '통섭'이 이야기되는 것도 이러한 맥락이지요. 행정 역이 통치 government 에서 거버넌스 governance 로 변화하게 되는 것입니다. 우리가 부서 간 칸막이를 넘어서야 하는 것은 이런 큰 시대적 변화의 작은 일부일 수 있습니다.

사실 행정조직들은 부서가 나뉘고 부서마다 과업이 명확히 정해지며, 그에 대응하는 예산이 주어지게 마련입니다. 그 과정에서 그러한 분리가 절대화되고 고정화되어 부서 폐쇄주의적 경향이 나타나게 되지요. 이를 뛰어넘기 위해 노력하는 것은 큰 시대적 흐름에 부응하는 작은 노력이라고 할 수 있습니다. 이러한 노력하에서는 지식, 지혜, 정보가 어느 하나의 전문가, 부서, 개인, 조직에 의해 독점되지 않습니다.

그런 의미에서 제가 존경하는 신영복 선생님의 "우리는 저마다 누군가의 제자이면서 동시에 누군가의 스승입니다"라는 말씀을 다시금 되새겨봅니다. 모두가 스승이자 제자라는 마음으로!

이른바 '4차 산업혁명' 시대의 교육?

연휴에 신문 기사*를 읽다가 드는 생각들을 몇 자 적어봅니다. 지난달 폐막한 다보스포럼에서는 4차 산업혁명이 화제였습니다. 1770년대 증기기관의 발명을 계기로 에너지의 혁명이 일어나면서 시작된 1차 산업혁명, 1879년 에디슨의 전구 발명으로 인해 인공조명이 대중화되면서 산업 생산의 시간적 제약이 없어진 이후의 2차 산업혁명, 컴퓨터와 인터넷 등 정보통신기술의 발전으로 이루어진 3차 산업혁명에 이어서, 인공지능·로봇·BT 등 생명공학 신기술의 발전으로 조성되는 새로운 산업혁명을 일컫는 말입니다. 한때는 정보통신기술 ICT과 제조업의 결합을 4차 산업혁명으로 지칭하기도 했는데, 다보스포럼에서는 주로 인공지능·사물인터넷 IoT, 로봇 등의 등장으로 이루어질 산업의 변화를 4차로 개념화한 것으로 보입니다.

근대 이후 산업 발전의 시기 구분은 다양할 수 있겠지만, 어쨌든 이른바 4차 산업혁명으로 인해 산업의 변화뿐만 아니라 사회적 변화도 대단히 클 것으로 생각됩니다. 인간은 자신의 시대에 이루어진 변화를 이전에는 볼 수 없었던 스펙터클한 것으로, 전대미문의 변화로 보는 것 같습니다. 그래서 3차, 4차를 어떻게 설정할 것인가 하는 점에 대해서는 다양한 견해가 있을 것입니다.

---

* "[최은수 기자의 미래 이야기] 핵폭탄급 '제4차 산업혁명'이 몰려온다", ≪매일경제≫, 2016.1.15
(http://news.mk.co.kr/newsRead.php?year=2016&no=42156).

4장 | '즐기는' 아이들이 행복하다

이러한 혁명적 변화를 이야기할 때는 대체로 장밋빛 미래상을 깔고 이야기하는 경우가 많습니다. 산업혁명을 이야기할 때는 유토피아적 발상이 결합되면서 인간과 사회적 삶에 긍정적 변화를 가져올 것으로 상정하기도 하지요. 그러나 우리의 과제는 오히려 그 부정적 측면에 어떻게 대응할 것인가 하는 문제입니다.

기술이나 경제는 언제나 사회의 일부입니다. 기술이나 경제가 변화하면서 인간과 인간 간의 관계에 어떤 변화를 가져올지, 그리고 그러한 변화 속에서 사회의 최소한의 공존적 기반이 유지될지 하는 것은 언제나 쟁점이 됩니다. 예컨대 4차 산업혁명으로 인해 로봇과 인공지능이 향후 5년간 15개국에서 710만 개의 일자리를 없애고 200만 개의 일자리를 창출할 것이라고 합니다. 적어도 500만 개의 일자리는 줄어든다는 이야기이지요. 신기술은 대체로 그러한 기술을 활용할 줄 아는 고숙련 기술자의 수요는 증가시키지만 전통적인 일자리를 없애기 때문에, 고용 시장의 양극화는 불을 보듯 훤합니다.

또한 이러한 기술을 활용하는 산업 영역이나 선진국에는 경제적 수혜가 예상되지만, 그렇지 못한 영역이나 후진국은 더욱 낙오될 가능성이 큽니다. 즉, 산업·국가·개인·지역 간 격차와 불평등이 더욱 커질 가능성이 크다는 것입니다.

그렇기 때문에 이러한 변화에도 '공동체로서의 사회'를 어떻게 유지할 것인가 하는 과제가 중요해집니다. 저는 인간의 집합체로서의 사회는 기본적으로 공동체적 성격을 띠고 있다고 생각합니다. 아마 복지 체계에도 변화가 불가피할 것입니다. 상상컨대 '기본소득' 같은 개념이 더욱 부각될 가능성도 큽니다. '실업'을 중심으로 짜인 복지 체계보다는, 사회 전반의 최소 생존을 어떻게 보장함으로써 사회를 유지할 것인가 하는 문제가 부각될 것이기 때문입니다. 요즘 청년 실업과 관련해 '청년기본수당' 같은 개념이 부각되는 이유도 여기에 있습니다.

어느 시대에나 경제적·기술적 변화에 대응해 그것을 수익적 관점에서 활용하고 비즈니스를 확장하자는 지향이 있는 반면, 또 그러한 가운데 어떻게 공동체로서의 사회를 유지할 것인가 하는 지향도 있습니다. 공유 경제나 사회적 경제 등이 부각되는 것은 역설적으로 새로운 기술적 변화가 가져오는 파괴적 영향을 인간의 집단적인 노력으로 긍정적으로 변모시키려는 또 다른 노력의 일환입니다.

지식·정보혁명, 4차 산업혁명 시대에 요구되는 교육

저는 4차 산업혁명 논의를 보면서 '4차 산업혁명 시대의 교육 혁신은 어떠해야 하는가'라는 생각을 했습니다. 특별히 정답이 있는 것은 아니겠지만 말입니다. 사실 1980~1990년대 이른바 3차 산업혁명이 부각되었을 때에도 교육 혁신에 대한 문제 제기가 있었습니다 이때는 토플러가 이야기하는 '제3의 물결'로서 농업혁명, 산업혁명에 뒤이은 지식·정보혁명을 주로 염두에 두고 있었지요. 예컨대 교사나 교수의 역할도 변화해야 한다는 식의 이야기가 많았습니다. 이전에 교사와 교수가 자랑스럽게 전달하던 많은 지식들은 이미 인터넷에 넘쳐난다는 점에서, 지식그 자체보다 지식의 종합 능력, 활용 능력, 지식의 기반으로서의 상상력과 인문적 소양 등을 강조하기도 했습니다. 최근에는 또 다른 차원에서 코딩 교육같은 것이 강조되고 있습니다. 기본적인 프로그램 능력 자체가 모든 지식의 출발점이라는 인식을 바탕으로 한 것입니다.

저는 현 시기의 교육 혁신은 '과거를 뛰어넘는 혁신'과 '미래를 준비하는 혁신'의 두 가지 과제를 동시에 가지고 있다고 말합니다. 4차 산업혁명에 대응하는 교육 혁신은 후자의 의미일 것입니다. 이는 지난 산업화 시대에 고착된 낡은 교육 패러다임 1차·2차 산업혁명의 성과를 모방적으로 추격하는 것을 넘어 아마도 3차 산업혁명이나 그 연장선상에서, 또는 그것을 뛰어넘어 전개되는 4차 산업혁명 시대의 새로운 요구들을 교육에 실현하는 일이 될 것입니다. 이때의 교육은 단지 로봇이나 인공지능 기술을 어떻게 발전시킬 것인가만으로 한정되지는 않겠지요. 4차 산업혁명 시대의 공동체로서의 사회를 유지할 수 있는 새로운 문화, 감수성과 상상력, 윤리 등을 기르는 일도 포함할 것입니다.

표준화 교육을 넘어서서

얼마 전 한국에도 번역된 켄 로빈슨의 『학교 혁명』에서는 기존 공교육의 특징을 산업혁명 1차와 2차에 조응하는 노동력 수요를 충족시키기 위한 대량생산의 원리에 따라 구성된 표준화 교육이라고 표현했습니다. 산업화 시대에 조응하는 하나의 표준을 정하고 거기에 아이들을 꿰맞추고, 낙제와 통과를 구분하며, 더욱 높은 표준으로 올라가도록 닦달하는 교육은 이제 낡았다고 말합니다.

켄 로빈슨의 표현을 빌린다면, 표준화와 획일성에 따라 개성, 상상력, 창의성을 억누르는 교육이 아니라, 공교육의 산업적 특징을 뛰어넘어 아이들의 개성, 상상력, 창의성을 무한대로 개방하는 교육으로 나아가야 할 것입니다. 그 교육에서는 아이들을 부품화하는 것이 아니라, "개인의 가치, 자기 결정권, 충만한 삶을 꾸릴 잠재력, 타인에 대한 책임과 존중심을 갖는 시민적 의식"이 바탕에 있어야 할 것입니다.

이른바 '4차 산업혁명 시대의 새로운 교육'이란 어떤 것일까요. 그것은 새로운 기술을 이해하고 발전시킬 수 있는 능력만으로 교육을 협애화하지 않고, 그러한 능력의 원천으로서의 새로운 상상력, 그것을 가능하게 하는 다양한 역사적·인문학적 소양, 그리고 산업화 시대의 대량생산에 조응하는 획일적 인재가 아니라 다양성과 창의성을 기본으로 해서 획일성을 뛰어넘을 수 있는 능력, 4차 산업혁명의 부정적 영향 속에 생기는 새로운 개인적·사회적 문제들을 해결하면서 실존적 인간과 공존적 시민으로 사회를 살아낼 수 있는 능력 등을 키워줄 수 있는 교육이어야 할 것입니다.

그러기 위해서는 로빈슨의 말처럼 아이들이 갖는 내재적 잠재력을 기존의 지식으로 제약하기보다는 그 잠재력이 새로운 상상력으로 발전하도록 탈脫 표준화해야 합니다.

'추격 마인드' 버리기

무엇보다 산업화 시대 '추격'의 마인드를 버려야 할 것입니다. 저는 보통 우리의 산업화를 서양을 따라잡기 위한 추격 산업화로 표현하곤 합니다. 이 '추격'의 마인드는 새로운 지식과 지혜가 이미 서구에서 다 발전되어 있으니 그것을 더 빨리, 더 많이 암송하고 배워야 한다는 태도를 말합니다. 그러나 이제는 암송하고 그냥 배우기만 할 지식과 지혜가 선재先在하지 않는다는 점, 외로운 지식 형성자와 지혜의 탐구자가 되어야 한다는 것, 그리고 그것은 바로 우리 아이들의 잠재적 능력 속에 존재한다는 것을 자각하고, 새로운 교육 혁신은 바로 그러한 마인드 위에서 구상되어야 할 것입니다.

제가 일등주의 교육이라고 표현하는 것이 바로 로빈슨이 말하는 산업화 시대의 표준화 교육에 대응할 것입니다. 물론 이른바 4차 산업혁명 시대의 교육이 구체적으로 어떻게 실현되어야 할 것인가에서는 정답이 주어져 있지 않습니다. 그래서 모두가 겸손해질 수밖에 없습니다. 이른바 '4차 산업혁명 시대의 교육'이라는 문제 설정하에서 새로운 교육의 방향에 대해 우리가 함께 토론해봤으면 합니다.

4장 | '즐기는' 아이들이 행복하다

한국형 '엘 시스테마' 프로젝트
뮤지컬 〈페임〉, 40여 명이 시작해서 만든 4개월 만의 기적

어제저녁 감동적인 뮤지컬 〈페임 Fame〉을 관람하고 왔습니다. 감동은 연기에서도 나오지만, 공연이 만들어지는 과정과 그 의미에서도 나옵니다. 전문 예술가들과 퇴임 교장 선생님들이 재능기부의 일환으로 40여 명의 학생들을 선발해 4개월 동안 전문 교육을 함께한 뮤지컬 공연을 무대에 올린 것입니다.

한국적성찾기국민실천본부와 트루하모니프로덕션이 함께 기획해 학생들의 예술적 재능과 잠재력을 개발·실현하도록 하는 '배우의 꿈' 프로젝트는

2014년부터 시작되었답니다. 이번이 세 번째 성과인 셈입니다. 처음 40명의 학생으로 출발했는데, 마지막까지 완주한 약 20명 학생들의 공연이 제가 보기에는 전문 공연에 전혀 뒤지지 않게 훌륭했습니다. 4개월 동안 학생들은 월·수·금과 주말까지 훈련에 훈련을 거듭했고, 김영봉 연출가를 비롯해 안무, 조명 등 모든 과정을 담당하는 전문 예술인들의 자원봉사로 지도가 이뤄졌습니다. 여기에 임세훈 교장, 이재근 서울시교육청 과장 등이 배우로 특별출연하기도 했습니다.

한국형 '엘 시스테마' 모델이 확산되기를

공연을 보며, 앞으로 이런 모델이 더 많이 이뤄지면 좋겠다는 생각이 간절하게 들었습니다. 세계적으로 보면 베네수엘라의 '엘 시스테마 El Sistema'가 '배우의 꿈' 프로젝트와 유사하다는 생각이 듭니다. '엘 시스테마'는 1975년 베네수엘라에서 오케스트라 교육을 통해 빈민층 아이들을 변화시키려는 목적으로 시작한 프로젝트인데, 미국 LA필하모닉 상임 지휘자인 구스타보 두다멜 같은 인재를 배출한 것으로도 유명하며 영화화되기도 했습니다.

서울시교육청에서 서울시와 함께 추진하는 혁신교육지구에는 '문화·예술교육을 위한 학교와 마을의 협력'이 중요한 항목으로 들어가 있습니다. 요즘 국·영·수 과목 같은 경우에는 부모의 경제력 격차가 너무 커서 그 벽을 아이들이 뛰어넘기가 어렵다는 생각을 합니다. 그에 비해 문화·예술 영역은 타고난 재능이 어느 정도 중요한 역할을 하고, 마을과 사회가 아이들을 위해 지원 역할을 한다면 부모가 가진 '돈의 힘'을 넘어설 수 있지 않을까 싶습니다. 그래서 어려운 지역에 대한 문화·예술교육 지원 정책을 강화해야 한다는 생각을 해보았습니다. 물론 과거에 비해 모든 학생들이 문화적·예술적 감수성을 필수적인 재능으로 기를 필요도 커졌고요.

학교, 교육청, 지역사회 전문가가 손잡고

교육청에서 학생들의 다양한 재능과 잠재력을 개발하기 위한 모든 지원 체제를 갖추기가 참 힘든 것이 사실입니다. 그런 가운데에서도 사회의 다양한 전문가들이 교육 기부의 형태로 학생들의 다양한 잠재력과 재능을 개발할 수 있는 훈련 시스템을 갖추고, 학생들은 그것을 바탕으로 성장해 '다양하고 아름다운 꽃'을 피웠으면 하는 바람을 가져봅니다. 학생들이 이처럼 다양한 성장의 기회를 가질 수 있는 방식으로 학교와 교육청 그리고 지역사회의 전문가들이 함께 협력하는 다양한 모델을 만들었으면 좋겠습니다.

마지막으로 학생 배우들의 꿈, 앞으로도 응원하겠습니다!

〈응답하라 1988〉 캐릭터들의
오직 한 사람적 가치

드라마 〈응답하라 1988〉 '응팔'이 케이블 방송인데도 15퍼센트 넘는 시청률을 자랑하고 있습니다. 다 챙겨 보지는 못하지만, 가끔 보면 이우정이라는 작가가 참 대단하구나 싶어집니다. 1988년 올림픽 무렵에 1987년 민주화 투쟁 장면이 삽입되는 정도의 실수는 드라마의 흥미에 묻혀 애교로 보일 정도랄까요. 모두 저마다의 시선에서 바라보며 자신만의 흥미로움을 발견하는 것 같습니다.

'응팔'에 환호하는 이유는 여러 가지가 있을 것입니다. "현재의 결핍을 비추는 거울상으로 제시된 이상화된 도시 생활"* 때문일 수도 있고, 그 밖에 여러 다른 이유가 있겠지요. 저는 '응팔'의 인물 하나하나가 우리 주변에, 또는 우리 안에 있음직한 독특한, 개성적인, 모종의 애정을 받는 캐릭터로 그려지고 있는 것이 하나의 요인이 아닌가 싶습니다.

성질이 '더러운' 서울대 장학생 성보라 류혜영 분, 전국 꼴찌의 성적을 자랑하고 친구들에게서 '아이큐 99'라는 평가를 받지만 남학생 사이에서는 은근한 짝사랑의 대상이 되는 덕선 혜리 분, 홀어머니에 대한 극진한 효심에 나무랄 것 하나 없는 '열공생' 선우 고경표 분, 역시 홀아버지에 대해 지극한 효심을 갖

---

* 황진미, "어디에도 없었던 '1988년 쌍문동'", 《한겨레》, 2015.12.3
(http://www.hani.co.kr/arti/culture/entertainment/720270.html).

고 있고 오직 바둑 하나에 미쳐 있는 택박보검 분, 최고의 연기로 이 험난한 세파를 잊고 만면에 웃음을 띠게 하는 동일과 성균, 각박한 도시 속에서 지금은 찾기 힘든 판타지적 우애와 공동체적 삶을 살아가는 일화, 미란, 선영…… 모두 참 친근하고 다정한 한 사람, 한 사람으로 다가옵니다.

저는 평소에 기존의 '일등주의' 교육에서 '오직 한 사람' 교육으로 우리의 교육이 변화해야 한다고 말하곤 합니다. 이 드라마를 보면서 '바로 이것이구나' 생각했습니다. 일등 하는 보라나 선우만 주목받지 않는 교육, 드라마에 등장하는 모든 캐릭터들이 각자의 매력으로 모두의 존중과 사랑을 받는 그러한 교육…… 저는 '응팔'에서 '오직 한 사람' 교육의 필요성과 당위성을 발견하면서 즐겨 보고 있습니다.

자세히 보면
인재가 아닌 사람이 없다

오늘 한국교육정책교사연대와 동아일보사가 주최한 '학과별 대학 입시 설명회'에 다녀왔습니다. 기존의 대학별 입시 설명회가 아니라, 그동안 신문에서 유망한 학과로 선정했던 28개 학과들을 전부 모아 종합적으로 학과별 소개를 하는 자리였습니다. 저는 그 자리에서 "대학을 보지 말고, 자신의 적성에 맞는 개성 있는 학과, 그중에서도 미래에 유망한 학과를 보십시오"라고 축사를 했습니다. 이는 점수에 맞추어 서열화된 대학 중 어느 하나에 들어가는 것을 뛰어넘고자 하는, 작지만 앞으로 중요시되어야 할 노력 가운데 하나입니다.

1960년대 이후 산업화 과정에서는 서양과의 경쟁에서 '이기기' 위해 일등 기업을 키우는 것과, 그와 연동해 일등주의 교육으로 인재를 육성하는 것을 미덕으로 생각해왔습니다. 실제 그런 노력으로 인해 서양을 경제적으로 따라잡는 데 성공했다고 이야기할 수도 있을 것입니다.

그러나 서양을 거의 따라잡았다고 하는 지금은 오히려 일등부터 꼴등까지 성적에 상관없이 모든 인재가 자신의 재능과 소질을 꽃피울 수 있도록 하는 것이, 선진국의 자리를 유지하는 데 도움이 되는 역설적인 상황에 도달했습니다. 일등이 되기 위한, 일등을 발굴하기 위한 지금의 입시 전쟁은 거의 아동학대 또는 청소년 학대라고 할 수 있을 정도입니다.

이러한 비합리적인 상황 속에서도 우리는 나름대로 합리적인 경쟁을 하고 있습니다. 오늘 설명회도 그러했듯이 이제는 기존의 대학 서열화를 뛰어넘어 학과별 개성을 부각해 관심을 갖게 하는 동시에, 이 비합리적인 입시 체제와 대학 학벌 체제를 개선하기 위한 거시적 노력도 함께해야 할 것입니다.

궁극적으로 모든 인재를 구분 없이 꽃피우게 할 수 있어야 합니다. 자세히 보면 인재가 아닌 사람이 없습니다. 나태주 시인의 「풀꽃」이라는 시처럼 말입니다.

> 자세히 보아야 예쁘다
> 오래 보아야 사랑스럽다
> 너도 그렇다

20150602

제주를 걷는다, '세계시민 감수성'을 배운다*

소년체전과 시도교육감협의회 참석차 제주에 왔습니다. 교육감 되기 전 방학 때면 한두 달 정도, 1년에 거의 두세 달을 '집필 도주'차 제주에 와 있었기 때문에, 저는 제주가 아주 친근하게 느껴집니다. 평소 주위에 '명예시민증'을 받아야 한다고 농담을 하기도 했습니다.

제주도에 오면 저는 제주도가 한국의 일부라는 것이 얼마나 큰 축복인가

---

* 《제주의소리》, 2015.6.1 (http://www.jejusori.net/?mod=news&act=articleView&idxno=162739).

4장 | '즐기는' 아이들이 행복하다

하는 생각을 합니다. 돌이켜보면 제주도가 우리에게 선망의 신혼여행지나 국내 관광지로서의 매력이 적어지고 일본이나 중국 관광객이 북적이는 섬이 되어갈 무렵, 서명숙 씨 등 많은 분들의 노력으로 제주도는 '올레의 섬'으로, 그리하여 '쉼과 성찰의 섬'으로 '재구성'되어 또 다른 매력을 갖게 되었습니다.

서울 중심적인 문화와 다른 문화를 만나는 장

그런데 저는 제주도에 오면 또 다른 배움을 갖습니다. 즉, 서울에서 우리가 '한국적'이라고 생각하는 것들과 다른 문화와 생활 세계를 많이 만나게 되고, 그 속에서 대한민국의 '표준'이라고 하는 것의 상대성을 생각하게 되는 것입니다 사실 한국적이라고 하는 것 가운데 많은 것은 '서울 특수적' 혹은 '수도권 특수적'인 것이지요. 일종의 '탈식민주의적' 사고 혹은 '해체'적 시선의 단서를 갖게 된다는 말입니다. 묘지 혹은 장례 관습, 결혼 관습, 언어 등 많은 점에서 다름을 느낍니다.

제주도를 많이 알지 못하는 입장인지라, 결혼 관습을 들으면서 한국에도 '모계제'의 역사가 있었구나 하고 생각해보기도 하고, 약간 반말투 같기도 하고 끝을 올리는 듯한 제주도 억양을 외국어 배우듯이 흉내 내어보기도 하고, 아열대성 기후로 인해 서울에서 볼 수 없는 진귀한 꽃과 나무 같은 자연을 부러워하기도 합니다.

자신의 전 재산을 기부해 서민들을 살려낸 '거상 김만덕'의 일화를 보면서, 재벌의 탐욕만 보였던 기업 문화의 또 다른 역사를 생각하게 되기도 합니다.

제주시교육청과의 협력 강화

지금 제주시교육청과 서울시교육청은 학생 및 교사 교류를 확대하기 위한 협력 방안을 모색하는 중입니다. 두 교육청의 협력 증진으로 서울 학생들이 제주도를 더 많이 방문하고 체류해서, 이제 제주도에서 세계화 시대에 새롭게 요구되는 비교문화적 감수성을 키우는 배움의 기회를 가졌으면 합니다.

서울 중심적인 '대한민국'을 넘어서

사실 우리 사회는 너무 서울 중심적입니다. 전라도의 사투리가 '하대어'와 '비속어'의 지위를 벗어난 것도 오랜 한국의 역사에서 1990년대 말 이후였습니다. 그만큼 '서울 표준말'을 쓰는 것이 특권이고 뭔가 우월성의 상징처럼 여겨졌지요.

그러나 다른 문화와 다른 관습은, 우리가 중심부에 대한 콤플렉스를 벗어날 수만 있다면, 중심부의 사람들이 갖지 못한 어떤 감수성을 갖게 되는 '또 다른 배움'의 대상이 됩니다. 이른바 '보편'이라고 여겨지는 중심부의 것들을 해체하는 배움의 기회를 굳이 '서구 대 비서구'의 관계에서만이 아니라 국내에서도 가질 수 있다는 말입니다.

세계시민교육의 단서

서울시교육청은 최근 '세계시민교육'이라는 정책 방향을 가지고 있습니다. 세계시민교육은 다양한 내용을 가지겠지만, 세계화 시대에 새롭게 만나는 다양한 차이의 존재들 수많은 정주 외국인에서부터 중국인 요우커, 국제결혼 아시아 여성, 새

터민 등을 '이상한' 존재가 아니라 지구촌의 이웃들로 생각하고, 나아가 국가, 민족, 종교, 인종, 지역, 문화 등 여러 측면에서의 차이들을 차별로 대하지 않고 존중하고 공존해야 하는 다양성으로 대하게 하는 교육이 핵심이 될 것입니다.

저는 이런 세계시민적 배움의 기회를 굳이 외국에 나가지 않아도 우리 학생들이 제주도에서 배웠으면 하는 바람을 갖습니다. 이런 배움을 강조하기 위해 저는 서울 학생들에게 강의하는 기회가 있으면, "이제 여러분들은 대한민국 국적만이 아니라 세계시민국적 이미 국적이 아니겠지만이라고 하는 '이중국적' 의식을 가지고 살아가야 합니다"라고 말합니다.

이른바 '변방'에서 보면 세계가 달리 보인다!

현재의 질서에서 서울에서만 산 학생들은 서울 이외의 지역을 변방으로 생각합니다. 당연히 제주도를 대한민국의 변방으로 생각하는 학생도 많습니다. 그러나 이른바 변방으로 갈수록, 이른바 중심부 서울과 다른 삶과 문화가 존재합니다.

학자들이 이야기하듯이, 제주도는 서울을 중심으로 하는 대한민국의 문화와 생활 세계만이 아니라 남방의 다른 문화와 생활 세계가 공존하는 곳입니다. 오키나와가 동경의 변방이 아니라, 동북아시아와 동남아시아의 두 다른 문화들과 삶들이 '공존'해서 존재하는 공간이듯이 말입니다.

따라서 신영복 선생님의 표현을 빌린다면, 변방은 "지역적으로도 중심에서 멀리 떨어져 있고, 또 그곳의 성격 또한 주류 담론이 지배하는 공간이 아니다. …… 변방을 단지 주변부의 의미로 읽어서는 안 된다. 변방은 창조의 공간이며, 새로운 역사로 도래할 열혈 중심"일 수 있는 것입니다.

새로운 배움의 섬, 제주도

바로 그 변방의 시선에서 세계를 보게 되면 세계가 과거와 달리 보입니다. 이런 의미에서 제주도는 서울 중심의 문화와 생활 세계와 또 다른 것들이 공존하는 다양성과 복합성을 특징으로 하는 자랑스러운 변방입니다.

만일 제주시교육청과 서울시교육청의 협력이 성사되어 더 많은 서울 학생들이 제주에서 머물 수 있다면, 좋은 대학에 가기 위해 스스로가 치르고 있는 '속도전'적인 입시 경쟁에 대해 올레길을 걸으며 성찰해보는 기회와, 세계화 시대에 필수적으로 요구되는 '차이에 대한 열린 감수성'을 길러 세계시민으로 거듭나는 또 다른 배움의 기회를 가졌으면 좋겠다는 생각을 해봅니다.

저에게 세계화 시대의 제주도는 '세계적 관광지'일 뿐만 아니라, 우리의 편협한 서울 공화국을 넘어서는 감수성을 제공하는 혜안의 공간입니다. 즉 세계시민적 감수성을 얻을 수 있는 배움의 섬입니다.

담담하고 담대하게 사는 법

오늘 하루, 담담하고 담대하게 사는 법이 무엇인지 생각해봤습니다.

누구나 때로는 어렵고, 또 때로는 예상 못한 상황에 처할 수 있습니다. 그럴 때 어떻게 담담하게, 그리고 담대하게 그러한 상황을 대면하고 이겨갈 것인가 하는 고민을 합니다. 수양이 부족해 쉽지 않습니다. 이런 생각을 하며 휴일 하루를 보냈습니다.

과거 어려웠던 시절, 인생의 최저점이라고 할 수 있는 시기를 생각하니 그래도 마음이 차분해지는 느낌입니다. 저는 아무래도 '높은 곳'이 아니라 '낮은 곳'을 바라보는 시선을 제 안에 가질 때, 그리고 어려웠던 지난 시절을 생각할 때 그런 평정심이 조금 생기는 것 같습니다.

1970년대 말 긴급조치 9호 위반으로 학교에서 제적되고 죄수로 재판정에 섰던 때도 있었습니다. 그때는 유신 시대라 학교에서 제적되고 감옥에 가게 되면 '인생이 끝장나는' 것처럼 생각되던 시기였지요. 아버지는 '애가 앞으로 어떻게 먹고살까, 평생 친척들에게 폐 끼치며 살지 않겠는가' 하고 탄식하시기도 했습니다. 또 그때는 '민중'으로 살아가야 한다는 시대적 강박이 있었고, 대학생 신분을 벗어던지고 노동자가 되어야 한다는 생각도 강했습니다. 성수동 주물공장에 잠깐 들어가기도 했지요. 그 시절이 제 인생에서 가장 힘겨웠던 최저점이 아니었나 싶습니다.

1980년에 학교로 돌아갈 수 있게 됐을 때, 곧바로 복학을 하고 '나는 노동자로 살아가는 것보다는 지식인 역할을 통해 사회에 좀 더 많은 기여를 할 수 있을 거야'라고 스스로를 합리화하면서 대학원에 갔고 학자의 길로 들어섰습니다. 아마 유신 시대가 오래갔다면, 1980년에 복학을 할 수 없었더라면, 그리고 대학원에 갈 수 없었더라면, 저는 전혀 다른 길을 갔을 것입니다. 그래도 행복하게 잘 살고 있지 않았을까 싶습니다.

한때 '민중'이 되어야 한다는 시대적 강박을 가졌던 것에 비해, 지금은 너무나 많은 것을 가진 존재로 살고 있습니다. 그 당시 인생의 최저점을 생각하면 저는 아직도 더 많이 내려갈 수 있고, 더 많이 박탈되더라도 '너무나 많이 가진 존재'일 것입니다.

사실 개인적으로 많이 부족한데, 교육감이라는 중책에 올랐습니다. 과분하게도 말입니다. 다른 많은 후보처럼 오랜 기간 준비한 것도 아닌데, 어느 날 '운명처럼' 이 자리에 불려나왔습니다. 이왕 이 길에 들어섰으니, 그나마 지난 30년 동안 비판적 지식인으로서 훈련받은 능력을 우리 아이들이 행복한 교육을 위해 투신하는 심정으로 최대한 발휘해야겠다고 생각했습니다. 그러나 다시 운명처럼 '1심에서 유죄'를 선고받는 예상 못한 상황에 처해 있습니다. 1심에서 배심원 시민들께 충분히 소명을 하지 못한 것 같습니다.

시민의 뜻이 어떨지, 국민이 나를 어떤 방향으로 인도할지, 그냥 담담하게 바라보아야겠습니다. 1970년대 말의 그 엄혹했던 시절, 대학생의 신분마저도 버려야 했던 그때를 생각하면, 지금의 어떤 상황도 그때만큼 불행하지도 안타깝지도 않지 않을까 싶습니다. 그렇게 생각하면 엄혹한 시대를 산 우리는 불행했던 세대가 아니라 지금이 언제나 덜 불행한 시기라고 '마음 다스리기'를 할 수 있는 행복한 세대가 아닐까 싶기도 합니다.

오늘은 오랜만에 잊었던 과거를 생각하면서, 시련 앞에 더욱 담담하고 더욱 담대하겠노라고 마음을 다잡고 다짐합니다.

20150302

광활한 역사를 잃어버린
'신라 패러다임'을 벗어나야 한다
도올 김용옥 선생의 강의를 듣고

한 달에 한 번씩 서울시교육청 전 직원이 모이는 월례 조회가 열립니다. 이 시간에는 외부 강사를 초청해서 말씀을 듣는데, 이번에는 도올 김용옥 선생님을 모셨습니다. 6·4 지방선거 이후 진보교육감 시대 교육 혁신의 방향에 대해 설파한 『도올의 교육입국』을 읽으며 많은 감명을 받았던지라 기대가 컸습니다.

고구려 패러다임의 상실

오늘 강의의 핵심은 한반도의 남단에 갇힌 이른바 '신라 패러다임' 협소한 역사관을 넘어서서, 광활한 고구려의 역사를 포괄하는 새로운 역사적 인식을 가져야 한다는 것이었습니다. 도올 선생은 이것을 일컬어 '고구려 패러다임'이라고 부릅니다.

선생은 광개토대왕비 등을 탐방하면서, 우리 모두가 협소한 '신라 패러다임'에 국한되어 광개토대왕이 활약했던 만주 지역을 포함하는 거대한 한국 역사와 문명의 역사를 잃어버리고 있다는 새로운 통찰을 가지게 되었다고 합니다. 특히 신라의 통일은 당의 무력에 의해 고구려가 멸망하는 과정이었는데, 신라의 통일 이후 고구려적 역사관·문명관은 사라지게 되었다는 것입니다.

이 고구려 패러다임의 상실은 조선 시대 이후 사대주의적 관점에서 고구려의 역사를 지우고 고려의 역사 자체도 만주가 없는 반도적 역사로 협애화하는 과정에 의해서도 고착되었다고 합니다. 사실 저 역시도 이러한 협소한 인식에서 자유롭지 못하다는 생각을 했습니다.

조만 문명

도올 선생은 연변대학에서 한 학기 동안 강의를 하고 중국 동북 지역의 광개토대왕비 등 고구려의 역사적 유적을 탐문한 이후, 새롭게 한국 역사를 보는 시각을 갖게 되었다고 합니다. 중국이 주도하는 동북공정론적 역사관의 핵심은 중국 역사의 중심을 중원에 두고 동북지방을 중국 역사의 변방으로 인식하는 데 있습니다. 그러나 고구려 패러다임으로 볼 때 동북지방은 중국의 변방이 아니라 중원 중심의 중국이 두려워했던 독자적인 문명을 가진 위력적인 땅이었습니다. 이런 점에서 조만 朝滿 문명이라는 문제 설정도 하게 됩니다.

신채호 선생의 방문 이후 100년이 되는 해에

도올 선생은 고구려의 역사가 살아 숨 쉬는 만주 지역을 단재 신채호 선생이 방문했던 1914년에서 정확히 100년이 흐른 작년에 방문했는데, 눈물을 흘리며 새로운 문명적 영감을 얻었다고 말했습니다. 광개토대왕비를 읽으면서, 고구려에게 중원은 중심이 아니라 변방이라는 것을 느꼈다고 합니다.

위·진·남북조 시대를 지나 당 태종이 100만이라는 거대한 군대를 거느리고 왜 북방 정벌에 나서게 되었는지를 생각해보면, 당시 고구려와 동북 문명이 갖는 위대성과 위력을 알 수 있습니다.

중원에서는 만주가 변방이겠지만, 반대로 고구려에서 발해에 이르는 천년의 역사를 갖는 입장에서 보면 중원이 오히려 변방이었을 수 있습니다. 이러한 고구려적 상상력이 신라 패러다임에 의해 막혀버렸다는 것입니다.

중원을 상대화해야 한다

뒤늦었지만 우리는 조선 반도의 북반부와 동북지방 또는 만주 지방을 배제하는 역사관에서 벗어나야 합니다. 그동안 중원의 역사를 '양아치의 역사'로까지 낮게 보았던 광개토대왕비의 인식은 우리에게 전달되지 않았습니다. 광활한 역사적 인식의 지평이 실종된 것입니다.

그런 의미에서 지금 우리가 아는 역사가 한국 역사의 전체가 아니라는 인식이 필요합니다. 도올 선생은 조선 시대의 '고려사'는 이런 점에서 우리의 역사관을 왜곡시키는 흉악한 문건이라고까지 말합니다. 조선 유학자들이 고려사를 왜곡했다는 것이지요. 중앙아시아, 만주, 조선 반도로 이어지는 큰 조만 문명의 긴 깔때기의 끝에 우리가 갇히도록 만들었습니다.

그런 점에서 이성계의 위화도 회군은 이러한 고구려적 인식을 포기하고 중국 사대주의로 가는 전기 轉機와 같았습니다.

이런 점을 고려하면, 이성계 사당은 없지만 고구려의 영토를 회복하고자 했던 최영 장군의 사당은 있다는 사실이 상징적으로 다가옵니다.

식민주의적 관점을 벗어나 다중심적 역사관으로

도올 선생의 강의를 들으면서, 우리 역사와 문화를 보는 훨씬 광활한 인식 지평을 얻게 되는 것 같았습니다. 제 입장에서 서울시교육청이 내세우고 있는 '세계시민교육'과 이를 어떻게 연결시킬 수 있을지 생각했습니다.

협소한 신라 패러다임을 넘어서서 고구려 패러다임을 갖는 것은 우리가 과거의 식민주의적 colonial 관점을 벗어나기 위한 중요한 화두가 됩니다. 남북 분단 상황에서 우리의 상상력은 한반도의 남반부로만 한정되어 있기 때문에 더욱 그러합니다.

동북공정은 중국에서는 중국 중원 중심의 새로운 민족주의 또는 이른바 굴기 屈起론적 관점을 정당화하기 위해 제시됩니다. 도올 선생의 사고는 최근 새롭게 부상하는 그러한 중국 민족주의적 관점을 넘어설 단초를 줍니다.

그러나 하나의 헤게모니에서 다른 헤게모니로 전환하는 과정으로 보기보다는 과거의 협소한 민족국가 중심주의적 관점을 넘어서서, 어떤 의미에서는 세계시민형의 역사 인식으로 나아가는, 또는 새로운 수평적·다중심적 세계관이 출현하는 계기가 되었으면 좋겠습니다.

그러기 위해서는 기존의 '패권적인' 위치를 갖는 중심적 문명이나 국가관 모두 상대화될 필요가 있습니다. 고구려 패러다임은 한편으로는 협소한 신라 패러다임을 상대화하는 계기이면서, 다른 한편으로는 중화 중심주의적 패러다임을 상대화하는 계기가 될 수도 있습니다.

그러나 거기서 더 나아가 세계를 하나의 패권적인 국가나 문명 중심이 아니라 더불어 공존해야 하는 수평적·다중심주의적 패러다임으로 바라보는 계기가 되어야 한다는 것입니다.

　도올 선생의 강의를 들으면서 통찰력에 큰 감명을 받았습니다. 그 통찰력을 이른바 탈식민주의적 post-colinial 관점, 또는 신영복 선생이 이야기하는 '변방론적 관점', 또는 임지현 선생이 이야기하는 '변경론적 관점' 등과 연결해서 발전시켜나가야겠다는 생각을 했습니다.

20141024

원판 불변의 법칙
영신고 일일 학생이 되다

영신고등학교에서 '하루 고딩' 체험을 했습니다. 영신고의 3학년 교실 한 곳에 들어가니 선생님께서 저한테 '10분 일일교사'가 되어달라고 하셨습니다. 한마디 좋은 이야기를 해달라고 해서, 학생들에게 무슨 말을 해줄까 고민하다가 이런 말을 했습니다.

"고등학교 3년은 한 사람의 인생에서 가장 찬란하고 아름다운 시기입니다. 30~40년이 지난 다음에 동문회에서 고등학교 동창을 만나면 고등학교 때

4장 | '즐기는' 아이들이 행복하다

의 그 모습, 그 목소리, 억양, 성격 이런 것들이 그대로 살아 있는 것을 발견하고 놀라기도 합니다. 저는 이것을 '원판 불변의 법칙'이라고 합니다. 이 고등학교 시기가 여러분 인생의 원판이 형성되는 시기이기 때문에 자신의 장점이 뭔지, 잠재력이 뭔지, 나한테 적합한 일이 뭔지, 이런 것들을 깊이 생각하는, 그래서 자신의 원판을 잘 형성해가는 그런 기회가 되면 좋겠습니다."

독서 습관에서부터 글자체, 성격, 공부, 교우 관계, 이런 모든 면에서 한 사람의 인생을 좌우하는 원형이 이때 형성되는 것 같습니다. 저도 고등학교 시절을 돌아보게 되는 즐거운 시간이었습니다.

20140927

아이들이 그림책의 '질감'을 느끼며
자라날 수 있도록
정독도서관 책잔치와 북스타트 발대식

종로구 정독도서관 야외 정원에서 열린 '온가족 책잔치'와 '북스타트 발대식'에 참석했습니다. 서울시도서관·평생학습관이 주최한 행사입니다. 서울시 공공도서관이 추천한 모범 100가족에게 '책 읽는 온가족' 인증서를 드렸습니다. 오늘 행사에는 책읽는사회만들기 공동대표이신 도정일 경희대 교수께서도 참석해주셨습니다.

야외 마당에는 여러 가지 체험 부스가 준비되었습니다. 옛날 고대 메소포타미아에서 종이로 썼던 파피루스를 만들어보는 체험 부스도 있었고, 고대 중국 등 동아시아에서 쓰였던 비단 책을 만드는 체험 부스도 있었습니다.

종이로 만든 책은 2000년 가까이 인류 문화의 진보를 이끌어왔습니다. 프랑스 혁명 때 바스티유 감옥이 붕괴하면서 동시에 귀족 등 일부 특권층만 볼 수 있었던 책들이 해방되었고, 지식의 해방이 인류의 진보를 가져왔지요.

그런 종이책이 이제 심각한 위기를 맞고 있습니다. 스마트폰이 등장한 건 불과 5년 남짓인데, 출판업계는 심각한 타격을 받고 있다고 합니다. 매우 안타까운 상황입니다.

그러나 저는 어린이책만은 적어도 훨씬 더 오래 살아남을 거라고 생각합니다. 어린이들에게 전자책을 보라고 하거나 스마트폰을 쥐어줄 부모는 많지 않을 것이기 때문입니다.

우리 아이들이 멋진 삽화와 재미있는 이야기가 담긴 그림책의 질감을 손으로 느끼면서 자라날 수 있도록, 어린이들에게 첫 책을 선물하는 '북스타트' 운동이 우리 사회에 더 깊이 퍼져나가길 희망합니다.

여러분도 내년에는 '책 읽는 온가족'에 한번 도전해보시기 바랍니다.

지은이 | 조희연 曺喜昖

조희연은 서울대 사회학과를 졸업하고 연세대 사회학과에서 석사학위와 박사학위를 받았다. 미국 서던캘리포니아대학교 USC, 대만 국립교통대학교, 일본 게이센여학원대학에 초빙되어 한국학 강의를 했다. 1990년부터 2014년 6월까지 성공회대 사회과학부 겸 NGO대학원 교수로 재직했으며 교무처장, 기획처장, 시민사회복지대학원장, NGO대학원장, 민주주의연구소장, 민주자료관장 등을 역임했다.

대학 외부에서는 민주화를 위한 전국교수협의회 상임의장, 학술단체협의회 상임대표, 한국비판사회학회 회장, 한국 사회운동과 정치연구회 회장, ≪월간 사회평론≫ 편집기획주간 등을 역임했다. 1988년 22개 진보적 인문사회과학연구단체의 연합체인 학술단체협의회 창립에 적극 참여했으며, 1994년 박원순 변호사 현 서울시장 와 함께 참여연대 창립에 주도적으로 나서기도 했다. 1999년 이재정 성공회대 총장 현 경기도교육감 과 함께, 시민운동가 재교육기관인 성공회대 NGO대학원을 설립하고 2007년 아시아 사회운동가 재교육과정으로서의 MAINS 아시아 비정부기구학과정 를 설립하는 등 현재 성공회대의 진보적 정체성을 형성하는 데 주도적으로 참여했다. ≪시사저널≫ 700호 기념 시민운동가 대상 여론조사에서 '가장 영향력 있는 지식인'으로 선정되기도 했다.

2014년 6월 4일 지방선거에서 서울시교육감으로 당선되어 '교육행정가'로서 제2의 인생을 살고 있다.

주요 저서로는 『병든 사회, 아픈 교육』(2014), 『민주주의 좌파, 철수와 원순을 논하다』(2012), 『동원된 근대화』(2010) 일본에서 『朴正熙, 動員された近代化: 韓國, 開發動員體制の二重性』으로 번역·출간, 『박정희와 개발독재시대』(2007), 『비정상성에 대한 저항에서 정상성에 대한 저항으로』(2004), 『한국의 국가·민주주의·정치변동』(1998), 『한국의 민주주의와 사회운동』(1998), 『계급과 빈곤』(1993), 『현대 한국 사회운동과 조직』(1993) 등이 있으며, 박현채 선생과 함께 엮은 『한국사회구성체논쟁』(1997, 전 4권) 외에도 수많은 편저가 있다.

영문 도서로는 *Breaking the Barrier: Inter-Asia Reader on Democratization and Social Movement, States of Democracy: Oligarchic Democracies and Asian Democratization, From Unity to Multiplicities: Social Movement Transformation and Democratization in Asia, Contemporary South Korean Society: Critical Perspective* 등이 있다.

조희연과 '통'하기
페이스북 프로필 | http://facebook.com/HeeeyeonCho
페이스북 페이지 조희연과 좋은 교육을 꿈꾸는 사람들 | http://www.facebook.com/educho0604
트위터 | http://twitter.com/joeunedu
블로그 | http://joeunedu.kr (포털에서 '조희연' 검색)

교육감의 페이스북

특 별 하 지 않 은 꽃 은 없 다

ⓒ 조희연, 2016

지은이 | 조희연
펴낸이 | 김종수
펴낸곳 | 한울엠플러스(주)

편집책임 | 이수동
편집 | 양선화

디자인가이드 | 이희영
표지 · 본문디자인 | 김누

초판 1쇄 인쇄 | 2016년 8월 19일
초판 1쇄 발행 | 2016년 9월 2일

주소 | 10881 경기도 파주시 광인사길 153 한울시소빌딩 3층
전화 | 031 – 955 – 0655
팩스 | 031 – 955 – 0656
홈페이지 | www.hanulmplus.kr
등록번호 | 제406 – 2015– 000143호

Printed in Korea.
ISBN 978 – 89 – 460 – 6214 – 6 04370
　　　978 – 89 – 460 – 6195 – 8 (세트)

* 책값은 겉표지에 표시되어 있습니다.